I h⁴ 501.

L'ITALIE

CONFÉDÉRÉE

PARIS. — IMPRIMERIE SIMON RAÇON ET COMP., RUE D'ERFURTH, 1.

NAPOLÉON III
Empereur des Français

L'ITALIE
CONFÉDÉRÉE

HISTOIRE POLITIQUE, MILITAIRE ET PITTORESQUE

DE LA

CAMPAGNE DE 1859

PAR

AMÉDÉE DE CESENA

ILLUSTRÉE

DE PORTRAITS ET BATAILLES GRAVÉS SUR ACIER

ET DE TYPES MILITAIRES COLORIÉS

DES ARMÉES FRANÇAISE, PIÉMONTAISE ET AUTRICHIENNE

PARIS
GARNIER FRÈRES, LIBRAIRES-ÉDITEURS
6, RUE DES SAINTS-PÈRES, ET PALAIS-ROYAL, 215

1860

GARNIER FRÈRES, LIBRAIRES-ÉDITEURS

6, rue des Saints-Pères, et Palais-Royal, 215

L'ITALIE
CONFÉDÉRÉE

HISTOIRE POLITIQUE, MILITAIRE ET PITTORESQUE

DE LA

CAMPAGNE DE 1859

PAR

AMÉDÉE DE CESENA

4 VOLUMES GRAND IN-8° JÉSUS, ILLUSTRÉS DE GRAVURES SUR ACIER

De Types militaires des différents corps des armées Française, Sarde et Autrichienne dessinés par Ch. VERNIER

DES PLANS DE VÉRONE, DE MANTOUE ET DE VENISE, ETC.

ET D'UNE CARTE DU NORD DE L'ITALIE

INDIQUANT LES LIMITES ACTUELLES DU ROYAUME DE SARDAIGNE ET DES ÉTATS DE LA CONFÉDÉRATION

DRESSÉS PAR VUILLEMIN

Prix : 6 fr. le vol. — 30 c. la livraison

PROSPECTUS

La glorieuse et rapide campagne que l'Empereur vient de faire avec tant d'éclat dans les plaines du Piémont et de la Lombardie correspondait à un sentiment national. Depuis un demi-siècle, d'ailleurs, l'Europe n'avait assisté à un aussi vaste drame militaire ; depuis un demi-siècle, la France n'avait suivi, au loin, la marche de ses soldats et le triomphe de ses armes, avec autant d'enthousiasme ; depuis un demi-siècle, d'aussi miraculeuses victoires n'avaient excité ni d'aussi ardentes sympathies, ni d'aussi profondes émotions ; depuis un demi-siècle enfin, autant de gloire n'avait rejailli sur ce drapeau d'Austerlitz où les noms de Magenta et de Solferino viennent de s'inscrire à côté du nom de Marengo. L'histoire de cette campagne est donc une histoire éminemment populaire, qui doit éveiller un intérêt universel, non moins à raison de la grandeur du but et de la sainteté de la cause qu'à raison de ses utiles résultats et de ses brillantes péripéties.

C'est cette Histoire que nous venons offrir au public. Méthodiquement divisée, elle comprendra quatre volumes ou quatre parties.

La première sera l'exposé des origines et des motifs de la guerre d'Italie ainsi que du récit des négociations diplomatiques qui l'ont précédée. Nous laisserons ce volume en arrière, afin d'avoir le temps de réunir les documents confidentiels et secrets, qui seuls peuvent donner toute sa valeur à cette partie purement politique.

Le second volume, dont la publication va commencer immédiatement, comprend tous les faits militaires qui se sont passés, à partir du jour où le départ de l'Empereur pour l'armée d'Italie a été décidé, jusqu'au lendemain de la bataille de Magenta.

Le troisième volume comprendra tous ceux qui ont suivi cette bataille jusqu'au lendemain de la victoire de Solferino. Un chapitre spécial, exclusivement consacré à la mission du 5ᵉ corps et au mouvement des duchés, viendra compléter ce troisième volume.

Le quatrième volume dira, avec le rôle des neutres pendant la guerre, les conséquences de la paix de Villafranca.

C'est à ces conséquences que nous empruntons le titre général de cet ouvrage. Nous l'appelons : l'*Italie confédérée*, parce que ce titre répond à la pensée et au résultat de la guerre dont nous allons raconter les magnifiques épisodes.

Nous n'avons rien négligé pour que cet ouvrage joignit au mérite de l'actualité la plus palpitante tous les avantages d'une exécution sérieuse, et devint un livre, non pas seulement de circonstance et d'un intérêt éphémère, mais digne de tenir une place honorable dans les bibliothèques.

Au point de vue littéraire et politique, le nom de l'auteur est à la fois une promesse et une garantie.

Quant à l'exécution matérielle, nous avons tenu à ce qu'elle fût digne du sujet.

GARNIER FRÈRES.

CONDITIONS DE LA SOUSCRIPTION

L'ITALIE CONFÉDÉRÉE formera 4 volumes (d'environ 18 feuilles chacun) illustrés de très-belles gravures sur acier, parmi lesquelles un magnifique portrait de l'*Empereur* et de l'*Impératrice*, seize types militaires très-bien coloriés, dessinés par CH. VERNIER ; une excellente carte du nord de l'Italie, indiquant les limites actuelles du royaume de Sardaigne et les États de la Confédération, par *Vuillemin* ; des *plans de bataille de Magenta et de Solferino* ; des plans coloriés de *Venise*, de *Mantoue* et de *Vérone*, indiquant les forts et la portée des canons.

L'ouvrage, formant 4 volumes du prix de 6 fr. chacun, sera publié par livraisons de 30 cent. Il en paraîtra une ou plusieurs chaque semaine.

PRIME OFFERTE AUX DIX MILLE PREMIERS SOUSCRIPTEURS
CARTE GÉNÉRALE DE L'ITALIE
PAR BERTHE
PUBLIÉE AU MOMENT DES OPÉRATIONS MILITAIRES

Toute personne qui, en souscrivant, prendra 20 livraisons recevra immédiatement cette prime.

PARIS. — IMP. SIMON RAÇON ET COMP., RUE D'ERFURTH, 1.

L'ITALIE
CONFÉDÉRÉE

I

L'ITALIE DES EMPEREURS

Deux grands principes se disputent perpétuellement, se partagent alternativement l'empire du monde : le despotisme, qui s'appuie sur la centralisation; la liberté, qui s'assoit sur le fédéralisme.

La centralisation n'est pas l'unité; elle n'en est que le masque.

L'unité, qui est le but vers lequel tend l'humanité, dans sa marche à travers les siècles, se retrouve, avec la liberté, dans le fédéralisme, aussi bien qu'avec le despotisme, sous la centralisation.

Le fédéralisme est donc l'une des formes de l'unité; il n'en est pas la négation.

L'immense duel, dont le monde est le théâtre, entre le despotisme et la liberté, se retrouve partout, se retrouve toujours dans l'histoire des sociétés antiques, comme dans l'histoire des sociétés modernes.

Mais il est des contrées, il est des peuples qui ont le privilége de localiser et de personnifier cette lutte gigantesque d'une manière plus spéciale.

Ainsi l'Italie qui gravite depuis des années innombrables vers l'unité, en résistant à la centralisation, en haine du despotisme, avec l'aide du fédéralisme, par amour de la liberté.

Ce privilége, l'Italie le doit sans doute à sa situation topographique sur les rives de cette mer méditerranéenne qui a vu naître et mourir la religion, la société, la civilisation de l'Égypte; la religion, la société, la civilisation de la Grèce; la religion, la société, la civilisation de la Judée.

Dans ce rayon qui touche à la fois aux trois parties de l'ancien monde, à l'Europe, à l'Afrique et à l'Asie, se sont élevées et écroulées, tour à tour, toutes les métropoles des vieux empires, toutes les capitales des vieilles philosophies, Thèbes, Memphis, Ninive, Babylone, Jérusalem, Alexandrie et Byzance.

Dans ce rayon, la pensée humaine s'est constamment développée, agrandie, fortifiée, renouvelée, marchant à travers toutes les révolutions et tous les bouleversements, avec une infatigable persévérance et une hardiesse indomptable, dans les voies de l'émancipation des âmes et de l'affranchissement des intelligences, qui préparent la fraternité des races et l'égalité des hommes.

L'Égypte, la Grèce, la Judée ne sont plus : elles ne sont plus du moins dans les domaines du progrès; leurs clartés se sont obscurcies, leurs rayonnements se sont éteints.

Mais l'Italie est restée; elle est restée, vaste champ de bataille du fédéralisme et de la centralisation; elle est restée pour donner au monde le spectacle étrange et grandiose de la transition de la Rome païenne à la Rome chrétienne, de la Rome des empereurs à la Rome des papes, chacune de ces deux Romes étant le centre d'une lutte et d'une révolution universelles; elle est restée pour éprouver le contre-coup de toutes les transformations de la société nouvelle.

La moderne Italie enfin est restée, héritière de la gloire et du génie de sa sœur, la Grèce antique, comme le douloureux symbole de l'humanité combattant dans la misère, dans le sang, dans la torture, au milieu de toutes les agonies et de tous les héroïsmes, de toutes les ruines et de toutes les grandeurs, pour conquérir les libertés qui sont les assises de la civilisation : la liberté de conscience et la liberté de pensée, la liberté de l'homme et la liberté du citoyen.

Cette prédestination de l'Italie est la clef de son histoire; elle explique son passé, elle prédit son avenir, elle donne le mot de son présent.

En remontant le cours des âges, on trouve, au seuil de cette histoire, l'ère des Étrusques, prédécesseurs des Romains, peuple de pasteurs et de laboureurs qui cultivaient les sciences et les arts à un degré de perfection assez élevé pour qu'il soit resté de ce temps reculé des souvenirs impérissables.

C'est au milieu des populations de l'Étrurie que les poëtes ont placé, sous le règne symbolique de Saturne, l'âge d'or des anciens. Cette fiction de la fable et de la mythologie dit au moins que la nation des Étrusques vivait dans l'abondance et dans la paix. Elle vivait aussi dans la liberté, à l'ombre du fédéralisme. En effet, elle formait une confédération pareille à la confédération des peuples de la Gaule.

Cette forme de gouvernement était également celle qui régissait alors toutes les diverses tribus de l'Italie. Ainsi les Sabins, les Samnites et les Latins, qui résistèrent si longtemps à l'esprit d'envahissement et de domination de la Rome des rois et des consuls.

Les Samnites furent les derniers dans cette lutte acharnée de Rome s'essayant à la conquête et à l'asservissement du monde par la conquête et l'asservissement de l'Italie. Ils succombèrent enfin, glorieux vaincus, vaillants mutilés, comme avaient succombé les Latins, les Étrusques et les Sabins. A ce moment, la liberté disparut de l'Italie avec le fédéralisme, car il n'est pas vrai que Rome, même au temps des tribuns, l'ait jamais connue.

Toutes les Romes diverses qui se sont succédé dans l'histoire, celle des tribuns, celle des consuls, aussi bien que celle des rois, que celle des empereurs, et même celle des papes, ont toujours été la personnification hautaine du despotisme greffé sur la centralisation portant le masque de l'unité.

Conquérante et ambitieuse, amoureuse de gloire, avide de domination, Rome devait subir la loi du talion, et, pour imposer le despotisme au monde, l'accepter la première.

Rome fut sans doute déchirée par les factions : elle chassa les rois, mais ce ne fut pas au profit de la liberté ; ce fut au profit de l'oligarchie ou de la suprématie de quelques familles aristocratiques, maîtresses du capital et du territoire, ces deux éléments primitifs de toute richesse et de toute influence.

On vit les plébéiens s'armer et s'insurger contre les patriciens. Mais ce ne fut pas davantage au profit de la liberté, car les tribuns qui, dans ces luttes acharnées entre les deux classes de citoyens que renfermait la future capitale du monde, représentaient le peuple contre les consuls, qui représentaient le sénat, n'étaient à leur tour que d'autres exploiteurs du despotisme, d'une ambition non moins insatiable et non moins effrénée.

On vit aussi des révoltes d'esclaves ; mais ces révoltes n'étaient que des guerres sociales, que la guerre des pauvres voulant supplanter les riches dans la possession de ce même despotisme. Ce n'est pas le souffle de la liberté qui avait animé l'âme de Spartacus, c'étaient la colère et la haine.

Rome n'était pas inspirée par l'esprit de liberté, mais par l'esprit de conquête qu'elle qualifiait d'esprit de patriotisme.

Ce patriotisme des Romains avait toute l'âpreté de l'orgueil et de l'ambition qui s'imposent par la violence et la force : aussi se soumettaient-ils sans murmure à la force et à la violence, résignés à être blessés par les armes qu'ils tournaient contre les autres peuples, pourvu que ces armes leur servissent à écraser et à dompter toutes les nationalités du globe. C'est ce despotisme qui fit la dictature.

La dictature, c'était la centralisation dans toute sa plénitude, le despotisme dans toute sa puissance : elle devait aboutir, par la compression temporaire et capricieuse des chefs d'armée, à la compression permanente et organisée des chefs d'empire : après Marius, Sylla ; après Sylla, Pompée ; après Pompée, César ; après César, Auguste.

Alors le système de la centralisation fut complet, le règne du despotisme fut entier : c'était tout un mécanisme fonctionnant sur un signe de l'Empereur, avec la régularité et la sécurité d'une horloge, enserrant le monde dans un réseau de proconsuls, de préfets et de soldats, comme un lion dans les mailles d'un filet d'acier.

Rome grandissait, grandissait encore, grandissait toujours, s'élevant de conquête en conquête à l'éclatante et retentissante suprématie des armes ; c'était l'éblouissante et splendide compensation de sa déchéance politique, de son abâtardissement moral et de sa servitude civile.

Secondé par les ressorts d'une vigoureuse centralisation, appuyé sur les dévouements d'une formidable armée, le despotisme, en effet, seul peut-être, peut donner à une nation la grandeur d'une domination universelle : seulement, il faut alors que cette nation se résigne, à l'exemple de Rome, à sacrifier la liberté à la gloire.

Cependant que faisait, que devenait l'Italie ? elle souffrait, se repliant sur elle-même, mais gardant, au fond de son âme et dans le secret de sa pensée : sous l'étouffement de la centralisation, son penchant au fédéralisme ; dans le triomphe du despotisme, son aspiration vers la liberté.

De degré en degré, l'Italie était arrivée, par la conquête, du fédéralisme à la centralisation ; elle allait revenir, de commotion en commotion, par l'invasion, de la centralisation au fédéralisme. C'était, sous une autre forme et dans une autre situation, l'éternel combat de la liberté contre le despotisme.

Dans l'histoire du monde et de l'humanité, on voit toujours l'extrême commencement d'une période qui naît, toucher à l'extrême fin d'une période qui meurt.

C'est lorsque l'unité de l'empire, lorsque la centralisation de Rome, lorsque le despotisme de César, qui absorbaient déjà toute l'Italie atteignaient à leur apogée, que l'on vit se former au loin l'orage des insurrections universelles sous le flot desquelles devaient s'engloutir un jour le despotisme de César, la centralisation de Rome, l'unité de l'empire, pour ne laisser surnager, sur le sol de la Péninsule, que le système fédéraliste et la liberté municipale.

Sous le règne même d'Auguste, l'esprit de fédéralisme se manifestait de tous côtés dans l'esprit d'indépendance qui recommençait à animer les peuples du monde civilisé contre l'unité de la domination romaine.

Alors, en effet, il y eut des révoltes qu'on pouvait appeler provinciales, puisque les contrées où elles éclataient n'étaient que des provinces de l'empire. Ces révoltes provinciales n'étaient, en réalité, que des insurrections fédérales fomentées par le désir de briser le joug de la centralisation romaine et dont le triomphe eût délivré de ce joug l'Italie en même temps que les autres nations.

Ces insurrections eurent toutes une commune destinée, parce que toutes elles eurent un malheur commun. Ceux qui les dirigeaient s'inspiraient de l'étroit et vieil esprit de nationalité de l'ancien monde et de la société antique. Ils conduisaient les peuples et les armées au combat pour garder leur autorité, leur influence, et non pour affranchir ces mêmes peuples, ces mêmes armées qu'ils soulevaient, en leur soufflant la haine de Rome, au lieu de les enthousiasmer, en leur inoculant l'amour de la liberté. Ils ne détestaient la domination des Césars que parce que cette domination les amoindrissait en les absorbant, et ne l'attaquaient que pour y substituer la leur dans un rayon moins vaste. Aussi, les populations européennes, qui se sentaient, au fond, désintéressées dans le triomphe comme dans le revers, étaient disposées à abandonner des chefs nationaux qui ne leur offraient qu'un changement d'esclavage et qui ne leur apportaient qu'une transformation de despotisme.

La politique des empereurs de la famille de César s'étudie à exploiter habilement, dans l'intérêt de la domination romaine, cette indifférence des peuples pour leur nationalité, et, afin de les rattacher plus fortement à cette domination qui fait refluer vers un même centre toute l'activité humaine, cette politique fait briller aux regards du monde les mirages de la démocratie.

C'est à l'aide de ces mirages que les empereurs arrêtent un moment la marée montante des insurrections fédérales, en faisant accepter au monde leur despotisme, sous l'égide de la démocratie, comme l'arme la plus puissante et la mieux trempée qui pût servir à l'anéantissement du patriciat, à l'extinction des priviléges de castes, à l'émancipation du prolétariat.

Les empereurs donnaient en bloc à des peuples entiers le titre de citoyens romains, à des contrées entières le droit de cités romaines.

Avec ce droit de cité romaine, avec ce titre de citoyen romain, toutes les plèbes de toutes les villes entraient, toutes voiles déployées, dans la vaste et puissante unité de la démocratie césarienne : vengées de la longue oppression de plusieurs par le despotisme d'un seul ; sacrifiant pour un jour aux ivresses de ces représailles, jusqu'à leur nationalité ; applaudissant avec une joie farouche au terrible écrasement de toutes les aristocraties, à l'effroyable nivellement de toutes les classes, sous l'unitaire égalité du despotisme des empereurs.

Mais l'esprit de fédéralisme et de liberté n'était pas détruit : il n'avait sommeillé que pour se réveiller plus vivace et plus implacable, prêt à attaquer le despotisme et la centralisation avec d'autres armes et sous d'autres formes.

Le monde démocratisé ne s'insurge plus alors contre Rome dont l'œuvre de nivellement et de destruction est achevée : il lui envoie des maîtres ; il lui impose des empereurs ; il y fait des Césars ; l'esprit de fédéralisme et de liberté sort de la cité pour s'introduire sous la tente. L'armée fait et défait les héritiers d'Auguste, non pas seulement l'armée des prétoriens, qui campe à quelques pas du Capitole, mais l'armée des provinces ; tantôt celle d'Asie, tantôt celle d'Afrique, quelquefois celle de la Germanie, celle des Gaules ou celle d'Espagne. Ces héritiers viennent de contrées diverses, appartiennent à des nationalités différentes ; mais il n'en est plus qui soit né dans Rome et qui appartienne à Rome : Rome est toujours la résidence de l'empereur ; mais l'empereur n'est pas Romain.

Cependant l'Italie reste encore enchaînée, pendant cette nouvelle phase, à la destinée de Rome : on ne la voit renaître ni à la vie politique ni à la vie civile. Seulement l'heure est proche où elle va être rendue à elle-même.

La grande insurrection fédérale des provinces ne se contente plus de donner des maîtres au monde, en leur ouvrant les portes du palais des Césars ; elle oppose empereur à empereur, empire à empire, jusqu'au jour où, vengeant l'Italie, elle brise son unité d'esclave en brisant la centralisation de Rome.

Les barbares qui vont venir n'ont pas le sentiment, n'ont pas l'intelligence du rôle providentiel et libérateur qu'ils sont appelés à jouer dans le monde et dans l'humanité ; ils ne savent pas qu'en renversant le colosse de l'empire, ils affranchissent l'avenir et préparent la civilisation ; ils ne savent pas qu'ils protègent la pensée catholique et la révolution fédérale. Mais ils n'en remplissent pas moins la mission que Dieu leur assigne.

Avant même l'apparition des barbares, l'Italie s'était réveillée ; elle se trouvait engagée dans une insurrection qui s'avançait de la Gaule contre Rome.

Ainsi Milan se lève avec les villes de son rayon pour fêter Constantin qui va combattre Maxence ; Milan se fait le centre du mouvement chrétien de la Péninsule, en opposition avec la résistance païenne dont Rome reste le siége.

L'Italie s'est retrouvée, l'Italie s'est reconquise; car la voici qui a maintenant deux centres, deux capitales : Milan, siége de la fédération nouvelle et chrétienne ; Rome, siége de la centralisation ancienne et païenne. La lutte renaît sur son sol entre le despotisme et la liberté ; la liberté y recommence son héroïque, son éternel combat contre le despotisme ; elle le recommence pour vaincre ou pour mourir ; elle n'a pas encore vaincu; mais elle vit, elle vaincra.

Voici le flot de l'invasion qui monte de la Gaule jusqu'au sommet des Alpes pour en redescendre sur l'Italie.

C'est d'abord un chef de Germains du nom de Radeghaire qui arrive sans obstacle jusqu'à Fiésole, où il est tué sur le champ de bataille, qui fut celui de la défaite de son armée.

C'est ensuite Alaric qui passe à travers la haute Italie en ami plus qu'en ennemi, mais qui ravage et qui humilie Rome; Ataulphe qui lui succède dans le commandement des Goths, et qui, à son exemple, ne tourne ses armes victorieuses que contre la ville des Césars.

Ainsi, Rome seule souffre deux premières invasions qui respectent Milan, parce que Milan les bénit. Voilà bien l'Italie moderne qui apparaît à travers les nuages de sang et de poussière des derniers temps de l'empire. C'est déjà le champ de bataille des conquérants qui se disputent la domination du monde, et, parmi les conquérants, celui qu'elle aime ou du moins celui qu'elle préfère, c'est l'étranger, c'est le barbare qui foule son sol.

L'Italie ne veut pas cependant cesser d'être l'Italie, mais elle revient à sa nature, à ses instincts, à ses tendances, à son tempérament. Trop longtemps comprimée sous le poids de la centralisation romaine, elle courait au plus pressé, au renversement, à l'anéantissement de cette centralisation, sachant bien que ceux qui la traversaient pour atteindre l'empereur, s'ils ne s'absorbaient pas en elle, en devenant Italiens, comme feront un jour les Lombards, ne feraient que passer comme un ouragan.

Ainsi Attila, le fléau de Dieu, qui ravage, à la tête des Huns, tout le Milanais, ne s'arrêtant qu'au pied des murs de Ravenne, devenu un troisième centre, une troisième capitale, également hostile à Rome et à Milan, depuis qu'elle était le refuge des empereurs. C'est alors qu'ils lancent Genséric, roi des Vandales, contre la Romagne qui subit une troisième dévastation.

L'empereur n'est plus alors ni Romain, ni Italien. Il est plus étranger que les barbares. Pourquoi Milan, pourquoi Rome n'accepteraient-elles pas le secours d'Odoacre, roi des Hérules, contre les Césars dégénérés de Ravenne? C'est ce qui arrive.

Odoacre, victorieux, établit le siége de son royaume à Ravenne, d'où les Césars ont disparu avec le dernier d'entre eux, Augustule. C'en est fait : il n'y a plus d'empire occidental, il n'y a plus de gouvernement impérial, il n'y a plus de centralisation romaine. Il y a encore des Césars, mais ils sont dans Byzance. L'Italie a secoué l'unité du despotisme ; elle s'est fédéralisée pour être libre.

Odoacre disparait à son tour avec les Hérules pour faire place à Théodoric, roi des Goths, qui fait également de Ravenne la capitale de son royaume.

Odoacre et Théodoric sont moins des conquérants que des libérateurs; ils soufflent l'un et l'autre sur le dernier vestige de l'unité de l'empire, et, restituant l'Italie à elle-même, ils constatent son indépendance en faisant une Rome républicaine à côté de la monarchique Ravenne. Rome, en effet, n'a plus d'empereur ; mais elle garde un sénat, elle nomme des consuls, elle redevient république.

C'est bien l'Italie qui ressuscite, la véritable Italie, celle du fédéralisme, qui admet dans une même fédération des républiques et des royaumes, parce qu'au lieu de placer l'unité dans l'uniformité de gouvernement et de nation, elle la met là où elle est réellement, dans la communauté de but et d'intérêt, dans l'égalité de progrès et de civilisation.

Tous les documents de l'histoire l'attestent : l'Italie courut au-devant d'Odoacre, roi des Hérules, et de Théodoric, roi des Goths, qui étaient étrangers sur ce sol et qui lui apportaient l'invasion.

Était-ce une trahison du patriotisme, un abaissement du caractère, une corruption du cœur?

Nullement.

L'Italie se donna librement et intelligemment à Odoacre et à Théodoric, parce que ces conquérants la délivraient et ne l'opprimaient pas, parce que, pour se faire accepter des Italiens, ils surent se faire Italiens ; parce qu'au rebours des empereurs, qui pesaient depuis des siècles, sur toute la Péninsule, de tout le poids de leur despotisme, la soumettant à la centralisation de Rome, comme une contrée vaincue, comme une nation subjuguée, ils lui apparurent en vengeurs et en libérateurs, épousant ses haines et ses colères contre les dominateurs du monde, en brisant l'unité d'asservissement et de compression qui l'empêchait de se développer dans les voies du fédéralisme, ses voies nationales et traditionnelles.

Odoacre et Théodoric font l'unité du royaume là où il y avait l'unité de l'empire ; mais c'est déjà un premier retour au fédéralisme que cette unité du royaume, qui n'est plus qu'un fragment de l'unité de l'empire, et qui déjà laisse passer à travers ses fissures, en dehors d'elle, des villes vivant d'une vie indépendante, d'une vie individuelle.

L'Italie d'Odoacre et de Théodoric est déjà une Italie qui de nouveau se fractionne et se fédéralise.

Il est une chose pourtant que cette Italie nouvelle, que cette Italie ressuscitée garde de l'Italie des empereurs : c'est la pensée démocratique se confondant alors avec la pensée chrétienne.

Instruments providentiels de progrès et de civilisation qui s'ignoraient eux-mêmes, les Césars avaient accompli leur œuvre de destruction du régime des castes en jetant en pâture aux insurrections fédérales et aux révoltes provinciales, pour les endormir et les séduire, comme, d'après la fable, on séduisait et on endormait le gardien des enfers avec des gâteaux, les oligarchies et les aristocraties mutilées et déshonorées, avilies et désunies, s'engloutissant chaque jour davantage sous des vagues de démocratie.

Odoacre et Théodoric acceptèrent cet héritage des empereurs, si bien que l'Italie des rois, qui allait revivre de sa vie propre, devait être tout à la fois fédérale, chrétienne et démocratique.

II

L'ITALIE DES ROIS

Le royaume de Théodoric, qui fut la souche d'une dynastie dont le règne dura près d'un siècle, constitua bien une sorte de centralisation politique appuyée sur la force et protégée par l'armée; mais ce royaume n'embrassait qu'une portion de l'Italie : Ravenne en était la capitale. Milan y était incorporée, mais moins en ville domptée qu'en ville irritée, prête à emporter dans sa révolte un lambeau de ce royaume. Rome restait libre. Délivrée des empereurs, Rome était redevenue la cité républicaine des temps passés. Il y avait donc alors deux Italies : l'Italie des rois, l'Italie des consuls.

Ces deux Italies, c'est l'antagonisme qui naît sur son sol, entre le despotisme et la centralisation, d'une part, et, d'autre part, le fédéralisme et la liberté : c'est l'aurore de toute cette sanglante et longue période de luttes terribles qui dure encore.

Le royaume de Ravenne obéit à l'unité ; il est de forme monarchique. Il renferme une aristocratie arienne ; il s'appuie sur la force des armes.

La république de Rome s'inspire de la liberté ; elle se fonde sur la puissance des idées ; elle est restée démocratique ; elle est devenue catholique ; elle regrette sa domination du temps des empereurs; elle porte le deuil de César. Mais, à travers le nuage de ses souvenirs de gloire et de grandeur militaires, elle entrevoit et elle embrasse l'avenir de progrès et de civilisation que prépare au monde et à l'humanité la révolution sociale sortie des flancs du christianisme.

Rome et Ravenne seront donc ennemies, seront donc rivales; seulement, cette fois, c'est de Rome et non de Ravenne que souffle l'esprit de liberté, l'esprit du fédéralisme. C'est toujours le même combat sur le même terrain; mais les combattants ont changé de place.

Dans ce nouveau duel, la république de Rome appelle à son aide, contre la monarchie de Ravenne, l'empereur d'Orient, qui siége à Byzance, mais qui, subissant l'influence du catholicisme de l'Italie, confond un moment, dans sa personne, la double unité politique et religieuse vers laquelle l'Occident allait essayer de graviter pendant plusieurs siècles.

Ce duel dure cinquante ans, de 518 à 568. C'est un pêle-mêle d'insurrections fédérales indigènes et d'invasions orientales césariennes : la haute Italie se heurte à la basse Italie ; les héritiers de Théodoric sont tantôt avec les empereurs, tantôt avec les barbares ; mais ils sont toujours les ennemis de Rome et du catholicisme, jusqu'à ce qu'un jour ils disparaissent, emportés par on ne sait quelle force mystérieuse, quelle puissance invisible d'une liberté inconnue, de la liberté prêchée par le Christ, écrite dans l'Évangile : cette liberté, c'est le pape qui la personnifie.

Ainsi Rome redevient alors un centre, non d'empire, mais de fédération, et c'est l'idée religieuse au lieu de la force matérielle qui lui rend sa suprématie longtemps perdue.

Dès 568, il y a plusieurs Italies, qui sont les berceaux des Italies modernes.

Ainsi la Vénétie, avec son individualité, forme une fédération d'îles aux institutions républicaines ;

Ainsi la Calabre, où chaque ville retourne à son ancienne constitution municipale ; la Calabre, fédération de cités unies par un lien commun de mutuelle défense, mais indépendantes l'une de l'autre.

Rome a une existence spéciale, qui tient de la servitude et de la liberté. Narsès, qui réside à Ravenne, veut commander au nom de l'empereur d'Orient dans l'ancienne capitale du monde et s'efforce de fonder sa domination en Italie sur la centralisation et sur l'armée. Mais la future métropole du catholicisme résiste à cette domination, qu'elle transforme en un protectorat de son indépendance contre les Longobards, qui, s'emparant de la haute Italie, en font un royaume unitaire, par opposition au fédéralisme républicain de la basse Italie.

Voici la Péninsule coupée en deux parties, l'Italie royale, qui personnifie le despotisme, l'Italie romaine, qui représente la liberté.

Ce sera le germe d'un nouveau combat de deux siècles.

Quelle variété, quelle mobilité d'existence !

Hier, c'était Milan qui donnait, avec la haute Italie, le signal du réveil du fédéralisme contre la centralisation de Rome ;

Demain ce sera Rome, avec la basse Italie, qui soutiendra le choc de la liberté contre le despotisme de Milan.

Où donc est, dans cette succession d'événements en perpétuelle contradiction les uns avec les autres, l'âme d'une Italie unitaire, ne formant qu'un corps politique, qu'un État uniforme, qu'une division territoriale ?

Sur la plainte des Romains, la cour de Byzance, qui n'étendait son autorité jusqu'à Rome que pour y défendre le catholicisme et le fédéralisme, songe à rappeler Narsès, son représentant dans la ville des Césars, prête à devenir la ville des papes.

Narsès avait aidé, après Bélisaire, les Romains à vaincre les Goths ; et, comme Bélisaire, il rêve la couronne de Théodoric ; seulement, comme les Goths ne sont plus là pour la lui offrir, il appelle en Italie d'autres étrangers, d'autres barbares, pour la prendre ; il y appelle les Longobards, qui arrivent, comme les Goths avec leurs femmes et leurs enfants, pour s'y établir à poste fixe.

Narsès meurt ; mais les Longobards, qui sont ariens, poursuivent leur marche vers l'Italie, qu'ils envahissent jusqu'aux portes de la Romagne.

Pavie est la capitale de ce nouveau royaume. Encore un autre centre qui s'élève, avec ses traditions, ses souvenirs et ses orgueils de capitale ; encore une autre invasion qui vient en Italie, parce qu'une main qui s'y trouve lui en montre la route, une autre invasion qui y laisse des traces profondes et durables.

Où donc, dans tout cet ensemble de faits, le berceau d'une Italie faisant elle-même ses destinées ?

La conquête des Goths avait rencontré la complicité des peuples, parce qu'elle leur avait laissé leurs coutumes, leurs lois, leurs mœurs, leurs croyances, leurs libertés, les protégeant même contre le despotisme et la centralisation de la Rome des empereurs, encore debout.

La conquête des Longobards eut un caractère tout différent ; ils dépouillèrent la haute Italie de tous ses droits et de tous ses priviléges ; ils lui arrachèrent jusqu'à sa foi, persécutant le catholicisme au profit de l'arianisme : ce furent des maîtres et des oppresseurs impitoyables.

On pourrait dire enfin que les Longobards ont été les Autrichiens d'autrefois, comme les Autrichiens étaient devenus les Longobards d'aujourd'hui.

Alors il y a toujours deux Italies, l'une indépendante, l'autre asservie, qui se combattent et se repoussent, comme l'ont fait, comme le feront l'Italie de la maison de Savoie et l'Italie de la maison d'Autriche, tant qu'il y aura un coin de terre de la Péninsule appartenant à une race souveraine étrangère.

La domination de Rome sur toute l'Italie était l'étouffement du fédéralisme et de la liberté, mais du moins c'était une oppression indigène, ce n'était pas une conquête étrangère. La domination des Longobards dans le nord de la Péninsule précédant celle des Allemands, lui ressemblait par le fond et par la forme.

L'Italie des Longobards, c'est tout à la fois l'arianisme, la conquête, le despotisme, la centralisation ; cette Italie ne laisse en dehors d'elle que la Vénétie, Ravenne, Rome, Pavie, la Sicile, la Sardaigne, qui résistent en se fondant en une seule unité politique, mais italiennes, mais fédéralisées, indépendantes et libres, avec toute la puissance de l'idée catholique faisant du siége de la papauté le centre de cette première fédération.

Au fond, la lutte qui va venir, ce n'est pas la guerre de Pavie et de Rome, la guerre des Longobards et des Romains ; c'est la guerre du royaume et de l'Église, qui plus tard sera la guerre de l'empereur et du pape.

En effet, le représentant des empereurs d'Orient qui campe à Ravenne, où il prend le titre d'exarque, crée en vain des ducs dans toute la portion de l'Italie qui n'appartient pas au royaume de la Longobardie ; ces ducs ne sont pas les chefs que suivent les populations dans leur résistance à l'invasion, qu'ils combattent surtout parce qu'elle est arienne. Ces chefs qui entraînent l'Italie fédérale et indépendante, ce sont les évêques, et les évêques se rangent autour du pape, et non autour de l'exarque.

Là, le fédéralisme est le moyen ; il cesse d'être le but, car c'est une centralisation d'une autre sorte ; c'est l'unité religieuse par la domination du catholicisme que les papes veulent maintenir et défendre.

Aussi la médaille de l'histoire va être de nouveau retournée dans cette Italie où il n'y a pas un fait qui ne contredise un autre fait, pas une époque qui ne démente une autre époque.

La race d'Alboin, chef des Longobards, se convertit tout à coup au catholicisme, sous la pression des peuples indigènes opprimés, qui fondent leur révolte sur la foi. Ainsi l'influence de Rome s'est étendue jusqu'à Pavie, et le pape, qui ne peut vaincre le roi par la force des armes, triomphe de sa volonté par la puissance des idées.

Cette conversion crée une autre guerre civile parmi les Longobards eux-mêmes. Il y a le parti des grands, le parti des plèbes. Les grands se donnent des rois ariens, les plèbes maintiennent les rois catholiques.

Milan redevient alors une capitale que les rois catholiques opposent aux rois ariens de Pavie. C'est une subdivision dans une division. Toujours des brisements d'unité, des fractionnements de territoire. On essaye en vain de faire un seul royaume avec l'Italie : on n'y parvient pas ; on n'y parviendra jamais.

Milan pactise avec Rome ; Rome et Milan se trouvent ensemble avec la Vénétie et la Calabre à la fois contre le roi de Pavie et contre l'exarque de Ravenne, et tout disparaît dans un même tourbillon de ce qui était le passé, de ce qui était la force, le reste d'autorité des Longobards, le reste de suprématie des empereurs, pour ne plus laisser debout sur tant de ruines que l'avenir, que l'idée, que le pape.

L'orthodoxie catholique fonde partout l'indépendance nationale.

Mais cette fois encore l'Italie ne peut se suffire à elle-même. Le pape ne la délivre des Longobards et des empereurs qu'en appelant au secours des villes fédérales contre cette double domination le chef de la vaillante nation des Franks. Ce chef s'appelait Charlemagne.

III

CHARLEMAGNE EN ITALIE

Le nom de Charlemagne dit tout ; celui du pape n'indique rien à l'imagination.

Le pape fit un grand acte, sans être un grand homme.

Le pape alors ne dirigeait pas, il suivait la pensée romaine, tout imprégnée de foi catholique, d'inspirations démocratiques, d'instincts fédéralistes et d'indépendance nationale.

Le pape ne mérite donc ni reproche, ni blâme ; il ne fut que l'instrument d'une situation et d'une population, et ce qu'il fit, tout autre l'eût fait comme lui, sans avoir davantage la conscience de sa détermination.

Le pape venait encore une fois d'appeler l'étranger sur le sol de l'Italie ; mais il l'appelait d'accord avec le peuple de Rome.

Cet étranger, c'est la France. On n'est pas encore à la fin du huitième siècle et déjà la France délivre l'Italie, car c'était la délivrance que les Franks apportaient à la Péninsule, en allant combattre sur son sol la race longobarde.

La France de Charlemagne a devancé la France de Napoléon dans une situation analogue : l'une et l'autre, à mille ans d'intervalle, ont accompli la même œuvre.

Jusque-là ce qu'on peut appeler l'ombre de l'unité spirituelle et temporelle de la société antique et du monde païen avait plané sur l'Europe et sur l'Italie.

La suprématie nominale des empereurs d'Orient avait conservé à la physionomie de l'Occident quelques traits effacés de cette unité mourante ; Rome tenait toujours par un dernier fil à la forme impériale des Césars : seulement la main qui tenait ce fil était à Byzance. Le divorce entre le passé et l'avenir n'était donc pas encore complet.

Charlemagne vint, qui rejeta dans le néant de la mort ce passé désormais bien éteint, en le séparant de l'avenir par l'abîme que creusait son épée de conquérant et de chrétien.

Charlemagne, en créant l'empire fédéraliste d'Occident, rompit plus complétement qu'on ne l'avait fait encore avec l'empire unitaire d'Orient, qui avait gardé la tradition des Césars de la Rome païenne.

Ce que Charlemagne fit pour l'Occident, en général, il le fit pour l'Italie en particulier ; il la dépouilla de ses derniers lambeaux d'empire césarien et de passé païen ; il y fut enfin l'épée d'une révolution ou d'une transformation, qui, à dater de ce jour, se régularisa et s'organisa, se développant dans toute la plénitude de sa liberté de mouvement et de pensée sur un sol nouveau.

L'Italie entre enfin dans son ère moderne et catholique, appuyée sur l'épée de la France, sur le bras de Charlemagne.

Les Longobards, qui avaient voulu, au fond, supplanter les empereurs d'Orient et continuer les Césars de Rome, disparaissent et s'effacent du sol de l'Italie.

L'Église donne les domaines du roi des Longobards à Charlemagne, qui lui livre à son tour le domaine des empereurs d'Orient. L'Église, c'était alors le pape Léon III.

C'est un pacte dans lequel la force matérielle et la puissance morale, le pouvoir politique et l'autorité religieuse s'entr'aident mutuellement, parce que l'épée sent que pour légitimer ses conquêtes, il lui faut l'approbation de l'idée, et que l'idée comprend que pour poursuivre ses progrès, il lui faut la protection de l'épée.

Seulement il se produisit alors ce fait important, que le pape était bien reconnu en qualité de propriétaire de tout le domaine impérial ou romain, mais qu'il fallait qu'il en prît possession lui-même.

Or, le pape n'avait pas d'armée ; il n'avait à son service que la révolution fédérale.

De là vint que l'Italie impériale ou romaine se transforma immédiatement en une Italie fédérale ou républicaine, sous le protectorat moral de la papauté. C'est en vain qu'elle essaye de changer ce protectorat en un despotisme unitaire, comme l'y poussait invinciblement la force mystérieuse de son principe d'autorité ; l'esprit de fédéralisme et de liberté résiste dans tout l'ancien domaine des empereurs à cette tendance contraire du pouvoir temporel du chef de l'Église.

Toutefois une grande révolution s'était accomplie.

L'empire était décentralisé, puisque l'empereur d'Occident ne résidait pas à Rome.

L'empereur relevait du pape, puisque le pape le sacrait, au nom de Dieu, premier prince de la terre.

Le pape était le protégé, l'allié de l'empereur, puisque c'est de lui qu'il tenait ses possessions temporelles.

Double création enfin des révolutions italiennes, le pape et l'empereur, qui ont leur siège dans la Péninsule, feront désormais sa destinée, son histoire, son individualité.

Le pape et l'empereur, c'est toute l'Italie moderne, et François-Joseph Ier, qui a été vaincu à Magenta et à Solferino, Pie IX, qui, pour conserver intact à ses successeurs le domaine temporel de l'Église, sympathise avec le continuateur amoindri des Césars romains, des empereurs byzantins et des rois longobards, sont les rayons affaiblis de cette double création du huitième siècle.

IV

A TRAVERS LES SIÈCLES

De 800 à 962, l'Italie est le théâtre de luttes de toutes sortes. Ce sont d'abord les fédérés indigènes, qui combattent contre la domination des Franks, en leur opposant la puissance des Allemands ; ce sont ensuite des prétendants italiens, qui se disputent, les armes à la main, la succession italienne des héritiers de Charlemagne, dépossédés de leurs droits dans le nord de la Péninsule. Le pape était resté l'allié de la France ; mais le voici qui se fait l'ami de l'Allemagne : Jean XII renouvelle avec Othon Ier le pacte que Léon III avait fait avec Charlemagne.

D'Othon Ier à Charles-Quint, c'est une terrible et sanglante mêlée dont on ne comprendrait pas le sens, si on ne se rappelait que le principe de la centralisation et du despotisme lutte en Italie, depuis la Rome des consuls, contre le principe du fédéralisme et de la liberté.

Cette lutte se poursuit sous tant de formes diverses, avec tant de caractères différents, qu'on serait tenté de n'y voir qu'un pêle-mêle de tragédies sans cause et sans but, qu'un chassé-croisé d'ambitions sans dévouement et sans intelligence.

Il n'en est pourtant pas ainsi : l'origine de toutes ces tragédies est dans le fait ancien de la domination universelle de Rome. Quiconque aspire à cette domination veut être le maître de l'Italie.

Ainsi les empereurs d'Allemagne, qui se montrent successivement dans le nord de la Péninsule à la tête de leurs armées, tour à tour, victorieuses et vaincues.

Le pape fait le même rêve que l'empereur ; il se croit appelé à régner sur le monde, parce qu'il règne à Rome et que l'empire universel est dans la tradition romaine. C'est ce qui fait que, lorsqu'il est plus fort que l'empereur, il veut, à son tour, une Italie unitaire dont il sera le maître. Mais, comme il lui arrive souvent d'être plus faible que les Césars d'Allemagne, alors il les combat avec la seule arme qui puisse lui donner une force réelle contre eux, avec l'arme du fédéralisme et de la liberté. De là vient que le pape est tantôt avec l'étranger contre l'indépendance de la Péninsule, tantôt contre l'étranger pour l'affranchissement de l'Italie.

Le peuple reste inébranlable dans ses tendances ; il n'est, au fond, ni avec le pape contre l'empereur, ni avec l'empereur contre le pape ; il ne veut pas des Français, qui ne se montrent dans la Péninsule que parce qu'ils sont les rivaux naturels de l'Allemagne, comme ils seront les adversaires obligés de l'Autriche ; il ne veut pas davantage des Espagnols, qui pourtant restent longtemps en possession du midi de l'Italie.

Le peuple veut des républiques comme il veut des royaumes, des principautés, des duchés, des marquisats, des comtés, pourvu que ces comtés, ces marquisats, ces duchés, ces principautés, ces royaumes, se meuvent, aussi bien que ces républiques, dans une sphère d'action individuelle, sans dépendance mutuelle, sans autre unité que celle d'un intérêt identique les rapprochant contre l'ennemi commun.

En un mot, le peuple veut partout et toujours le fédéralisme et la liberté : la liberté et le fédéralisme, c'est l'âme, c'est la vie, c'est le sang de l'Italie.

Quiconque s'élève dans la Péninsule avec la pensée d'étendre sa domination, de proche en proche, à l'imitation des Romains d'autrefois, soulève des haines profondes et des colères terribles, et on voit, dans ce choc des ambitions et des traditions, les villes d'un rayon aux prises avec les villes d'un autre rayon, comme les princes du nord avec les princes du centre, comme les seigneurs avec les papes, comme les papes avec les empereurs, ouvrant toujours les chemins de la Péninsule à l'étranger, qui, selon les temps et les circonstances, s'y fait l'appui, tantôt du despotisme et de la centralisation, tantôt du fédéralisme et de la liberté.

Comment, au milieu de tout ce chaos, d'où se détache, au surplus, une idée nette et constante, ce patriotisme exclusif, qui se consume entre des frontières définies, aurait-il pu jeter des racines profondes ?

L'Italie n'est pas illogique, et il n'est pas une de ses guerres civiles, pas un de ses asservissements volontaires, qui n'ait la même cause, le même but, le même caractère.

L'Italie veut l'indépendance, mais elle hait la centralisation ; elle sacrifie donc parfois l'indépendance au fédéralisme, sans qu'on puisse conclure de cette conduite qu'elle désire une domination étrangère.

L'Italie n'a jamais voulu qu'une chose : s'appartenir à elle-même, être indépendante du dehors, être libre au dedans ; et c'est pour être à la fois indépendante du dehors et libre au dedans qu'elle repousse la centralisation, qui donne le despotisme, et qu'elle aime le fédéralisme, qui assure la liberté.

Le jour où il pourra exister en Italie une indépendance nationale qui ne sera pas la négation du système fédéraliste, la Péninsule entière ne formera plus contre l'étranger qu'une seule unité morale, qu'un seul tout patriotique.

L'Italie ne peut donc être délivrée de l'invasion qu'en devenant une confédération de peuples et de princes, indépendants les uns des autres, bien qu'unis par le lien de l'intérêt national; qu'une fédération d'États assez grands pour vivre de leur propre vie, assez petits pour ne pas menacer la liberté générale.

C'est du reste un spectacle des plus pittoresques, des plus variés, des plus dramatiques, des plus colorés, que celui qu'offre l'Italie pendant toute cette longue période si agitée, si sanglante.

Dans la Péninsule pontificale, le peuple est l'ennemi du pape; dans la Péninsule impériale, le peuple est l'ennemi de l'empereur; il est toujours l'ennemi du maître qui tend à la centralisation pour arriver au despotisme.

Ici les évêques flattent le peuple pour s'appuyer sur lui contre les seigneurs; là le peuple, qui ne redoute plus la tyrannie des seigneurs, invente les consuls, qui sont le produit des influences commerciales et des richesses industrielles; ailleurs, comme autrefois à Rome, l'insuffisance des consuls conduit à la dictature des podestats.

Mais les podestats et les consuls se heurtent à la puissance des empereurs et des papes, ligués contre tout ce qui échappe à leur domination, ce qui ne les empêche pas de se combattre là où cette domination reste seule debout sur la ruine des libertés publiques et des principes fédéralistes.

Malheureusement, l'animosité des villes libres contre les villes libres ne vient que trop en aide, tantôt à l'empereur, tantôt au pape, qui grandissent séparément, successivement ou simultanément, en passant à travers toutes les inimitiés italiennes, réagissant l'un et l'autre, mais chacun de son côté, contre les divisions municipales.

Un jour, l'Italie est le théâtre désolé d'une sorte de jacquerie terrible : le peuple des campagnes saccage les châteaux, leur faisant une guerre acharnée, qui ne cesse que par l'intervention de l'empereur et du pape, toujours prêts à exploiter toutes les dissensions intestines pour régner, à la faveur de ces dissensions. Ainsi font-ils dès la fin du treizième siècle, lorsque les Guelfes et les Gibelins, qui avaient apparu au commencement de ce même siècle, ensanglantèrent tant de cités italiennes, déchirées par la haine réciproque et invétérée, qui arme ces deux grandes factions de la Péninsule; ainsi font-ils encore lorsque ces querelles, ayant favorisé l'avénement de tyrannies locales, ils affectent de protéger le peuple contre ces tyrannies, comme plus tard ils affecteront de le défendre contre les seigneurs urbains.

Toute cette période est semée de crises de toutes sortes, de révolutions de toutes natures, de tragédies de tous caractères, de décadences succédant à des splendeurs, de splendeurs naissant de décadences, qui conduisent, jusqu'à l'époque de Charles-Quint, l'Italie gardant toujours, à travers toutes les évolutions qu'elle subit, la volonté d'être fédérale pour être libre.

V

DOMINATION DE L'AUTRICHE

La France luttait depuis un grand nombre d'années contre l'Espagne sur le sol de la Péninsule, s'alliant tour à tour avec tous les intérêts et avec toutes les passions, la protégeant contre les prétendants à une domination centralisatrice, mais ayant le tort de se présenter elle-même avec un pouvoir unitaire.

Contemporain de Léon X, François Ier avait même réussi à jeter dans le Milanais les bases de la suprématie de la France que la victoire de Marignan avait grandie, du nord au midi de la Péninsule, dans l'imagination du peuple. Mais Léon X, effrayé de cette victoire, se tournait déjà du côté de l'Espagne, lorsque cette nation, qui était alors à l'apogée de sa puissance et de sa gloire, donna, dans la personne de son roi Charles, cinquième du nom, un chef élu à l'empire d'Allemagne. Le successeur de Léon X fut Adrien VI, qui lui-même fut remplacé par Clément VII. Tous trois se liguèrent avec l'Espagne contre la France.

Il y eut bien une heure solennelle où l'Italie faillit devenir tout entière pontificale, sous le protectorat de la France, par la volonté d'un capitaine des armées de l'empereur, le marquis de Pescara. Ce marquis de Pescara avait promis en effet de favoriser et d'appuyer une ligue républicaine que Venise et Milan avaient formée, avec la secrète adhésion de Clément VII, contre la domination impériale. Mais ce fut ce pape qui fit avorter les desseins et les espérances de cette ligue, en la dénonçant à Charles-Quint, dont il redoutait la vengeance.

On sait ce qui advint. Le dédain de l'empereur ayant rejeté le pape dans les rangs des ennemis de l'empire, un traître, le duc Antoine de Bourbon, connétable de France, s'emparait de Rome, au nom de l'empereur, qui, de son côté, entrait victorieux à Milan. Clément VII renouvela avec Charles-Quint le pacte de l'Église avec Charlemagne. Seulement Clément VII subissait ce pacte plus qu'il ne l'imposait, bien qu'il entrât dans la politique impériale d'accorder volontairement au souverain pontife vaincu tout ce que le triomphe aurait pu lui donner.

D'Othon Ier à Charles V seulement, l'Italie avait connu sept mille deux cent vingt-quatre mutations. Ce chiffre peut donner une idée de la variété, mais aussi de la confusion de couleurs que son histoire et son existence doivent offrir avec une telle multiplicité de changements et de physionomies.

Après Charles-Quint, la Péninsule est toujours le théâtre de luttes sanglantes et de compétitions ardentes. Mais tout s'y est classé dans la monotonie d'une époque de décadence, pendant laquelle cependant se fait sourdement le travail du rajeunissement et de la transformation.

Le royaume de Naples tombe définitivement sous le despotisme des Bourbons d'Espagne, en même temps que les duchés de Parme et de Plaisance, tandis que le territoire de Milan passe sous le despotisme de la maison d'Autriche, en même temps que les duchés de Florence et de Modène.

Venise se meut encore pendant quelque temps, en dehors de toute influence, dans sa sphère individuelle. Mais un jour viendra où, par la volonté de la France, elle tombera à son tour sous la griffe des aigles de Vienne. Le même sort est réservé à cette ville de marbre et d'or qui s'appelle Gênes la superbe. La maison de Savoie qui monte à l'horizon, astre nouveau dont l'éclat devient plus éblouissant à chaque âge, engloutira cette cité dans ses domaines.

Le territoire enfin qui comprend ce qu'on nomme les Légations, les Marches et les Romagnes, accepte pour longtemps le gouvernement des cardinaux, qui forment la cour de Rome, car ce sont eux qui règnent sur ce territoire, au nom du pape, resté le chef temporel de la ville des consuls et des empereurs, en même temps que le chef spirituel d'une moitié du globe.

La grande querelle du pape et de l'empereur a cessé, en se transformant, en se rapetissant, en devenant une simple lutte de prépondérance entre la France et l'Autriche.

La France vaincue se retire devant l'Autriche en 1718, acceptant l'œuvre de la diplomatie, qui consacre, par le traité de la quadruple alliance, l'œuvre de la force. D'autres actes postérieurs ont complété, avant 1797, ce traité qui, étant la base première de l'état constitutif de l'Italie, avant la guerre de 1859, est aussi la source indirecte des causes qui ont rendu cette guerre inévitable. Voici d'abord le texte des conventions internationales qui l'ont précédé et préparé :

8 novembre 1703.

TRAITÉ D'ALLIANCE ENTRE L'EMPEREUR LÉOPOLD ET SON ALTESSE ROYALE LE DUC DE SAVOIE, SIGNÉ A TURIN LE 8 NOVEMBRE 1703.

EXTRAIT

V

L'empereur cède au duc de Savoie la partie du duché de Montferrat dont avaient joui précédemment les ducs de Mantoue, pour la tenir en fief de l'empereur et de l'empire sur le même pied que les ducs de Mantoue l'avaient possédée.

VI

L'empereur cède en outre les provinces d'Alexandrie et de Valencia avec le territoire situé entre le Pô et le Tanaro, de même Lomellino et Valsessia avec leurs dépendances, pour les tenir de l'empereur et de l'empire sur le même pied que les rois d'Espagne et sauf le domaine direct de l'empire.

11 avril 1713

TRAITÉ DE PAIX ENTRE LOUIS XIV, ROI DE FRANCE, ET VICTOR AMÉDÉE, DUC DE SAVOIE, FAIT A UTRECHT, LE 11 AVRIL 1713.

EXTRAIT.

IV

Sa Majesté Très-Catholique pour Elle, ses héritiers et successeurs, cède et transporte à Son Altesse Royale de Savoie, à ses héritiers et successeurs, irrévocablement et à toujours, les vallées qui suivent, savoir, la vallée de Pragélas avec les forts d'Exilles et de Fenestrelles et les vallées d'Oulx, de Sésane, de Bardonache et de Château-Dauphin, et tout ce qui est à l'eau pendante des Alpes du côté du Piémont. Réciproquement Son Altesse Royale cède à Sa Majesté Très-Catholique et à ses héritiers et successeurs irrévocablement et à toujours la vallée de Barcelonnette et ses dépendances; de manière que les sommités des Alpes et montagnes serviront à l'avenir de limites entre la France, le Piémont et le comté de Nice, et que les plaines qui se trouveront sur lesdites sommités et hauteurs seront partagées, et la moitié avec les eaux pendantes du côté du Dauphiné et de la Provence appartiendront à Sa Majesté Très-Catholique, et celles du côté du Piémont et du comté de Nice appartiendront à Son Altesse Royale de Savoie.

Pour être à l'avenir les choses ci-dessus citées, tenues et possédées par Sa Majesté Très-Catholique et par Son Altesse Royale de Savoie, leurs héritiers et successeurs en toute propriété et souveraineté, régales, actions, juridiction, droits de patronage, nominations, prérogatives et généralement tous autres droits quelconques sans rien réserver, de la même manière en tout et avec les mêmes priviléges que Sa Majesté Très-Catholique et Son Altesse Royale de Savoie les ont possédées au commencement de cette guerre. Dérogeant pour cet effet de part et d'autre à toutes lois, coutumes, statuts, constitutions et conventions qui pourraient être contraires, même à celles qui auraient été confirmées par serment, comme si elles étaient ici exprimées, auxquelles et aux clauses dérogatoires il est expressément dérogé par le présent traité pour l'entier accomplissement desdites cessions, lesquelles vaudront et auront lieu pour exclure à perpétuité toutes exceptions quelconques, sous quelque titre, cause ou prétexte qu'elles puissent être fondées. Et à ce sujet, les habitants et sujets desdites vallées et lieux ci-dessus réciproquement édités sont dispensés par le présent traité des serments de fidélité, foi et hommage qu'ils ont ci-devant prêtés à leurs souverains respectifs avant la présente cession.

V

Comme en conséquence de ce qui a été convenu et accordé entre Leurs Majestés Très-Chrétienne et Catholique d'une part et Sa Majesté Britannique de l'autre, pour une des conditions essentielles de la paix, le sérénissime et très-puissant prince Philippe V par la grâce de Dieu, roi catholique des Espagnes et des Indes, a cédé et transporté à ses successeurs l'île et royaume de Sicile et îles indépendantes, avec ses appartenances et dépendances, nulle exceptée, en toute souveraineté, de la forme et manière qui sera spécifiée dans le traité qui sera conclu entre Sa Majesté Catholique et Son Altesse Royale de Savoie : le roi Très-Chrétien reconnaît et déclare que ladite cession de l'île et royaume de Sicile, ses appartenances et dépendances, faite par le roi catholique, son petit-fils, à Son Altesse Royale de Savoie, est une des conditions de la paix, et Sa Majesté Très-Chrétienne consent et veut qu'elle fasse partie du présent traité et ait la même force et vigueur que si elle y était insérée mot à mot et qu'elle eût été stipulée par lui : reconnaissant dès à présent en vertu de ce traité Son Altesse Royale de Savoie pour seul et légitime roi de Sicile; et pour mieux assurer l'effet de ladite cession, Sa Majesté Très-Chrétienne promet en foi et parole de roi, tant pour elle que pour ses successeurs, de ne s'opposer jamais, ni faire aucune chose contraire à ladite cession, ni à son exécution, sous quelque prétexte ou raison que ce puisse être, mais au contraire de l'observer et faire observer inviolablement, promettant toute aide et secours envers et contre tous pour cet effet et pour ladite exécution : comme aussi pour maintenir et garantir Son Altesse Royale de Savoie et ses successeurs en la paisible possession dudit royaume, conformément aux clauses qui seront stipulées dans ledit traité entre Sa Majesté Chrétienne et Son Altesse Royale de Savoie.

VII

Pour assurer davantage le repos public et en particulier celui de l'Italie, il a été convenu que les cessions faites par le feu empereur Léopold à Son Altesse Royale de Savoie, par le traité fait entre eux le 8 novembre 1703, de la partie du duché de Montferrat qui a été possédée par le feu duc de Mantoue, des provinces d'Alexandrie et de Valence avec toutes les terres entre le Pô et le Tarrano, de la Lomelline, de la vallée de Sesia et du droit ou exercice de droit sur les fiefs des Langhes, et ce qui concerne dans ledit traité du 8 novembre 1703 le Vigevanesco, ou son équivalent, et les appartenances et dépendances desdites cessions, resteront dans leur force et vigueur, fermes et stables, et auront leur entier effet irrévocablement, nonobstant tous rescrits, décrets et actes contraires, sans que Son Altesse Royale et ses successeurs puissent être troublés ni molestés dans la possession et droits, traités et conventions que ce puisse être et par qui que ce soit, non pas même par rapport au duché de Montferrat par ceux qui pourraient avoir droit ou prétention sur ledit duché, lesquels prétendants seront indemnisés conformément à ce qui est porté par ledit traité du 8 novembre 1703.

6 mars 1714.

TRAITÉ DE PAIX ENTRE L'EMPEREUR ET L'EMPIRE, D'UNE PART, ET LA FRANCE D'AUTRE PART, SIGNÉ A RASTADT LE 6 MARS 1714.

EXTRAIT

XXX

Et d'autant que le roi Très-Chrétien, sincèrement réconcilié avec Sa Majesté Impériale, ne veut désormais lui causer aucun trouble ni préjudice, Sa Majesté Très-Chrétienne promet et s'engage de laisser jouir Sa Majesté Impériale tranquillement et paisiblement de tous les États et lieux qu'elle possède actuellement et qui ont été ci-devant possédés par les rois de la maison d'Autriche en Italie, savoir du royaume de Naples ainsi que Sa Majesté Impériale le possède actuellement, du duché de Milan ainsi que Sa Majesté Impériale le possède aussi actuellement, de l'île et royaume de Sardaigne, comme aussi des ports et places sur les côtes de Toscane que ladite Majesté Impériale possède actuellement, etc.

7 septembre 1714.

TRAITÉ ENTRE L'EMPEREUR ET L'EMPIRE, D'UNE PART, ET LA FRANCE D'AUTRE PART, SIGNÉ A BADE LE 7 SEPTEMBRE 1714.

EXTRAIT.

XXX

La France promet de laisser l'empereur en possession tranquille de tous les États et places qu'il occupe en Italie, tels que le royaume de Naples, le duché de Milan, l'île de Sardaigne et les ports de Toscane. En revanche, l'empereur s'engage à observer exactement le traité de neutralité conclu à Utrecht le 14 mars 1713, et à laisser chacun des princes d'Italie en possession de ce qu'il tient actuellement.

On voit que le traité de Bade s'écarte des traités d'Utrecht par rapport à l'Italie, en ce que :

L'empereur, qui devait rendre le duché de Mantoue aux ducs de Guastalla, le duché de la Mirandole à la maison de Pic et la ville de Comacchio au pape, conserva ces pays et places par le traité de Bade.

Voici maintenant le texte du traité de 1718 :

2 août 1718.

TRAITÉ DE LA QUADRUPLE ALLIANCE, SIGNÉ A LONDRES LE 2 AOUT 1718.

EXTRAIT.

I

Le roi d'Espagne rendra la Sardaigne à l'empereur.

IV

Le roi d'Espagne renoncera aux provinces d'Italie adjugées à l'empereur, soit par le traité d'Utrecht, soit par la quadruple alliance.

V

Le grand-duché de Toscane, les duchés de Parme et de Plaisance, seront regardés dorénavant comme fiefs mâles de l'empire. L'empereur en donnera l'expectative et l'investiture éventuelle à don Carlos, fils aîné de Philippe V. Dans le cas où ce prince viendrait à décéder sans héritiers mâles, ces duchés passeront successivement à ses frères cadets, à condition néanmoins qu'ils ne pourront jamais être possédés par un prince qui portera la couronne d'Espagne.

Le port de Livourne demeurera à perpétuité port franc.

Pour mieux assurer la succession desdits duchés à l'infant don Carlos, on mettra dès à présent six mille Suisses en garnison dans les principales places, à savoir : à Livourne, à Porto-Ferrajo, à Parme et à Plaisance, lesquels seront payés et entretenus par les trois puissances contractantes et médiatrices.

VI

Le roi d'Espagne renonce à son droit de réversion sur la Sicile, établi par la paix d'Utrecht ; ce droit sera transféré sur la Sardaigne.

10 novembre 1718.

ACCESSION DU DUC DE SAVOIE AU TRAITÉ DE LA QUADRUPLE ALLIANCE, LE 10 NOVEMBRE 1718

EXTRAIT.

I

Le duc de Savoie renonce, en faveur de l'empereur, à ses droits sur la Sicile, la cession de ce royaume au duc de Savoie ayant été une des principales raisons qui avaient empêché l'empereur d'accéder à la paix d'Utrecht.

II

L'empereur cédera au duc de Savoie la Sardaigne, dans le même état qu'il l'aura reçue du roi d'Espagne et avec tous les honneurs de la royauté, sauf cependant la réversion de cette île à la couronne d'Espagne au défaut des descendants mâles de la maison de Savoie.

III

L'empereur confirme au duc de Savoie toutes les concessions qui lui ont été faites par le traité de Turin de 1703. De même le droit de succession du duc de Savoie à la couronne d'Espagne, lors de l'extinction des descendants de Philippe V, est confirmé, à condition que, le cas échéant, les États d'Italie du duc de Savoie passeront à un cadet de la maison, sans pouvoir être réunis à la monarchie d'Espagne.

6 décembre 1724.

PROMULGATION DE LA SANCTION PRAGMATIQUE.

Charles, par la grâce de Dieu, empereur, faisons savoir que nous avons, par notre déclaration publiée le 19 avril 1713, renouvelé non-seulement le droit de primogéniture dans notre auguste maison, mais nous l'avons de plus exigé en pragmatique sanction, édit perpétuel et irrévocable ; expliquant nommément ce droit de primogéniture et de succession, avons déclaré qu'au défaut des mâles la succession échoira, en premier lieu aux archiduchesses nos filles, en second lieu aux archiduchesses nos nièces, filles de notre frère, et en troisième lieu aux archiduchesses nos sœurs, et enfin à tous les héritiers descendants de l'un et l'autre sexe; voulant qu'en tous ces cas elles gardent entre elles l'ordre de succession linéale. En conséquence, et en exécution de cette sanction, la sérénissime archiduchesse Marie-Josèphe, à présent épouse du sérénissime prince royal de Pologne et électoral de Saxe, a déclaré accepter le susdit ordre.

La même chose a été observée ensuite avec la sérénissime archiduchesse Marie-Amélie, épouse du sérénissime prince électoral de Bavière, laquelle a pareillement déclaré accepter le susdit ordre prescrit par la succession linéale ; et, considérant qu'il est très-important que ledit ordre de succession et ledit droit de primogéniture soient reçus et promulgués dans nos Pays-Bas, pour sanction pragmatique et loi perpétuelle, nous avons fait communiquer ce que dessus aux États respectifs des Pays-Bas ; et tous les États, ayant sur ce mûrement délibéré, et s'y sont uniquement conformés, et ont accepté la susdite pragmatique sanction en loi perpétuelle, et nous ont supplié de la faire publier. Nous avons ordonné et ordonnons par ces présentes ladite pragmatique sanction en loi perpétuelle en nos susdits Pays-Bas.

Si donnons en mandement à notre conseil d'État en nos Pays-Bas que cette notre sanction pragmatique ils observent et fassent observer inviolablement en procédant à l'entérinement de cesdites présentes.

Donné en notre ville de Vienne en Autriche, le 6 du mois de décembre 1724.

L'ITALIE CONFÉDÉRÉE

Voici également le texte d'autres actes complémentaires du traité de 1718 :

30 avril 1725.

TRAITÉ DE PAIX ENTRE L'EMPEREUR ET LE ROI D'ESPAGNE, SIGNÉ A VIENNE LE 30 AVRIL 1725.

EXTRAIT.

II

Tous les articles du traité de la quadruple alliance sont confirmés.

III

La renonciation du roi d'Espagne aux provinces d'Italie est renouvelée.

VI

L'investiture éventuelle des duchés de Parme et de Plaisance, ainsi que celle du grand-duché de Toscane, est confirmée.

VII

Le roi d'Espagne laisse l'empereur en possession de tous les pays qu'il tient en Italie. Il renonce au droit de réversion sur la Sicile, sans préjudice des droits de réversion sur la Sardaigne, qui lui sont assurés par l'article des conventions conclues entre l'empereur et le roi de Sardaigne, le 10 novembre 1718.

3 octobre 1735.

PRÉLIMINAIRES DE VIENNE, ENTRE L'EMPEREUR ET LA FRANCE, SIGNÉS LE 3 OCTOBRE 1735, ET TRAITÉ DE VIENNE DU 18 NOVEMBRE 1738.

EXTRAIT.

II

Le grand-duché de Toscane, après la mort du présent grand-duc, appartiendra à la maison de Lorraine.

III

Les royaumes de Naples et de Sicile, les places de la côte de la Toscane que l'empereur a possédées, et celles que, du temps de la quadruple alliance, le roi d'Espagne possédait dans l'île d'Elbe, appartiendront au prince qui en est en possession, c'est-à-dire à don Carlos.

IV

Le roi de Sardaigne possédera, à son choix, le Novarois et le Vigevanesco, ou le Novarois et le Tortonois, ou le Tortonois et le Vigevanesco, comme fiefs de l'empire, et aura la supériorité territoriale des terres des Langhes.

V

Parme et Plaisance seront cédées en toute propriété à l'empereur. L'empereur ne poursuivra pas la désincamération de Castro et de Ronciglione, et rendra justice à la maison de Guastalla pour ses prétentions sur le duché de Mantoue.

VI

La France garantit la pragmatique sanction autrichienne.

Le roi de Sardaigne ayant opté pour le Novarois et le Tortonois, l'empereur les lui abandonna par un diplôme daté de Luxembourg, le 6 juin 1736. L'accession du roi de Sardaigne aux préliminaires qui précèdent eut lieu le 16 août 1736.

Voici enfin le texte des derniers traités antérieurs à 1748 :

23 août 1736.

CONVENTION CONCLUE A VIENNE ENTRE L'EMPEREUR CHARLES VI ET LE ROI LOUIS XV, LE 28 AVRIL 1736.

EXTRAIT

V

Rien n'étant plus juste que de procurer à la maison de Lorraine une entière sûreté à l'égard de ce qui est destiné pour l'indemniser du grand sacrifice qu'elle fait d'abandonner son ancien patrimoine, il a été convenu, par le deuxième article des préliminaires signés le 3 octobre 1735, que toutes les puissances qui prendront part à la pacification lui en garantiront la succession éventuelle ; en conséquence de quoi Sa Majesté Très-Catholique renouvelle pour elle et pour ses successeurs, dans la meilleure forme, la garantie susdite, tant en faveur de Son Altesse Apostolique le duc de Lorraine que de toutes les personnes qui auraient eu droit de succéder dans les duchés de Lorraine et de Bar. Enfin Sa Majesté Très-Catholique promet de prendre, de concert avec Sa Majesté Impériale, les mesures les plus convenables et les plus efficaces pour faire garantir à la maison de Lorraine la succession en Toscane par ces puissances qui ont garanti à ladite sérénissime maison, par le traité de

Ryswick, les États qu'elle possède aujourd'hui, sans que, par la présente clause, la prise de possession de la Lorraine puisse être retardée au delà du terme marqué dans le premier article de la présente convention : Sa Majesté Impériale s'engageant réciproquement d'agir de concert avec Sa Majesté Très-Catholique pour procurer les mêmes garanties de la possession de la Lorraine et du Barrois par le roi Stanislas, et de la réunion desdits duchés à la couronne de France après le décès de ce prince.

15 septembre 1743.

TRAITÉ DE WORMS DU 15 SEPTEMBRE 1743, ENTRE L'AUTRICHE, LA GRANDE-BRETAGNE ET LA SARDAIGNE.

EXTRAIT

III

Le roi de Sardaigne renonce à ses prétendus droits sur l'État de Milan, qu'il s'était réservés par la dernière convention, et garantit la pragmatique sanction.

V

La reine portera à trente mille hommes, aussitôt que la situation des affaires en Allemagne le permettra, les troupes qu'elle a en Italie ; le roi de Sardaigne entretiendra et emploiera quarante-cinq mille hommes.

VIII

Aussi longtemps que durera la guerre, et à dater du 1ᵉʳ février 1742, la Grande-Bretagne payera à la Sardaigne un subside annuel de deux cent mille livres sterling.

IX

En considération du zèle et de la générosité avec lesquels le roi de Sardaigne a bien voulu exposer sa personne et ses États pour celle de la reine de Hongrie et de Bohême et pour la maison d'Autriche en particulier, et pour les secours efficaces que ladite cause a déjà reçus de lui ; en considération pareillement des engagements onéreux d'assistance et de perpétuelle garantie qu'il a contractés avec elle dans la présente alliance, la reine cède au roi de Sardaigne les territoires suivants, savoir : le Vigevanesco, la partie du duché de Pavie située entre le Pô et le Tessin, de manière que le Tessin formera dorénavant la séparation des États respectifs, depuis le lac Majeur jusqu'à son embouchure dans le Pô, excepté les îles formées par le canal vis-à-vis la ville de Pavie ; l'autre partie du duché de Pavie au delà du Pô, Bobbio compris, la ville de Plaisance avec la partie du duché de Plaisance, située entre le Pavesan et aussi loin que le lit de la Nura, depuis sa source jusqu'au Pô ; enfin la partie du pays d'Anghiera qui est bordée par le Novarais, la vallée de Sésia, les Alpes et le Valais.

X

Comme il est important pour la cause publique que le roi de Sardaigne ait une immédiate communication de ses États, par mer, avec les puissances maritimes, la reine lui cède tous les droits qu'elle peut avoir d'aucune manière et sans aucun titre que ce soit, sur la ville et le marquisat de Final, dans la juste attente que la République de Gênes facilitera une disposition si indispensablement requise pour la liberté et la sûreté de l'Italie.

XII

Les cessions faites au roi de Sardaigne n'auront leur pleine et irrévocable force que par l'entier accomplissement de l'engagement qu'il a contracté de rester uni à la cause des alliés jusqu'à la conclusion de la paix en Allemagne.

XIII

Aussitôt que l'Italie sera délivrée d'ennemis et hors de toute apparence et danger d'être de nouveau envahie, la reine ne sera pas seulement en liberté de retirer une partie de ses troupes ; mais, à sa réquisition, le roi de Sardaigne lui fournira ses propres troupes pour être employées pour la sûreté de ses États en Lombardie.

18 octobre 1748.

TRAITÉ DE PAIX DÉFINITIF D'AIX-LA-CHAPELLE ENTRE LES ROIS DE FRANCE ET D'ESPAGNE,
LE DUC DE MODÈNE ET LA RÉPUBLIQUE DE GÊNES D'UNE PART,
ET LES ROIS DE LA GRANDE-BRETAGNE ET DE SARDAIGNE, L'IMPÉRATRICE REINE
DE HONGRIE ET DE BOHÊME,
ET LES ÉTATS GÉNÉRAUX DES PROVINCES-UNIES D'AUTRE PART,
SIGNÉ A AIX-LA-CHAPELLE LE 18 OCTOBRE 1748.

EXTRAIT.

VI

Le roi de Sardaigne sera rétabli et maintenu dans le duché de Savoie et dans le comté de Nice, aussi bien que dans tous les États, pays, places et forts conquis et occupés sur lui à l'occasion de la présente guerre.

Le duc de Modène et la République de Gênes seront aussi entièrement rétablis et maintenus dans les États, pays, places et forts conquis ou occupés sur eux pendant la présente guerre.

VII

Les duchés de Parme, de Plaisance et de Guastalla appartiendront à l'avenir à l'infant don Philippe, pour être possédés par lui et ses descendants mâles, nés en légitime mariage, en la même manière et dans la même étendue qu'ils ont été ou dû être possédés par les présents possesseurs.

XII

Le roi de Sardaigne restera en possession de tout ce dont il jouissait anciennement et nouvellement, et particulièrement de l'acquisition qu'il a faite, en 1743, du Vigevanasque, d'une partie du Pavesan et du comté d'Anghiera, de la manière que ce prince les possède aujourd'hui, en vertu des cessions qui lui en ont été faites.

XIII

Le duc de Modène, en vertu tant du présent traité que de ses droits, prérogatives et dignités, prendra possession six semaines, ou plus tôt si faire se peut, après l'échange des ratifications, de tous ses États, places, forts, pays, biens et rentes, et généralement tout ce dont il jouissait avant la guerre.

11 mai 1753.

TRAITÉ SECRET CONCLU A VIENNE, LE 11 MAI 1753, ENTRE MARIE-THÉRÈSE, IMPÉRATRICE D'AUTRICHE ET LE DUC DE MODÈNE

I

Comme on peut craindre avec raison que si la branche légitime masculine de la maison d'Este, en Italie, s'éteignait plus tôt ou plus tard, il n'en résultât de nouveaux troubles en Italie, pour les prévenir, le sérénissime duc de Modène a résolu de se choisir un successeur, autant qu'il est en lui, et de se nommer un héritier dès à présent, pour le cas dont il a été parlé, qui fût tel que non-seulement il pût faire revivre l'ancienne gloire de la maison d'Este, mais y ajouter encore un nouveau lustre. Aucun prince n'a paru plus propre à remplir ces vues qu'un des sérénissimes archiducs puînés d'Autriche, comme étant issus eux-mêmes de la maison d'Este florissante en Allemagne, et dont un est destiné, dans ce même but, à devenir l'époux de sa sérénissime petite-fille.

C'est pourquoi dans le cas, comme il a été dit, où la branche légitime masculine de la maison d'Este viendrait tôt ou tard à s'éteindre en Italie et non autrement, en vertu du présent article et par cela même en vertu du traité solennel et irrévocablement convenu, le même sérénissime duc nomme héritier, dans la meilleure et plus sûre forme possible, de tous les pays qui sont sous sa domination et de tous ses biens tant féodaux qu'allodiaux, existants au moment de la succession, le sérénissime archiduc d'Autriche, Pierre-Léopold, ou celui de ses frères puinés qui, selon le contrat de mariage fait aujourd'hui, sera l'époux de la sérénissime petite-fille, et cela cependant de manière que, par cette désignation d'héritier universel quant aux biens allodiaux, il ne soit point dérogé aux droits qui compètent ou peuvent compéter sur lesdits biens aux filles, petites-filles et sœurs du duc susnommé, lesquels droits doivent être censés réservés en la meilleure forme, pour qu'il ne soit porté aucune atteinte aux droits d'un tiers. — Le sérénissime héritier, ainsi nommé, ne manquera jamais de son côté aux égards qu'il devra au sérénissime duc de Modène comme chef de famille.

II

Mais comme il peut arriver que, non-seulement toute la ligne masculine d'Este en Italie soit éteinte, mais, de plus, que toutes les femmes descendantes des sérénissimes princes héréditaires de Modène viennent à mourir, avant que le mariage convenu aujourd'hui soit consommé, ou aussi qu'elles meurent sans laisser d'enfants, le sérénissime duc susnommé désigne et nomme, d'une manière également solennelle et irrévocable, dès à présent pour lors, son héritier et successeur universel, sous la même condition cependant et réserve qui est exprimée dans l'article précédent, celui des sérénissimes archiducs puinés d'Autriche qui, ce cas arrivant, se trouverait être l'aîné.

III

Le sérénissime duc de Modène promet qu'il aura soin que la présente convention secrète soit, ainsi que le contrat de mariage, confirmée par le consentement de son sérénissime fils, le prince héréditaire, avant l'échange des ratifications.

IV

Leurs Sacrées Majestés Impériales acceptent, de la manière la plus solennelle et la plus forte, la susdite nomination de successeur et d'héritier pour celui de leurs fils puînés qu'elle pourrait tôt ou tard concerner, et la confirment d'avance par leur consentement.

V

Afin que le successeur ainsi désigné puisse, le cas arrivant, gouverner avec plus de fruit et de consolation pour ses sujets les pays qui passeront sous sa domination, Leurs Sacrées Majestés Impériales auront soin, dès à présent, que le sérénissime époux soit bien instruit de tout ce qui peut contribuer à ce but; et lorsqu'il sera parvenu à un âge plus mûr, elles l'enverront à Milan pour cet effet.

VI

Il est convenu, au reste, que les pays appartenant à la succession de Modène ne pourront jamais être réunis avec les royaumes et les pays qui appartiennent à l'auguste maison d'Autriche, beaucoup moins être réduits en province dépendante de la succession autrichienne, mais qu'ils devront toujours former un corps d'État séparé, et que leur possesseur sera tenu d'y établir son domicile et d'y résider de la même manière que ses prédécesseurs, comme aussi de maintenir et conserver les lois et constitutions internes de ces pays. Il a été convenu, de plus, que les contractants n'entendent point que, par cette désignation d'un successeur, il soit aucunement dérogé au libre exercice de l'autorité et du pouvoir qui compètent au sérénissime duc et à ses sérénissimes successeurs mâles, et à sa volonté souveraine attachée en toute manière à cette autorité et à ce pouvoir.

VII

La sérénissime épouse, petite-fille du duc de Modène, venant à mourir avant le sérénissime époux Pierre-Léopold, ou son frère puîné prenant sa place, s'il mourait avant la consommation du mariage, sans qu'elle laissât aucune sœur, la désignation du successeur ci-dessus exprimé n'en subsisterait pas moins, en vertu du pacte solennel et irrévocable de famille, comme il a été ci-dessus établi, non-seulement en faveur du sérénissime époux et de ses descendants mâles, de quelque légitime mariage qu'ils soient nés, mais aussi en faveur de tous les archiducs d'Autriche quelconques, excepté seulement ceux qui posséderont des royaumes et États héréditaires; l'intention des contractants étant en général de substituer la sérénissime maison d'Autriche à la branche masculine d'Este, éteinte, autant que cela pourra se faire sans violer la règle prescrite par l'article précédent.

VIII

Que si, en conséquence, celui qui est appelé, comme il est dit ci-dessus, à la succession de Modène, après en avoir pris possession, se trouvait appelé à la succession autrichienne, dans ce cas le droit de succession aux États de Modène serait par le fait transporté ou à son second fils, s'il en avait plusieurs, ou à un autre archiduc d'Autriche d'une branche plus éloignée, le plus près en degré ; mais lorsqu'il n'en existerait plus de tel, toute la disposition renfermée dans la présente convention secrète sera annulée.

Enfin, un acte de 1763, émané de l'empereur d'Autriche, Léopold II, assure la possession du grand-duché de Toscane à la seconde géniture de la maison de Lorraine. Cet acte complète la série des documents relatifs à l'Italie et antérieurs à 1797.

On voit, par la lecture de ces divers documents, que pendant toute la période correspondante à peu près à la grande lutte des maisons de France et d'Autriche, surtout depuis la guerre de succession à laquelle donna lieu la possession de la couronne d'Espagne, qui devait rester à la branche des Bourbons, appelée branche d'Anjou, l'Italie fut l'objet constant de convoitises étrangères. On voit également que, ballottée entre les cours de France et d'Espagne, d'Autriche et de Savoie, elle vit diverses parties de son territoire changer souvent de maître, selon les mobiles fortunes de la guerre. Ainsi la Sardaigne et la Sicile qui appartinrent un peu à tous les prétendants avant de rester définitivement, l'une à la maison de Savoie, l'autre à un Bourbon d'Espagne, devenu roi de Naples. On voit enfin l'agrandissement continu de la maison de Savoie suivre les progrès, en Italie, de la maison d'Autriche, en même temps que le domaine temporel des papes se constituait tel qu'il existe encore. L'Italie enfin se partageait entre les maisons de Savoie, de Lorraine et de Bourbon d'une part, et le saint-siège de l'autre, d'après les principes d'équilibre qui plus tard formèrent la base des traités de Vienne, avec cette différence toutefois qu'il existait avant 1797, en dehors des États gouvernés par des princes souverains, deux républiques indépendantes, celle de Venise et celle de Gênes.

Dès 1797, la première de ces deux républiques, celle de Venise, est détruite par les armes de la France et donnée à l'Autriche en échange de la Belgique et de la Lombardie. C'est là le premier titre de la maison de Lorraine à la possession de la Vénétie, et ce premier titre, c'est la France républicaine du Directoire, c'est l'épée victorieuse de Napoléon Ier qui l'ont créé.

En 1815, la seconde des deux républiques qui existaient encore en

1796 en Italie, celle de Gênes, disparaîtra à son tour, englobée dans les États du roi de Sardaigne, tandis que l'Autriche, ne se souvenant que des clauses avantageuses du traité de Campo-Formio, reprendra tout à la fois la Vénétie que ce traité lui avait donnée et la Lombardie qu'il lui avait ôtée.

Mais ce traité de Campo-Formio n'aura d'abord qu'une courte durée, car 1797 c'est l'aurore de ce règne éblouissant de Napoléon Ier qui jette en Italie, par l'éclat de ses triomphes guerriers, les bases de sa puissance et de sa gloire, les fondements de sa grandeur et de sa domination. Il n'est encore que le général Bonaparte ; mais il ne tardera pas à être le premier consul, puis l'empereur Napoléon.

De 1797 à 1815, l'histoire de l'Italie se mêle à un tel point à l'histoire de ce grand capitaine, cette contrée se remplit si souvent du bruit de ses victoires, elle est si complétement et si fréquemment modifiée, dans son organisation politique, au gré des volontés de ce dominateur des peuples et des rois, que sa destinée forme tout un chapitre caractéristique qui est comme la préface militaire anticipée de la campagne de 1859. J'écrirai plus loin ce chapitre qui finira ce volume et qui contiendra plus d'un rapprochement curieux, plus d'une similitude instructive avec les épisodes principaux de l'expédition de Napoléon III. On verra successivement dans ce chapitre toutes les portions du territoire italien, même celles qui forment le domaine temporel de l'Église, devenir l'une des annexes du royaume d'Italie, qui lui-même est incorporé à l'empire français, ayant un vice-roi qui siége à Milan, et ne laissant en dehors de ses limites que le royaume de Naples, dont Napoléon Ier fait présent à Murat, son beau-frère. Puis l'année 1814 se présente avec son cortége de catastrophes et de vicissitudes, suivie de l'année 1815 qui la complète, et alors l'Italie redevient, avec deux républiques de moins, ce qu'elle était avant 1797.

Si je consultais l'ordre chronologique des faits, c'est ici que je devrais placer ce chapitre des guerres, des victoires et des revers de Napoléon Ier, qui formera le glorieux pendant du récit de la merveilleuse campagne de 1859. Mais j'ai pensé qu'il serait plus heureusement placé à la fin de ce premier volume, servant pour ainsi dire de frontispice au deuxième et au troisième volume qui raconteront les gloires nouvelles, immédiatement après cette évocation du souvenir des gloires anciennes. Je vais donc reprendre ici la reproduction des traités correspondant avec toute la période napoléonienne de 1797 à 1815, sans me préoccuper des vastes événements politiques et militaires dont ils furent successivement la conséquence.

Voici d'abord le texte du traité de Tolentino et des préliminaires de Léoben, qui ont précédé et préparé la célèbre convention de Campo-Formio :

19 février 1797.
TRAITÉ DE PAIX CONCLU A TOLENTINO, LE 19 FÉVRIER 1797 (1ᵉʳ VENTOSE AN VI).
EXTRAIT.

V

La République française continuera à jouir, comme avant la guerre, de tous les droits et prérogatives que la France avait à Rome, et sera en tout traitée comme les puissances les plus considérées, et spécialement à l'égard de son ambassadeur ou ministre, et des consuls ou vice-consuls.

VI

Le pape renonce purement et simplement à tous les droits qu'il pourrait prétendre sur les ville et territoire d'Avignon, le comtat Venaissin et ses dépendances, et transporte, cède et abandonne lesdits droits à la République française.

VII

Le pape renonce également à perpétuité, cède et transporte à la République française tous ses droits sur le territoire connu sous le nom de légations de Bologne, de Ferrare et de la Romagne; il ne sera porté aucune atteinte à la religion catholique dans les susdites légations.

VIII

La ville, citadelle et les villages formant le territoire de la ville d'Ancône resteront à la République française jusqu'à la paix continentale.

IX

Le pape s'oblige, pour lui et ceux qui lui succéderont, à ne transporter à personne les titres et seigneuries par lui cédés à la République française.

X

Sa Sainteté s'engage à faire payer et délivrer, à Foligno, au trésorier de l'armée française, avant le 15 du mois de ventôse courant (le 5 mars 1797 vieux style), la somme de quinze millions de livres de France, dont six millions en numéraire et cinq millions en diamants et autres effets précieux, sur celle d'environ seize millions qui restent dus, suivant l'article IX de l'armistice signé à Bologne le 5 messidor an IV, et ratifié par Sa Sainteté le 27 juin.

XI

Pour acquitter définitivement ce qui restera à payer pour l'entière exécution de l'armistice signé à Bologne, Sa Sainteté fera fournir à l'armée huit cents chevaux de cavalerie enharnachés, huit cents chevaux de trait, des bœufs et des buffles et autres objets produits du territoire de l'Église.

XII

Indépendamment de la somme énoncée dans les articles précédents, le pape payera à la République française, en numéraire, diamants et autres valeurs, la somme de quinze millions dans le courant du mois de mars, et cinq millions dans le courant du mois d'avril prochain.

XVII

La République française cède au pape tous ses droits sur les différentes fondations religieuses dans la ville de Rome et de Lorette, et le pape cède en toute propriété à la République française tous ses biens allodiaux appartenant au Saint-Siége, dans les trois provinces de Bologne, de Ferrare et de la Romagne, et notamment la terre de la Merrola et ses dépendances; le pape se réserve cependant, en cas de vente, le tiers des sommes qui en proviendront, lesquelles devront être remises à ses fondés de pouvoirs.

XXI

En attendant qu'il soit conclu un traité de commerce entre la République française et le pape, le commerce de la République sera rétabli et maintenu, par les États de Sa Sainteté, sur le pied de la nation la plus favorisée.

XXII

Conformément à l'article VI du traité conclu à la Haye le 27 floréal an III, la paix conclue par le présent traité entre la République française et Sa Sainteté est déclarée commune à la République batave.

XXIII

La poste de France sera rétablie à Rome, de la même manière qu'elle existait auparavant.

XXIV

L'école des arts, instituée à Rome pour tous les Français, y sera rétablie et continuera d'être dirigée comme avant la guerre; le palais appartenant à la République, où cette école était placée, sera rendu sans dégradation.

XXVI

Fait et signé au quartier général de Tolentino par les susdits plénipotentiaires, le 1er ventôse an V de la République française une et indivisible (19 février 1797).

18 avril 1797.

TRAITÉ DE PAIX PRÉLIMINAIRE CONCLU A LÉOBEN, ENTRE L'AUTRICHE ET LA FRANCE, LE 18 AVRIL 1797.

EXTRAIT.

VII

La République française, de son côté, restituera à Sa Majesté Impériale tout ce qu'elle possède des États héréditaires de la maison d'Autriche, non compris sous la domination des provinces Belgiques.

ARTICLES PRÉLIMINAIRES SECRETS.

I

Malgré les dispositions de l'article VII, Sa Majesté l'empereur renonce à la partie de ses États en Italie qui se trouve au delà de la rive droite de l'Oglio et de la rive droite du Pô, à condition que Sa Majesté Impériale sera dédommagée de cette cession, ainsi que celles faites par l'article VI des préliminaires, par la partie de la terre ferme vénitienne comprise entre l'Oglio, le Pô, la mer Adriatique et les États héréditaires, ainsi que la Dalmatie et l'Istrie vénitienne.

II

La République française renonce de son côté à ses droits sur les trois légations de la Romagne, de Ferrare et de Bologne, cédées à la France par le traité de Tolentino, en se réservant cependant la forteresse de Castel-Franco avec un arrondissement dont le rayon, qui ne pourra être moins de la portée du canon, serait égal à la distance depuis ses murs jusqu'aux confins de la république de Modène. La partie des États de la république de Venise comprise entre l'Adda, le Pô, l'Oglio, la Valteline et le Tyrol, appartiendra à la République française.

III

Les deux parties contractantes se réservent et se garantissent l'une à l'autre lesdits États et pays acquis sur la terre ferme vénitienne.

IV

Les trois légations de la Romagne, de Ferrare et de Bologne, cédées par la République française, seront accordées à la république de Venise, en dédommagement de la partie de ses États dont il est parlé dans les trois articles précédents.

VI

Les forteresses de Palmanuova, Mantoue, Peschiera, Portolegnano, et les châteaux de Vérone, d'Osopo et de Brescia, occupés militairement par les troupes françaises, seront remis à Sa Majesté d'abord après l'échange des ratifications du traité définitif, ou plus tôt, si cela pouvait s'arranger d'un commun accord.

VIII

Les deux puissances contractantes conviennent que la partie des États d'Italie cédée par Sa Majesté l'empereur et roi dans le premier des articles secrets, et la partie des États vénitiens acquis à la République française par l'article 1er, formeront désormais une république indépendante.

IX

Sa Majesté Impériale ne s'oppose point aux arrangements que la République a pris avec le sérénissime duc de Modène relativement aux duchés de Modène, Reggio et de Massa-Carrara, à condition que la République française se réunira avec Sa Majesté l'empereur pour obtenir, à la paix générale et à celle de l'empire germanique, une compensation équivalente en faveur dudit duc de Modène et de ses héritiers légitimes.

17 octobre 1797.

TRAITÉ DE PAIX CONCLU A CAMPO-FORMIO, LE 17 OCTOBRE 1797. ENTRE LE GÉNÉRAL BONAPARTE, AU NOM DE LA FRANCE,
ET LES PLÉNIPOTENTIAIRES AUTRICHIENS, POUR CONSOLIDER LA PAIX
DONT LES BASES ONT ÉTÉ POSÉES
PAR LE TRAITÉ DE LÉOBEN, LE 18 AVRIL 1797.

EXTRAIT.

VI

La République française consent à ce que Sa Majesté l'empereur et roi possède en toute souveraineté et propriété les pays ci-dessous désignés, savoir : l'Istrie, la Dalmatie, les îles ci-devant vénitiennes de l'Adriatique, les bouches du Cataro, la ville de Venise, les lagunes et les pays compris entre les États héréditaires de Sa Majesté l'empereur et roi, la mer Adriatique et une ligne qui partira du Tyrol, suivra le torrent en avant de la Gardola, traversera le lac de Garda jusqu'à la Cise ; de là une ligne militaire jusqu'à San-Giacomo, offrant un avantage égal aux deux parties, laquelle sera désignée par les officiers du génie nommés de part et d'autre avant l'échange des ratifications du présent traité. La ligne de limite passera ensuite entre l'Adige à San-Giacomo, suivra la rive gauche de cette rivière jusqu'à l'embouchure du *Canal blanc*, y compris la partie de Portolegnano qui se trouve sur la rive droite de l'Adige, avec l'arrondissement d'un rayon de trois mille toises. La ligne se continuera par la rive gauche du *Canal blanc*, la rive gauche du Tortaro, la rive gauche du canal dit Polisella, jusqu'à son embouchure dans le Pô, et la rive gauche du grand Pô jusqu'à la mer.

Voici maintenant le texte des traités qui ont suivi celui de Campo-Formio, et qui, en le modifiant, ont graduellement constitué le royaume d'Italie :

9 février 1801.

TRAITÉ DE PAIX ENTRE L'AUTRICHE ET LE CORPS GERMANIQUE D'UNE PART, ET LA FRANCE D'AUTRE PART, SIGNÉ A LUNÉVILLE LE 9 FÉVRIER 1801.

EXTRAIT.

III

De même, en renouvellement et confirmation de l'article VI du traité de Campo-Formio, Sa Majesté l'empereur et roi possédera en toute souveraineté et propriété les pays ci-dessous désignés, savoir : l'Istrie, la Dalmatie et les îles ci-devant vénitiennes de l'Adriatique et dépendantes, les bouches du Cataro, la ville de Venise, les lagunes et les pays compris entre les États héréditaires de Sa Majesté l'empereur et roi, la mer Adriatique et l'Adige, depuis sa sortie du Tyrol jusqu'à son embouchure dans ladite mer, le thalweg de l'Adige servant de ligne de délimitation ; et comme par cette ligne les villes de Vérone et de Portolegnano se trouvent partagées, il sera établi sur le milieu des ponts desdites villes des ponts-levis qui marqueront la séparation.

IV

L'article XVIII du traité de Campo-Formio est pareillement renouvelé en cela que l'empereur s'oblige à céder au duc de Modène, en indemnité des pays que ce prince et ses héritiers avaient en Italie, le Brisgau qu'il possédera aux mêmes conditions que celles en vertu desquelles il possédait le Milanais.

V

Il est en outre convenu que le grand-duc de Toscane renonce pour lui et pour ses successeurs et ayants cause au grand-duché de Toscane et à la partie de l'île d'Elbe qui en dépend, ainsi qu'à tous droits et titres résultant de ses droits sur lesdits États, lesquels seront possédés désormais en toute souveraineté et propriété par l'infant duc de Parme. Le grand-duc obtiendra en Allemagne une indemnité pleine et entière de ses États d'Italie.

26 décembre 1805.

TRAITÉ DE PAIX ENTRE SA MAJESTÉ L'EMPEREUR D'ALLEMAGNE ET D'AUTRICHE ET SA MAJESTÉ L'EMPEREUR DES FRANÇAIS, ROI D'ITALIE, SIGNÉ A PRESBOURG LE 26 DÉCEMBRE 1805.

EXTRAIT.

II

La France continuera de posséder en toute propriété et souveraineté les duchés, principautés, seigneuries et territoires au delà des Alpes, qui étaient, antérieurement au présent traité, réunis et incorporés à l'empire français, ou régis par les lois et les administrations françaises.

III

Sa Majesté l'empereur d'Allemagne et d'Autriche, pour lui et ses héritiers et successeurs, reconnaît les dispositions faites par Sa Majesté l'empereur des Français, roi d'Italie, relativement aux principautés de Lucques et de Piombino.

IV

L'empereur d'Allemagne et d'Autriche renonce tant pour lui que pour ses héritiers et successeurs à la partie des États de la république de Venise à lui cédée par le traité de Campo-Formio et de Lunéville, laquelle sera réunie à perpétuité au royaume d'Italie.

V

Sa Majesté l'empereur d'Allemagne et d'Autriche reconnaît Sa Majesté l'empereur des Français comme roi d'Italie. Mais il est convenu que, conformément à la déclaration faite par Sa Majesté l'empereur des Français, au moment où il a pris la couronne d'Italie, aussitôt que les puissances nommées dans cette déclaration auront rempli les conditions qui s'y trouvent exprimées, les couronnes de France et d'Italie seront séparées à perpétuité, et ne pourront plus, dans aucun cas, être réunies sur la même tête. Sa Majesté l'empereur d'Allemagne et d'Autriche s'engage à reconnaître, lors de la séparation, le successeur que Sa Majesté l'empereur des Français se sera donné comme roi d'Italie.

XXIII

Immédiatement après l'échange des ratifications du présent traité, des commissaires seront nommés de part et d'autre pour remettre et recevoir, au nom des souverains respectifs, toutes les parties du territoire vénitien non occupées par les troupes de Sa Majesté l'empereur des Français, roi d'Italie. La ville de Venise, les lagunes et les possessions de terre ferme seront remises dans le délai de quinze jours. — L'Istrie et la Dalmatie vénitiennes, les bouches du Cataro, les îles vénitiennes de l'Adriatique, et toutes les places et forts qu'elles renferment, dans le délai de six semaines à compter de l'échange des ratifications. Les commissaires respectifs veilleront à ce que la séparation de l'artillerie ayant appartenu à la République de Venise et de l'artillerie autrichienne soit exactement faite ; la première devant rester en totalité au royaume d'Italie. Ils détermineront d'un commun accord l'espace et la nature des objets qui, appartenant à Sa Majesté l'empereur d'Allemagne et d'Autriche, devront en conséquence rester à sa disposition. Ils conviendront, soit de la vente au royaume d'Italie, de l'artillerie impériale et des objets susmentionnés, soit de leur échange contre une quantité équivalente d'artillerie ou d'objets de même ou d'autre nature qui seraient laissés par l'armée française dans les États héréditaires. Il sera donné toute facilité et toute assistance aux troupes autrichiennes et aux administrations civiles et militaires pour retourner dans les États d'Autriche par les voies les plus convenables et les plus sûres ainsi que pour le transport de l'artillerie impériale, des magasins de terre ou de mer et d'autres objets qui n'auraient pas été compris dans les stipulations, soit de vente, soit d'échange qui pourront être faites.

10 octobre 1807.

CONVENTION ADDITIONNELLE DE PAIX ET DE LIMITES ENTRE L'EMPEREUR DES FRANÇAIS, ROI D'ITALIE, ET L'EMPEREUR D'AUTRICHE ; SIGNÉE A FONTAINEBLEAU LE 10 OCTOBRE 1807, RATIFIÉE A FONTAINEBLEAU LE 9 NOVEMBRE 1807.

Napoléon, par la grâce de Dieu et les constitutions, empereur des Français, roi d'Italie, protecteur de la confédération du Rhin.

Vu la convention conclue et signée à Fontainebleau, le 10 octobre 1807, par M. de Champagny, notre ministre des relations extérieures, en vertu des pleins pouvoirs que nous lui avons conférés à cet effet; et par M. le comte de Metternich, ambassadeur de Sa Majesté l'empereur d'Autriche, également muni de pleins pouvoirs, laquelle convention est de la teneur suivante :

Sa Majesté l'empereur des Français, roi d'Italie, protecteur de la confédération du Rhin, et Sa Majesté l'empereur d'Autriche, roi de Hongrie et de Bohême, voulant consolider l'union qui existe déjà entre les deux États, et prévenir pour l'avenir tout motif de dissensions en établissant des frontières certaines et faciles à reconnaître entre le royaume d'Italie et les provinces autrichiennes qui l'environnent dans la partie du nord-est, ont nommé, pour s'entendre à ce sujet, savoir : Sa Majesté l'empereur des Français, roi d'Italie, M. Baptiste Nompère de Champagny;

Sa Majesté l'empereur d'Autriche, roi de Hongrie et de Bohême, Son Excellence M. le comte Clément Wenceslas de Metternich-Vinnebourg-Ochsenhausen;

Lesquels, après avoir échangé leurs pleins pouvoirs, sont convenus des articles suivants :

LIMITES DU ROYAUME D'ITALIE.

I

Le thalweg de l'Isonzo sera la limite du royaume de l'Italie et des provinces autrichiennes situées sur la rive gauche de son embouchure, dans le fond du golfe Adriatique jusque vis-à-vis du village de Christinisa près e canal. De là par la ligne la plus droite qu'il soit possible d'assigner, la limite ira rejoindre l'ancienne frontière près le village de Bistoff, de manière que les deux territoires de Christinisa et de Bistoff restent au royaume d'Italie. Elle suivra l'ancienne frontière jusqu'au sommet du mont Mataiame, et du mont Mataiame une ligne qui passe de l'est au nord de Sturazella et suit la montagne qui se trouve au delà des villages de Creda, Batoco et Boziana : de manière que ces villages et celui de Sturazella appartiennent au royaume d'Italie ; ladite ligne, prolongée jusqu'au sommet du mont Stu, suivra l'ancienne frontière.

CESSIONS RÉCIPROQUES.

II

A cet effet, Sa Majesté l'empereur des Français, en sa qualité de roi d'Italie, cède à Sa Majesté l'empereur d'Autriche tout ce qu'il possède sur la rive gauche de l'Isonzo, en toute propriété et souveraineté. L'empereur d'Autriche cède pareillement à Sa Majesté l'empereur des Français, roi d'Italie, en toute propriété et souveraineté, tout ce qu'il possède sur la rive droite de ce fleuve, jusqu'au point indiqué dans l'article précédent, en y comprenant tout ce qui est placé dans quelque partie que ce soit des États ex-vénitiens, pour être réuni pour toujours au royaume d'Italie.

L'île Morosigna, étant située sur la rive droite du bras principal de l'Isonzo, restera au royaume d'Italie.

SUJETS RÉCIPROQUES

III

Dans les territoires respectivement cédés, les sujets d'une des deux puissances, établis sur l'une des rives de l'Isonzo et possesseurs de biens sur l'autre rive, seront autorisés à retirer les produits de leurs propriétés en nature ; bien entendu que ces produits seront légalement constatés, conformément aux lois de police et des douanes en vigueur dans l'un des deux États. Cette disposition ne regarde que la portion du territoire contiguë au fleuve.

ROUTE MILITAIRE.

IV

Il y aura une route militaire pour la communication entre les provinces du royaume d'Italie, à la droite de l'Isonzo, de l'Istrie et de la Dalmatie, et réciproquement. Les conventions relatives à cette route seront annexées au présent acte.

PASSAGE DE TROUPES RUSSES.

V

Il sera accordé passage à travers le territoire autrichien aux troupes russes venant du Cataro, pour se rendre du royaume d'Italie sur le Nieper. Ces troupes marcheront par bataillons, avec armes, bagages et artillerie; il leur sera accordé tous les secours dont elles pourront avoir besoin, et tout ce qui sera relatif à leur subsistance sera réglé entre les cours de Saint-Pétersbourg et de Vienne.

ÉVACUATION DE BRAUNAU.

VI

Les difficultés survenues à la suite du traité de Presbourg, étant levées par la restitution des bouches du Cataro et par la présente convention, Sa Majesté l'empereur des Français s'engage à faire évacuer par ses troupes et par celles de ses alliés la place de Braunau, qui sera remise aux troupes autrichiennes, un mois au plus tard après l'échange des ratifications.

VII

La présente convention sera ratifiée le plus tôt possible, et les ratifications seront échangées à Paris, dans un mois au plus tard.

Signé : Baptiste Nompère de Champagny, Clément Wenceslas comte de Metternich-Winnebourg.

Par un nouveau traité signé à Vienne, le 14 octobre 1809, l'empereur d'Autriche s'engageait, vis-à-vis de l'empereur des Français, à reconnaître tous les changements survenus ou à survenir en Italie.

Voici enfin le texte de toutes les conventions de 1814 et de 1815, qui ont fait l'état constitutif de l'Italie, tel qu'il existait en droit au 1ᵉʳ janvier 1859.

TRAITÉ SIGNÉ LE 11 AVRIL 1814, A PARIS, ENTRE L'AUTRICHE, LA RUSSIE ET LA PRUSSE D'UNE PART, ET L'EMPEREUR NAPOLÉON DE L'AUTRE;
AVEC ACCESSION PARTIELLE DE LA GRANDE-BRETAGNE, EN DATE DU 27 AVRIL 1814.

EXTRAIT.

Leurs Majestés l'empereur d'Autriche, l'empereur de toutes les Russies et le roi de Prusse, stipulant tant en leur nom qu'en celui de tous leurs alliés, d'une part, et Sa Majesté l'empereur Napoléon de l'autre ; ayant nommé pour leurs plénipotentiaires, savoir : Sa Majesté l'empereur d'Autriche, M. le prince de Metternich, Sa Majesté l'empereur de toutes les Russies, M. le comte de Nesselrode, Sa Majesté le roi de Prusse, M. le baron de Hardenberg ; et Sa Majesté l'empereur Napoléon, M. de Caulaincourt, duc de Vicence ; M. le maréchal Ney, prince de la Moskowa ; M. le maréchal Macdonald, duc de Tarente ; les plénipotentiaires ci-dessus nommés, après avoir procédé à l'échange de leurs pouvoirs respectifs, sont convenus des articles suivants :

RENONCIATION DE NAPOLÉON.

I

L'empereur Napoléon renonce, pour lui, ses successeurs et descendants, ainsi que pour chacun des membres de sa famille, à tout droit de souveraineté et de domination, tant sur l'empire français et le royaume d'Italie que sur tout autre pays.

PARME, PLAISANCE ET GUASTALLA.

V

Les duchés de Parme, Plaisance et Guastalla seront donnés en toute propriété et souveraineté à Sa Majesté l'impératrice Marie-Louise. Ils passeront à son fils et à sa descendance en ligne directe.

Le prince, son fils, prendra, dès ce moment, le titre de prince de Parme, Plaisance et Guastalla.

XIII

Les obligations du monte Napoleone de Milan envers tous ses créanciers, soit français, soit étrangers, seront exactement remplies, sans qu'il soit fait aucun changement à cet égard.

Lord Castlereagh, ministre de Sa Majesté Britannique, a déclaré que l'Angleterre ne pouvait intervenir comme partie au susdit traité, mais a promis de rapporter l'acte d'accession de sa cour, dans le plus bref délai, en tant que cela concerne la libre possession et paisible jouissance en toute souveraineté de l'île d'Elbe et des duchés de Parme, Plaisance et Guastalla. Lord Castlereagh a aussi promis de donner les passe-ports et sûretés nécessaires pour le voyage.

Les plénipotentiaires de Sa Majesté l'empereur Napoléon ayant insisté pour qu'il soit accordé à Sa Majesté l'Impératrice Marie-Louise, en toute propriété, deux millions de revenu annuel pour elle et ses héritiers, à prélever sur les fonds placés par l'Empereur, soit sur le grand-livre, soit sur la Banque de France, soit sur les actions des forêts, soit de toute autre manière, et dont Sa Majesté fait l'abandon à la couronne.

Les plénipotentiaires des cours alliées ont déclaré que le gouvernement provisoire de France s'étant refusé à prendre sur lui cette détermination, leurs cours s'engageaient à employer leurs bons offices auprès du nouveau souverain de la France pour que cette dotation soit accordée à Sa Majesté l'impératrice Marie-Louise.

« Il a ensuite été convenu avec les plénipotentiaires des puissances alliées que le gouvernement provisoire de France remettrait aux plénipotentiaires de Sa Majesté l'empereur Napoléon une déclaration contenant leur adhésion et leur garantie pleine et entière aux stipulations du susdit traité qui concerne la France.

Paris, le 10 avril 1814.

C'est l'accession promise dans cette déclaration qui a eu lieu le 27 avril 1814. Quelques jours après, le 30 mai 1814, la France, alors gouvernée par Louis de Bourbon, dix-huitième du nom, signait avec les puissances coalisées, devenues ses alliées, un traité par lequel elle renonçait entièrement à la possession de tout le territoire italien. Il y était dit que hors des portions de ce territoire qui devaient faire retour à l'Autriche, il formerait des États souverains. Des articles séparés et secrets, du même jour, furent arrêtés entre les parties contractantes pour compléter le traité public; le second de ces articles était ainsi conçu :

Les possessions de Sa Majesté Impériale et Royale Apostolique en Italie seront limitées par le Pô et le Tessin, et le lac Majeur. Le roi de Sardaigne rentrera en possession de ses anciens États, à l'exception de la partie de la Savoie assurée à la France par l'article 3 du présent traité. Il recevra un accroissement de territoire par l'État de Gênes. Le port de Gênes restera port libre, les puissances se réservant de prendre à ce sujet des arrangements avec le roi de Sardaigne.

Les événements de 1815 devaient modifier et détruire même ce traité, dont la reproduction devient dès lors inutile. Voici cependant les actes relatifs à la république de Gênes :

13 novembre 1814.

PROTOCOLE DU CONGRÈS DE VIENNE CONCERNANT LA RÉUNION DES ÉTATS DE L'ANCIENNE
RÉPUBLIQUE DE GÊNES AUX ÉTATS DU ROI DE SARDAIGNE.

A

LETTRE DE M. LE PRINCE DE METTERNICH, COMME PRÉSIDENT DE LA RÉUNION DES PLÉNIPOTENTIAIRES
DES HUIT PUISSANCES QUI ONT SIGNÉ LE TRAITÉ DE PARIS DU 30 MAI 1814,
A M. LE MARQUIS DE SAINT-MARSAN, MINISTRE D'ÉTAT ET PLÉNIPOTENTIAIRE DE SA MAJESTÉ
LE ROI DE SARDAIGNE, DATÉE DE VIENNE LE 17 NOVEMBRE 1814.

Par suite d'une délibération du 13 de ce mois entre les plénipotentiaires des puissances qui ont signé le traité de Paris, je suis requis, comme président de cette réunion, de vous communiquer, monsieur le marquis, un extrait de protocole concernant le sort du ci-devant État de Gênes et les droits qui résultent, à cet égard, du traité de Paris en faveur de Sa Majesté le roi de Sardaigne.

Je m'acquitte de cette communication en transmettant à Votre Excellence l'extrait du protocole ci-joint, et je la prie d'agréer, etc.

Prince DE METTERNICH.

B

EXTRAIT DU PROTOCOLE DE LA SÉANCE DU 13 NOVEMBRE 1814

MM. les plénipotentiaires des puissances qui ont signé le traité de Paris du 30 mai 1814 ont pris en délibération le paragraphe de l'article II séparé et secret dudit traité, dont la stipulation, concernant le sort des départements formés de l'ancien État de Gênes, porte, dans les termes suivants :

« Que le roi de Sardaigne recevra un accroissement de territoire par l'État de Gênes ;

« Que le port de Gênes restera port libre, les puissances se réservant de prendre à ce sujet des arrangements avec le roi de Sardaigne. »

Sur quoi MM. les plénipotentiaires ont arrêté d'inviter M. le prince de Metternich, premier plénipotentiaire d'Autriche, président de la réunion desdits plénipotentiaires, à donner à M. le marquis de Saint-Marsan, ministre d'État de Sa Majesté le roi de Sardaigne, communication officielle de l'article ci-dessus transcrit.

12 décembre 1814.

ACTES RELATIFS A LA CESSION DE GÊNES AU ROI DE SARDAIGNE.

A

EXTRAIT DU PROTOCOLE DE LA SÉANCE DU CONGRÈS DE VIENNE DU 12 DÉCEMBRE 1814.

Les puissances signataires du traité de Paris, voulant assurer le repos de l'Italie moyennant une juste répartition des forces entre les puissances qui s'y trouvent placées, étaient convenues de donner aux États de Sa Majesté Sarde un agrandissement par les départements ayant formé l'ancienne république de Gênes, en se réservant de stipuler, en faveur des habitants, des conditions propres à garantir leur prospérité future. Les plénipotentiaires desdites puissances se sont occupés de cet objet immédiatement après l'ouverture du congrès, en établissant une commission pour régler, avec les plénipotentiaires de Sa Majesté Sarde et les députés de Gênes, ce qui pouvait avoir rapport à ce but. Le travail de cette commission a reçu leur approbation, et ils ont trouvé que les conditions présentées par ladite commission étaient conformes à la teneur du traité de Paris, et qu'elles étaient assises sur des bases solides et libérales. Désirant maintenant d'accélérer autant que possible la réunion des États de Gênes à ceux de Sa Majesté Sarde, et voulant donner en même temps à ce souverain une preuve non équivoque de leur confiance, les puissances signataires du traité de Paris se sont déterminées à faire mettre Sa Majesté en possession desdits États, dès qu'elle aura donné son adhésion formelle aux conditions susmentionnées et renfermées dans les annexes ci-jointes, se réservant de disposer des fiefs impériaux qui ont fait partie de la ci-devant république Ligurienne, et qui se trouvent en ce moment sous l'administration du gouvernement provisoire des États de Gênes. Pour prévenir cependant tous les obstacles qui peuvent naître de l'administration partielle desdits fiefs, placés entre les États de Gênes et le Piémont, il a été convenu qu'ils seraient également occupés provisoirement, jusqu'au traité définitif, par les autorités que Sa Majesté Sarde chargera de l'administration des États de Gênes; il a été arrêté que le prince de Metternich, premier plénipotentiaire de l'Autriche, serait autorisé à faire connaître ces déterminations à MM. les plénipotentiaires de Sa Majesté Sarde et à les inviter à donner l'adhésion requise, s'ils se trouvent fondés de pouvoirs à cet effet.

B

PIÈCES ANNEXÉES AU PRÉCÉDENT PROTOCOLE.

1. *Projet d'articles arrêté par les plénipotentiaires*

I

Les Génois seront en tout assimilés aux autres sujets du roi ; ils participeront, comme eux, aux emplois civils, judiciaires, militaires et diplomatiques de la monarchie ; et, sauf les priviléges qui leur sont ci-après concédés et assurés, ils seront soumis aux mêmes lois et règlements, nonobstant les modifications que Sa Majesté jugera convenables.

La noblesse génoise sera admise, comme celle des autres parties de la monarchie, aux grandes charges et emplois de la cour.

II

Les militaires génois composant actuellement les troupes génoises seront incorporés dans les troupes royales ; les officiers et sous-officiers conserveront leurs grades respectifs.

III

Les armoiries de Gênes entreront dans l'écusson royal, et ses couleurs dans le pavillon de Sa Majesté.

IV

Le port franc de Gênes sera rétabli, avec les règlements qui existaient sous l'ancien gouvernement de Gênes.

Toute facilité sera donnée par le roi pour le transit, par ses États, des marchandises sortant du port franc, en prenant les précautions que Sa Majesté jugera convenables pour que ces mêmes marchandises ne soient pas vendues ou consommées en contrebande dans l'intérieur ; elles ne pourront être sujettes qu'à un droit modique d'usage.

V

Il sera établi, dans chaque arrondissement d'intendance, un conseil provincial, composé de trente membres choisis parmi les notables des différentes classes, sur une liste de trois cents des plus imposés de chaque arrondissement ; ils seront nommés la première fois par le roi, et renouvelés de même, par cinquième, tous les deux ans. Le sort décidera de la sortie des quatre premiers cinquièmes.

L'organisation de ces conseils sera réglée par Sa Majesté.

Le président, nommé par le roi, pourra être pris hors du conseil ; en ce cas, il n'aura pas le droit de voter.

Les membres ne pourront être choisis de nouveau que quatre ans après leur sortie.

Le conseil ne pourra s'occuper que des besoins et réclamations des communes de l'intendance, pour ce qui concerne leur administration particulière, et pourra faire des représentations à ce sujet.

Il se réunira chaque année au chef-lieu de l'intendance, à l'époque et pour le temps que Sa Majesté déterminera. Sa Majesté le réunira d'ailleurs extraordinairement si elle le juge convenable.

L'intendant de la province, ou celui qui le remplace, assistera de droit aux séances comme commissaire du roi.

Lorsque les besoins de l'État exigeront l'établissement de nouveaux impôts, le roi réunira les différents conseils provinciaux dans telle ville de l'ancien territoire génois que Sa Majesté désignera, et sous la présidence de telle personne qu'elle aura déléguée à cet effet.

Le président, quand il sera pris hors des conseils, n'aura pas voix délibérative.

Le roi n'enverra à l'enregistrement du sénat de Gênes aucun édit portant création d'impôt extraordinaire qu'après avoir reçu le vote approbatif des conseils provinciaux, comme ci-dessous.

La majorité d'une voix déterminera le vote des conseils provinciaux, assemblés séparément ou réunis.

VI

Le maximum des impositions que Sa Majesté pourra établir dans l'État de Gênes, sans consulter les conseils provinciaux réunis, ne pourra excéder la proportion actuellement établie pour les autres parties de ses États. Les impositions maintenant perçues seront amenées à ce taux, et Sa Majesté se réserve de faire les rectifications que sa sagesse et sa bonté envers ses sujets génois pourront lui dicter à l'égard de ce qui peut être réparti, soit sur les charges financières, soit sur les perceptions directes ou indirectes.

Le maximum des impositions étant ainsi réglé, toutes les fois que le besoin de l'État pourra exiger qu'il soit assis de nouvelles impositions ou des charges extraordinaires, Sa Majesté demandera le vote approbatif des conseils provinciaux pour la somme qu'elle jugera convenable de proposer et pour l'espèce d'imposition à établir.

VII

La dette publique, telle qu'elle existait légalement sous le dernier gouvernement français, est garantie.

VIII

Les pensions civiles et militaires accordées par l'État d'après les lois et les règlements, sont maintenues pour tous les sujets génois habitant les États de Sa Majesté.

Sont maintenues sous la même condition les pensions accordées à des ecclésiastiques ou à d'anciens membres de maisons religieuses des deux sexes, de même que celles qui, sous le titre de secours, ont été accordées à des nobles génois par le gouvernement français.

IX

Il y aura à Gênes un grand corps judiciaire ou tribunal suprême, ayant les mêmes attributions et priviléges que ceux de Turin, de Savoie et de Nice, qui portera, comme eux, le nom de Sénat.

X

Les monnaies courantes d'or et d'argent de l'ancien État de Gênes actuellement existantes seront admises dans les caisses publiques, concurremment avec les monnaies piémontaises.

XI

Les levées d'hommes, dites provinciales, dans le pays de Gênes, n'excéderont pas en proportion les levées qui auront lieu dans les autres États de Sa Majesté.

XII

Sa Majesté créera une compagnie génoise de gardes du corps, laquelle formera une quatrième compagnie de ses gardes.

XIII

Sa Majesté établira à Gênes un corps de ville composé de quarante nobles, vingt bourgeois vivant de leurs revenus ou exerçant des arts libéraux, et vingt des principaux négociants.

Les nominations seront faites la première fois par le roi, et les remplacements se feront à la nomination du corps de ville même, sous la réserve de l'approbation du roi.

Ce corps aura ses règlements particuliers donnés par le roi, pour la résidence et pour la division du travail; les présidents prendront le titre de syndics et seront choisis parmi les membres. Le roi se réserve, toutes les fois qu'il le jugera à propos, de faire présider le corps de ville par un personnage de grande distinction. Les attributions du corps de ville seront l'administration des revenus de la ville, la surintendance de la petite police de la ville, et la surveillance des établissements publics de charité de la ville.

Les membres de ce corps auront un costume, et les syndics le privilége de porter la simarre ou toge, comme les présidents des tribunaux.

XIV

L'Université de Gênes sera maintenue et jouira des mêmes priviléges que celle de Turin; Sa Majesté avisera aux moyens de pourvoir à ses besoins. Elle prendra cet établissement sous sa protection spéciale, de même que les autres instituts d'instruction, d'éducation, de belles-lettres et de charité, qui seront aussi maintenus.

Sa Majesté conservera en faveur de ses sujets génois les bourses qu'ils ont dans le collége du Lycée à la charge du gouvernement, se réservant d'adopter sur cet objet les règlements qu'elle jugera convenables.

XV

Le roi conservera à Gênes un tribunal et une chambre de commerce, avec les attributions actuelles de ces deux établissements.

XVI

Sa Majesté prendra particulièrement en considération la situation des employés actuels de l'État de Gênes.

XVII

Sa Majesté accueillera les plans et les propositions qui lui seront présentés sur les moyens de rétablir la banque de Saint-Georges.

Signé : Comte Alexis DE NOAILLES, CLANCARTY, baron DE BINDER

2. *Extrait du protocole du congrès de Vienne du 10 décembre 1814.*

Pour ne laisser aucun doute sur l'ordre de succession à établir dans les États de Gênes, les puissances signataires du traité de Paris sont convenues que l'article concernant Gênes soit rédigé dans les termes suivants:

Les États qui ont composé la ci-devant république de Gênes sont réunis à perpétuité aux États de Sa Majesté Sarde, pour être comme eux possédés par elle en toute propriété et hérédité de mâle en mâle, par ordre de primogéniture dans les deux branches de la maison, savoir : la branche royale et la branche de Savoie-Carignan.

5. *Extrait du protocole du congrès de Vienne du 17 décembre 1814.*

Les plénipotentiaires ont pris en considération le vœu des Génois qui demande que Sa Majesté Sarde prenne le titre de roi de Ligurie.

Les plénipotentiaires ont observé que le roi de Sardaigne est investi du titre de duc souverain de Savoie comme du titre de prince souverain des États du Piémont ; ils ont pensé que les égards dus auxdits pays ne permettaient pas que l'État de Gênes fût érigé en royaume. Ils proposent que le titre de duc de Gênes, qui était proprement celui du doge de l'ancienne république de Gênes, soit conféré à Sa Majesté Sarde, pour être joint aux titres que Sa Majesté prend ordinairement. Cette proposition des plénipotentiaires a été approuvée dans la conférence du 10 du courant.

C

ACTE D'ADHÉSION DES PLÉNIPOTENTIAIRES DE SA MAJESTÉ SARDE A LA DÉCLARATION DU CONGRÈS DE VIENNE DU 17 DÉCEMBRE 1814.

Les soussignés, plénipotentiaires de Sa Majesté le roi de Sardaigne au congrès de Vienne, en vertu des pleins pouvoirs de leur souverain, qu'ils ont présentés d'après l'invitation portée par la déclaration qui a été publiée le 1ᵉʳ novembre dernier par les puissances signataires du traité de Paris du 30 mai année courante, et le marquis de Saint-Marsan en particulier, en vertu d'un plein pouvoir spécial le plus ample de Sadite Majesté le roi de Sardaigne, pour négocier, convenir et accepter toutes les conditions relatives à la réunion des États de Gênes à ceux de Sa Majesté qu'il présente en original, donnent, par le présent acte, adhésion formelle, entière et sans restriction aux conditions renfermées dans les trois annexes ci-jointes, qu'ils ont signées à cet objet, et qui sont entièrement conformes aux pièces annexées à l'extrait du protocole de la séance du 12 du courant, que M. le prince de Metternich a adressé aux soussignés.

Ils adhèrent, au nom de leur souverain, avec ces conditions, à la réunion des départements formés par l'ancienne république de Gênes aux autres États de Sa Majesté, et témoignent à ces hautes puissances la reconnaissance de leur souverain, soit pour la réunion susdite, soit pour la marque de confiance qu'ils lui donnent en le faisant mettre tout de suite en possession de ses nouveaux États.

Ils consentent à la réserve apposée, et relativement aux fiefs impériaux faisant partie de la ci-devant république Ligurienne et qui se trouvent maintenant sous l'administration du gouvernement de Gênes, dont les puissances ont déclaré vouloir se réserver la disposition, et à ce qu'ils ne soient occupés et administrés que provisoirement par le gouvernement du roi, qui sera établi à Gênes jusqu'au traité définitif, en déclarant toutefois qu'ils n'entendent préjudicier aucunement par là les droits que Sa Majesté se réserve de faire valoir. En foi de quoi ils ont signé le présent acte et chacune séparément des trois annexes, et y ont apposé le sceau de leurs armes.

Fait à Vienne, le 17 décembre 1814.

Signé : Marquis DE SAINT-MARSAN; comte ROSSI.

D'autres actes suivirent, en 1815, qui agirent simultanément sur l'avenir de la Suisse et de l'Italie. Voici ces actes :

26-29 mars 1815

ACTE DE CESSION DE SA MAJESTÉ LE ROI DE SARDAIGNE EN FAVEUR DU CANTON DE GENÈVE, EN DATE DU 26 MARS 1815.

A Leurs Excellences MM. les plénipotentiaires d'Angleterre, d'Autriche, de Prusse et de Russie au congrès de Vienne.

Le soussigné ministre d'État et plénipotentiaire de Sa Majesté le roi de Sardaigne a présenté à son souverain le vœu des puissances alliées, que la Savoie cédât quelques portions de territoire au canton de Genève, et il lui a soumis le plan formé pour cet objet. Sa Majesté, toujours empressée de donner à ses puissants alliés des preuves de sa reconnaissance et de son désir de faire ce qui peut leur être agréable, a surmonté la répugnance bien naturelle qu'elle éprouvait à se séparer de ses bons, anciens et fidèles sujets, et a autorisé le soussigné à consentir en faveur du canton de Genève à une cession de territoire, telle qu'elle a été proposée dans le protocole ci-joint, et aux conditions suivantes :

I

Que les provinces de Chablais et de Faucigny, ainsi que tout le territoire situé au nord d'Ugine et appartenant à Sa Majesté, soient compris dans la neutralité helvétique garantie par toutes les puissances, c'est-à-dire que toutes les fois que les puissances voisines de la Suisse se trouveront en état d'hostilités ou commencées ou imminentes, les troupes de Sa Majesté le roi de Sardaigne, qui se trouveraient dans ces provinces, puissent se retirer et prendre à cet effet, s'il est besoin, la route du Valais ; que les troupes armées d'aucune puissance ne pourront ni séjourner, ni passer dans les provinces ci-dessus, à l'exception de celles que la Confédération helvétique jugerait à propos d'y placer. Il est entendu que ces rapports ne gêneront en aucune manière l'administration de ces provinces, dans lesquelles les officiers civils de Sa Majesté pourront employer la garde municipale au maintien du bon ordre.

II

Il sera accordé une franchise de tous droits de transit pour toutes les marchandises, comestibles, etc., qui, venant des États de Sa Majesté et du port franc de Gênes, suivront la route du Simplon dans toute son étendue par le Valais et le territoire de Genève. On entend par là que cette franchise ne concerne exclusivement que les droits de passage, et ne s'étend ni aux droits de chaussée, ni aux marchandises et aux denrées qui sont destinées à être vendues ou consommées dans l'intérieur. On appliquera les mêmes restrictions à la communication accordée aux Suisses entre le Valais et le canton de Genève, et les gouvernements se concerteront pour prendre les mesures jugées nécessaires, soit pour régler les taxes et empêcher la contrebande chacun respectivement sur son territoire.

III

Les terres connues sous le nom de fiefs impériaux, qui étaient incorporées à la république Ligurienne, et qui sont maintenant sous l'administration provisoire de Sa Majesté le roi de Sardaigne, seront réunies entièrement aux États de Sa Majesté, et de la même manière que les autres États génois.

IV

Ces conditions feront partie des résolutions du congrès, et seront garanties par toutes les puissances.

V

Les souverains alliés s'engagent à employer encore leur médiation, e les moyens qu'ils jugeront les plus convenables, pour engager la France à rendre à Sa Majesté le roi de Sardaigne au moins une partie du territoire qu'elle possède maintenant en Savoie, savoir : la chaîne de montagnes dites les Bauges, la ville d'Annecy et la grande route qui conduit de cette dernière à Genève, sous la réserve de fixer d'une manière convenable les frontières exactement déterminées, surtout par ce que le territoire ci-dessus est nécessaire pour compléter le système de défense des Alpes, et pour faciliter l'administration du territoire, dont la possession est restée à Sa Majesté le roi de Sardaigne.

Fait à Vienne, 17 décembre 1814.

Signé : De Saint-Marsan.

PROTOCOLE SUR LES CESSIONS FAITES PAR LE ROI DE SARDAIGNE AU CANTON DE GENÈVE DU 29 MARS 1815.

Les puissances alliées ayant témoigné le vif désir qu'il fût accordé quelques facultés au canton de Genève, soit pour le désenclavement d'une partie de ses possessions, soit pour ses communications avec la Suisse, Sa Majesté le roi de Sardaigne étant empressée d'autre part de témoigner à ses hauts et puissants alliés toute la satisfaction qu'elle éprouve à faire quelque chose qui puisse leur être agréable, les plénipotentiaires soussignés sont convenus de ce qui suit :

I

Sa Majesté le roi de Sardaigne met à la disposition des hautes puissances alliées la partie de la Savoie qui se trouve entre la rivière d'Arve, le Rhône, les limites de la partie de la Savoie occupée par la France, et la montagne de Salève jusqu'à Veiry inclusivement ; plus, celle qui se trouve comprise entre la grande route dite du Simplon, le lac de Genève et le territoire actuel du canton de Genève, depuis Vezenas, jusqu'au point où la rivière d'Hermance traverse la susdite route, et de là, continuant le cours de cette rivière, jusqu'à son embouchure dans le lac de Genève, au levant du village d'Hermance (la totalité de la route dite du Simplon continuant à être possédée par Sa Majesté le roi de Sardaigne), pour que ces pays soient réunis au canton de Genève, sauf à déterminer plus précisément la limite par des commissaires respectifs, surtout pour ce qui concerne la délimitation en-dessus de Veiry, et sur la montagne de Salève. Dans tous les lieux et territoires compris dans cette démarcation, Sa Majesté renonce, pour elle et ses successeurs à perpétuité, à tous droits de souveraineté et autres qui peuvent lui appartenir, sans exceptions ni réserves.

II

Sa Majesté accorde la communication entre le canton de Genève et le Valais, par la route dite du Simplon, de la même manière que la France l'a accordée entre Genève et le pays de Vaud, par la route qui passe par Versoy. Sa Majesté accorde de même en tout temps une communication libre pour les milices genevoises, entre le territoire de Genève et le mandement de Jussy, et les facilités qui pourraient être nécessaires à l'occasion pour revenir par le lac à la susdite route dite du Simplon.

III

D'autre part, Sa Majesté ne pouvant se résoudre à consentir qu'une partie de son territoire soit réunie à un État où la religion dominante est différente, sans procurer aux habitants du pays qu'elle cède la certitude qu'ils jouiront du libre exercice de leur religion, qu'ils continueront à avoir les moyens de fournir aux frais de leur culte, et à jouir eux-mêmes de la plénitude des droits de citoyens ;

Il est convenu que :

1. La religion catholique sera maintenue et protégée de la même manière qu'elle l'est maintenant, dans toutes les communes cédées par Sa Majesté le roi de Sardaigne, et qui seront réunies au canton de Genève.

2. Les provinces actuelles qui ne se trouveront ni démembrées, ni séparées par la délimitation des nouvelles frontières, conserveront leurs circonscriptions actuelles, et seront desservies par le même nombre d'ecclésiastiques ; et, quant aux proportions démembrées qui seraient trop faibles pour constituer une paroisse, on s'adressera à l'évêque diocésain pour obtenir qu'elles soient annexées à quelque autre paroisse du canton de Genève.

3. Dans les mêmes communes cédées par Sa Majesté, si les habitants protestants n'égalent point en nombre les habitants catholiques, les maîtres d'école seront toujours catholiques. Il ne sera établi aucun temple protestant, à l'exception de la ville de Carouge qui pourra en avoir un

Les officiers municipaux seront toujours au moins pour les deux tiers catholiques, et spécialement sur les trois individus qui occuperont les places de maire et de deux adjoints, il y en aura toujours deux catholiques.

4. En cas que le nombre des protestants vint dans quelques communes à égaler celui des catholiques, l'égalité et l'alternative seront établies, tant pour la formation du conseil municipal que pour celle de la mairie. En ce cas, cependant, il y aura toujours un maître d'école catholique, quand même on en établirait un protestant.

On n'entend pas par cet article empêcher que des individus protestants, habitant une commune catholique, ne puissent, s'ils le jugent à propos, y avoir une chapelle particulière pour l'exercice de leur culte, établie à leurs frais, et y avoir, également à leurs frais, un maître d'école protestant pour l'instruction particulière de leurs enfants.

Il ne sera point touché, soit pour les fonds et revenus, soit pour l'administration, aux donations et fondations pieuses existantes, et on n'empêchera pas les particuliers d'en faire de nouvelles.

5. Le gouvernement fournira aux mêmes frais que fournit le gouvernement actuel, pour l'entretien des ecclésiastiques et du culte.

6. L'église catholique actuellement existante à Genève y sera maintenue, telle qu'elle existe, à la charge de l'État, ainsi que les lois éventuelles de la constitution de Genève l'avaient déjà décrété; le curé sera logé et doté convenablement.

7. Les communes catholiques et la paroisse de Genève continueront à faire partie du diocèse qui régira les provinces du Chablais et du Faucigny, sauf qu'il en soit réglé autrement par l'autorité du saint-siége.

8. Dans tous les cas, l'évêque ne sera jamais troublé dans les visites pastorales.

9. Les habitants des territoires cédés sont pleinement assimilés, pour les droits civils et politiques, aux Génevois de la ville; ils les exerceront communément avec eux, sauf la réserve des droits de propriété de cité ou de commerce.

10. Les enfants catholiques seront admis dans les maisons d'éducation publique; l'enseignement de la religion n'y aura pas lieu en commun, mais séparément, et on emploiera à cet effet, pour les catholiques, des ecclésiastiques de leur communion.

11. Les biens communaux ou propriétés appartenant aux nouvelles communes leur seront conservés et elles continueront à les administrer comme par le passé, et à employer les revenus à leur profit.

12. Ces mêmes communes ne seront point sujettes à des charges plus considérables que les anciennes communes.

13. Sa Majesté le roi de Sardaigne se réserve de porter à la connaissance de la diète helvétique, et d'appuyer par le canal de ses agents diplomatiques auprès d'elle, toute réclamation à laquelle l'inexécution des articles ci-dessus pourrait donner lieu.

IV

Tous les titres terriers et documents concernant les choses cédées seront remis par Sa Majesté le roi de Sardaigne au canton de Genève, le plus tôt que faire se pourra.

V

Le traité conclu à Turin le 3 du mois de juin 1754, entre Sa Majesté le roi de Sardaigne et la république de Genève, est maintenu pour tous les articles auxquels il n'est point dérogé par la présente transaction; mais Sa Majesté, voulant donner au canton de Genève une preuve particulière de sa bienveillance, consent néanmoins à annuler la partie de l'article XIII du susdit traité qui interdisait aux citoyens de Genève, qui se trouvaient dès lors avoir des maisons et biens situés en Savoie, la faculté d'y faire leur habitation principale.

VI

Sa Majesté consent par les mêmes motifs à prendre des arrangements avec le canton de Genève, pour faciliter la sortie, de ses États, des denrées destinées à la consommation de la ville et du canton.

Vienne, le 29 mars 1815.

Signés : DE SAINT-MARSAN.

Autriche.

LE PRINCE DE METTERNICH.   LE BARON DE WESSENBERG.

Espagne,

GOMEZ LABRADOR.

France.

TALLEYRAND.   LE DUC DE DALBERG.   LE COMTE ALEXIS DE NOAILLES.

Grande-Bretagne.

CLANCARTY.   CATHCART.   STEWART, L. G.

Portugal.

LE COMTE DE PALMELLA.   ANT. DE SALDANHA DA GAMA.

LOBO DA SILVEIRA.

Prusse,

LE PRINCE DE HARDENBERG.   LE BARON DE HUMBOLD.

Russie.

LE COMTE DE RASOUMOFFSKY.   LE COMTE DE STACKELBERG.

LE COMTE DE NESSELRODE.

Suède.

LE COMTE DE LOEWENHIELM.

28 mars, 30 avril, 4 juin.

PROTOCOLES TENUS AU CONGRÈS DE VIENNE PAR MM. LES PLÉNIPOTENTIAIRES LES CINQ
PUISSANCES, DE L'AUTRICHE, DE LA FRANCE,
DE LA GRANDE-BRETAGNE, DE LA PRUSSE ET DE LA RUSSIE

EXTRAIT.

19

Séance du 23 mars 1815.

I

Il a été fait lecture d'un Mémoire de M. le marquis de Saint-Marsan, ministre d'État de Sa Majesté le roi de Sardaigne, en date du 26 mars, ainsi que d'un protocole de conférences tenues relativement à des cessions de quelques districts de la Savoie, pour être incorporés au canton de Genève.

Le Mémoire de M. le marquis de Saint-Marsan, de même que le protocole muni de la signature de MM. les commissaires sont annexés au présent protocole *Sub Litt.* CC.

MM. les plénipotentiaires des cours de Londres, de Vienne, de Russie et de Prusse, à l'intervention desquels se fait la proposition de quelques cessions territoriales en faveur du canton de Genève, ayant délibéré tant sur lesdits avantages territoriaux que sur les conditions que M. le plénipotentiaire de Sa Majesté Sarde a stipulées relativement à ces cessions, approuvent entièrement le contenu dudit protocole.

En conséquence, MM. les plénipotentiaires sont convenus que le Mémoire de M. le plénipotentiaire sarde, renfermant lesdites cessions, ainsi que le protocole maintenant revêtu de l'adhésion qu'y donnent les plénipotentiaires d'Autriche, de Russie, de la Grande-Bretagne et de Prusse, seront portés demain à la délibération des autres puissances signataires du traité de Paris, et qu'après avoir obtenu leur assentiment, le résultat de cette transaction sera remis en même temps à M. le plénipotentiaire de Sa Majesté le roi de Sardaigne, et par l'intervention des envoyés respectifs des puissances, à la Confération germanique.

ANNEXE CC.

Protocole d'une conférence concernant les arrangements territoriaux entre Sa Majesté le roi de Sardaigne et le canton de Genève.

Vienne, le 26 mars 1815.

Les soussignés plénipotentiaires s'étant réunis pour terminer les arrangements territoriaux qui avaient été concertés, sous l'intervention des cours de Londres, de Vienne, de Russie et de Prusse, entre Sa Majesté le roi de Sardaigne et le canton de Genève, M. le marquis de Saint-Marsan a présenté les deux pièces dont l'une contient les *conditions* sous lesquelles Sa Majesté le roi de Sardaigne consent à mettre à la disposition des quatre puissances ci-dessus mentionnées quelques districts de la Savoie pour être incorporés au canton de Genève, et l'autre l'*énumération* de ces mêmes cessions, ainsi que les conditions et réserves sous lesquelles elles doivent avoir lieu.

Après la lecture de ces deux pièces, la discussion s'est établie sur une augmentation légère desdites cessions, à laquelle M. le marquis de Saint-Marsan a consenti, au nom de son gouvernement, de manière que le changement dont on est ainsi convenu a été ajouté à la pièce qui comprend l'énumération des districts qui devront être cédés.

Signé : Clancarty, de Saint-Marsan, Capo d'Istria, Humboldt, Wessenberg.

32

Séance du 30 avril 1815

I

Le prince de Metternich fait part à MM. les plénipotentiaires d'une convention préliminaire d'alliance conclue hier, 29 du mois, entre l'Autriche, d'une part, et Sa Majesté Sicilienne d'autre part.

Ladite convention dit en résumé que l'Autriche aidera Ferdinand de Bourbon à reconquérir le royaume des Deux-Siciles.

M. le prince de Metternich ajoute que la communication qu'il en donne ne peut être de sa nature que confidentielle jusqu'à ce que cette convention soit ratifiée, mais qu'il n'a pas voulu différer jusque-là d'en faire connaître le contenu à MM. les plénipotentiaires.

18 mars 1815.

NOTIFICATION FAITE AU PRINCE DE TALLEYRAND PAR LE PRINCE DE METTERNICH, RELATIVEMENT A LA RÉUNION DES VALLÉES DE LA VALTELINE, DE CHIAVENNE ET DE BORMIO AUX ÉTATS AUTRICHIENS EN ITALIE.

Le soussigné a reçu l'ordre de faire part à Son Altesse le prince de Talleyrand que Leurs Majestés l'empereur de toutes les Russies, le roi de la Grande-Bretagne et le roi de Prusse sont convenus avec Sa Majesté Impériale Royale Apostolique, que les vallées de la Valteline, de Chiavenne et de Bormio, qui jusqu'à présent ont formé partie du royaume d'Italie sous la dénomination du département de l'Adda, doivent être réunies aux États de Sa Majesté Impériale et Royale Apostolique en Italie. Comme cependant ces territoires ont été placés, dans les négociations particulières entre la cour de Vienne et celle des Tuileries, parmi les objets qui pourraient servir d'échange ou de compensation dans les arrangements d'Italie, et nommément dans ceux qui concernent l'établissement futur de Sa Majesté l'infante Marie-Louise d'Espagne et de son fils, le soussigné est autorisé à donner à ce sujet la déclaration la plus précise, que la réunion définitive desdits territoires, qui dans ce moment est devenue une mesure de nécessité prescrite par les circonstances les plus impérieuses, ne dérogera en rien aux arrangements prévus, et qu'ils n'en sont pas moins mis en ligne de compte dans l'évaluation des objets qui devront servir de compensation pour l'établissement réclamé par l'infante Marie-Louise. Le soussigné prie Son Altesse M. le prince de Talleyrand d'agréer les assurances de sa haute considération.

Vienne, le 18 mars 1815.

Signé : METTERNICH.

31 mars, 2 avril 1815.

ACTES PAR LESQUELS L'ADMINISTRATION DES ÉTATS DE PARME, PLAISANCE ET GUASTALLA EST PROVISOIREMENT CÉDÉE A SA MAJESTÉ L'EMPEREUR D'AUTRICHE, DU 31 MARS ET DU 2 AVRIL 1815.

A

NOTIFICATION DE SA MAJESTÉ L'IMPÉRATRICE MARIE-LOUISE, ETC., ETC., QUE L'ADMINISTRATION PROVISOIRE DE SES ÉTATS DE PARME, DE PLAISANCE ET DE GUASTALLA EST CÉDÉE A SA MAJESTÉ L'EMPEREUR D'AUTRICHE; DATÉE DE SCŒHNBRUNN, LE 31 MARS 1815.

Nous, impératrice Marie-Louise, etc., etc., faisons savoir à tous les les sujets et habitants de nos États de Parme, de Plaisance et de Guastalla, qu'en considération des circonstances actuelles et dans l'impossibilité où nous nous trouvons de nous rendre en personne dans nos susdits États, nous avons prié notre très-auguste et bien-aimé père, l'empereur et roi, d'administrer en son nom nos susdits États, et que Sa Majesté Impériale ayant accepté gracieusement notre demande, nous voulons et nous ordonnons que tous nos sujets et habitants de Parme, de Plaisance et de Guastalla obéissent à tous les ordres et dispositions que Sa Majesté Impériale jugera nécessaire de faire connaître.

Donné au palais impérial de Schœnbrunn, près Vienne, le 31 mars 1815.

Marie-Louise.

Par ordre de Sa Majesté,

Magawly Cerati.

B

Notification de Sa Majesté l'Empereur d'Autriche, qu'il s'est chargé, en son nom, de l'administration provisoire des États de Parme, Plaisance et Gustalla ; datée de Vienne, le 2 avril 1815.

Nous, François Ier, en conséquence du vœu et de la demande de notre fille bien-aimée l'impératrice Marie-Louise, etc., après avoir accepté l'administration de ses États, nous croyons devoir faire connaître en même temps, au nom de notre fille bien-aimée, notre volonté que, pendant notre administration provisoire, les ordres donnés en notre nom par le ministre d'État, comte Magawly Cerati, devront être ponctuellement suivis.

Donné dans notre ville capitale de Vienne, le 2 avril 1815, et la vingt-quatrième année de notre règne.

Prince de Metternich, François.

Par ordre de Sa Majesté Impériale et Apostolique,

Joseph de Hudelist.

7 avril 1815.

Patente de Sa Majesté l'Empereur d'Autriche, par laquelle il déclare la formation du Royaume Lombardo-Vénitien et sa réunion a l'Empire, datée de Vienne du 7 avril 1815.

Nous, François Ier,

En conséquence des traités conclus avec les puissances alliées et aussi de nos rapports d'amitié avec elles, les provinces lombardo-vénitiennes sont réunies à l'empire d'Autriche, dans toute leur étendue jusqu'au lac Majeur, au Tessin et au Pô, avec la partie du territoire de Mantoue située sur la rive droite du dernier de ces fleuves; de plus la province de la Valteline, les comtés de Cleve et de Bormio ; ils en feront partie intégrante à perpétuité.

Animé du désir le plus vif de donner aux habitants de ces provinces et de ces localités un témoignage non équivoque de notre bienveillance impériale et du prix insigne que nous attachons à cette réunion nouvelle, et en même temps aussi pour établir une garantie de plus du lien étroit qui les unit dès ce moment, nous avons décidé, pour atteindre ce but, d'ériger les provinces et les districts désignés plus haut en un royaume sous le nom de Lombardo-Vénitien. A cet effet, nous avons donné la présente patente, afin de porter notre décision impériale actuelle, ainsi que nous le faisons solennellement par la présente, à la connaissance ainsi qu'à l'attention de tous.

Nous déclarons en même temps :

§ 1. Que les armoiries du nouveau royaume, leur admission dans l'écusson de l'empire d'Autriche, ainsi que l'insertion du titre royal dans notre titre impérial, seront déterminées sans délai par un acte public.

§ 2. Que le royaume aura sa propre administration ; nous nous réservons de nommer aux emplois publics les personnes qui par leur mérite nous paraîtront les plus propres à les remplir.

§ 3. Que l'antique et primitive couronne de fer, avec laquelle nos successeurs devront être couronnés au commencement de leur règne, restera la couronne de ce royaume.

§ 4. Que nous avons adopté dans le nombre des autres ordres de notre maison l'ordre de la Couronne de fer, déjà confirmé par nous en général, et que le nouveau statut en est déjà agréé par nous.

§ 5. Que nous avons enfin décidé de nous faire représenter par un vice-roi dans notre nouveau royaume.

§ 6. Le royaume sera divisé en deux territoires gouvernementaux, pour la commodité de l'administration, qui seront séparés par la rivière du Mincio. Le territoire situé sur la rive droite du Mincio portera le nom de gouvernement de Milan ; celui situé sur la rive gauche du Mincio portera celui de gouvernement de Venise.

§ 7. Ce territoire gouvernemental est divisé en provinces, chaque province en districts et chaque district en communes. Les noms des limites des provinces et les districts avec les communes qui leur appartiendront seront publiés ultérieurement par des circulaires spéciales.

§ 8. La direction des affaires administratives dans chaque territoire gouvernemental est confiée, sous la dépendance de notre cour, à un gouverneur et à un collége gouvernemental qui siégera à Milan et réciproquement à Venise.

§ 9. Dans chaque province, la direction des affaires administratives sera confiée à une délégation royale, sous la dépendance du *Gubernium*.

§ 10. Il est préposé à chaque district par la délégation royale un *cancelliere del censo*, lequel aura la direction supérieure des communes de deuxième et troisième classe qui se trouvent dans sa circonscription, des affaires relatives aux impôts, et veillera à l'exécution des lois politiques.

§ 11. La division des communes en trois classes et leur administration municipale sont maintenues pour le moment dans leur forme actuelle et jusqu'à ce qu'on ait pris pour elles d'autres déterminations.

Dans le territoire vénitien, les circonscriptions communales seront rétablies telles qu'elles étaient au 1er janvier 1813, c'est-à-dire en tant que dans l'intervalle il a été fait un changement. Les communes de première classe et celles des villes que nous avons élévées au rang de villes royales, de plus celles où se trouve le siège d'une délégation royale, sont immédiatement soumises aux délégations royales et dépendent de l'influence des cancellieri del censo.

§ 12. Afin de connaître par les voies légales les vœux et les besoins des habitants de notre royaume Lombardo-Vénitien, et de pouvoir profiter, dans l'administration publique pour le bien du pays, des lumières et des conseils de leurs représentants, nous avons décidé d'adjoindre à nos fonctionnaires administratifs souverains des colléges permanents composés de membres pris dans les classes diverses de la nation. Dans ce but, il sera institué :

§ 13. Dans le territoire milanais et à Milan une congrégation centrale, et dans le territoire vénitien et à Venise également une congrégation centrale, ensuite pour chaque province une congrégation dans le lieu où siège la délégation royale. Les règlements plus circonstanciés les concernant seront publiés dans une patente spéciale.

§ 14. Dans chaque commune, les *consigli comunali* sont maintenus comme par le passé jusqu'à ce qu'il en soit décidé autrement, et dans le territoire vénitien, où ils ont été supprimés dans l'intervalle, ils seront rétablis.

§ 15. Une ordonnance spéciale fera connaître l'époque à laquelle cessera l'existence de la régence à Milan, du gouvernement provisoire à

Venise, des préfectures et des sous-préfectures, et de quel jour les *consigli generali* des départements devront être considérés comme supprimés.

Donné dans notre résidence impériale de Vienne, le 7 avril 1815, et de la vingt-quatrième année de notre règne.

FRANÇOIS.

Par ordre exprès de Sa Majesté Impériale,

FRANÇOIS, comte GUICCARDI.

LOUIS, comte D'UGARTE, *chancelier supérieur.*
PROKOP, comte DE LAZANZKY, *chancelier.*

Voulant, en conséquence, déterminer l'accomplissement de cette stipulation d'une manière qui concilie les droits résultant du traité de Paris, en faveur de Sa Majesté le roi de Sardaigne, avec les droits et avantages à réserver en faveur de Gênes, MM. les plénipotentiaires ont arrêté que M. le prince de Metternich serait chargé, en sa qualité ci-dessus rappelée, d'inviter M. le marquis de Saint-Marsan à entrer, à l'intervention de trois commissaires desdites puissances, savoir : M. le marquis de Wissemberg, M. le comte de Noailles et milord Clancarty, en rapport avec le député de Gênes, marquis de Brignoles, et de concerter sous cette intervention un projet propre à établir à la fois la réunion de Gênes avec les États de Sa Majesté le roi de Sardaigne et la déclaration du port libre de Gênes sur des bases solides et libérales, conformes aux vues générales des puissances et à l'intérêt réciproque des États de Sa Majesté le roi de Sardaigne et de celui de Gênes.

L'Espagne cependant revendiqua les duchés de Parme, de Plaisance et de Guastalla en faveur de Charles-Louis, ancien roi d'Étrurie. Cette revendication était faite en vertu des traités de 1718 et 1748, et de l'ancienne possession de ces duchés par don Philippe d'Espagne, qui les tenait à titre de *tertiogéniture*. D'un autre côté, l'érection du port de Gênes en port franc rencontrait des difficultés d'exécution sérieuses. Des actes nouveaux apportèrent encore des modifications aux conventions primitivement arrêtées au sujet de ces territoires, et un acte du congrès de Vienne, en date du 9 juin 1815, régla définitivement le partage de l'Italie entre les vainqueurs du jour. Mais ce traité fut précédé d'actes spéciaux intéressant l'Italie et dont voici le texte :

20 mai 1815.

TRAITÉ ENTRE LE ROI DE SARDAIGNE, L'AUTRICHE, L'ANGLETERRE, LA RUSSIE, LA PRUSSE ET LA FRANCE, SIGNÉ A VIENNE, LE 20 MAI 1815.

Au nom de la très-sainte et indivisible Trinité.

Sa Majesté le roi de Sardaigne, etc., etc., étant rentrée dans la pleine et entière possession de ses États de terre ferme, de la même manière qu'elle les possédait au 1ᵉʳ janvier 1792, et dans leur totalité, à la réserve de la partie de la Savoie cédée à la France par le traité de Paris du 30 mai 1814;

Des changements ayant été depuis convenus, pendant le congrès de Vienne, relativement à l'étendue et aux limites de ces mêmes États;

Sa Majesté l'empereur d'Autriche et Sa Majesté le roi de Sardaigne, voulant confirmer et établir par un traité formel tout ce qui est relatif à ces objets, ont en conséquence nommé pour leurs plénipotentiaires, savoir :

Sa Majesté l'empereur d'Autriche, roi de Hongrie et de Bohême, le sieur Clément-Venceslas-Lothaire, prince de Metternich-Winnebourg-Ochsenhausen, etc., etc., son premier plénipotentiaire au congrès; et le sieur Jean-Philippe, baron de Wessenberg, etc., etc., son second plénipotentiaire au congrès;

Et Sa Majesté le roi de Sardaigne, etc., etc., les sieurs don Antoine-Marie-Philippe Asinari, marquis de Saint-Marsan et de Carail, etc., etc., son premier plénipotentiaire au congrès; et comte don Joachim-Alexandre Rossi, etc., etc., son second plénipotentiaire au congrès;

Lesquels, en vertu des pleins pouvoirs produits par eux au congrès de Vienne et trouvés en bonne et due forme, sont convenus des articles suivants :

I

Les limites des États de Sa Majesté le roi de Sardaigne seront :

Du côté de la France, telles qu'elles existaient au 1ᵉʳ janvier 1792, à l'exception des changements portés par le traité de Paris du 30 mai 1814.

Du côté de la Confédération helvétique, telles qu'elles existaient au 1ᵉʳ janvier 1792, à l'exception du changement opéré par la cession faite en faveur du canton de Genève, telle que cette cession se trouve spécifiée dans l'article VII ci-après.

Du côté des États de Sa Majesté l'empereur d'Autriche, telles qu'elles existaient au 1ᵉʳ janvier 1792, et la convention conclue entre Leurs Majestés l'impératrice Marie-Thérèse et le roi de Sardaigne le 4 octobre 1751 sera maintenue de part et d'autre dans toutes ses stipulations.

Du côté des États de Parme et de Plaisance, la limite, pour ce qui concerne les anciens États de Sa Majesté le roi de Sardaigne, continuera à être telle qu'elle existait au 1ᵉʳ janvier 1792.

Les limites des ci-devant États de Gênes et des pays nommés fiefs impériaux, réunis aux États de Sa Majesté le roi de Sardaigne d'après les articles suivants, seront les mêmes qui, le 1ᵉʳ janvier 1792, séparaient ces pays des États de Parme et de Plaisance et de ceux de Toscane et de Massa.

L'île de Capraja, ayant appartenu à l'ancienne république de Gênes, est comprise dans la cession des États de Gênes à Sa Majesté le roi de Sardaigne.

II

Les États qui ont composé la ci-devant république de Gênes sont réunis à perpétuité aux États de Sa Majesté le roi de Sardaigne, pour être, comme ceux-ci, possédés par elle en toute propriété, souveraineté et hérédité de mâle en mâle, par ordre de primogéniture, dans les deux branches de sa maison, savoir : la branche royale et la branche de Savoie-Carignan.

III

Sa Majesté le roi de Sardaigne joindra à ses titres actuels celui de duc de Gênes.

IV

Les Génois jouiront de tous les droits et privilèges spécifiés dans l'acte intitulé : *A A. Conditions qui doivent servir de bases à la réunion des États de Gênes à ceux de Sa Majesté Sarde;* et ledit acte sera considéré comme partie intégrante du présent traité, et aura la même force et valeur que s'il était textuellement inséré dans l'article présent.

V

Les pays nommés fiefs impériaux, qui avaient été réunis à la ci-devant république Ligurienne, sont réunis définitivement aux États de Sa Majesté le roi de Sardaigne, de la même manière et ainsi que le reste des États de Gênes ; et les habitants de ces pays jouiront des mêmes droits et privilèges que ceux des États de Gênes dans l'article précédent.

VI

La faculté que les puissances contractantes du traité de Paris du 30 mai

1814 se sont réservée par l'article III dudit traité, de fortifier tels points de leurs États qu'elles jugeront convenable pour leur sûreté, est également réservée sans restriction à Sa Majesté le roi de Sardaigne.

VII

Sa Majesté le roi de Sardaigne cède au canton de Genève les districts de la Savoie spécifiés dans l'acte ci-joint intitulé : *B B. Cession faite par Sa Majesté le roi de Sardaigne au canton de Genève et aux conditions spécifiées dans le même acte.*

Cet acte sera considéré comme partie intégrante du présent traité, et aura la même force et valeur que s'il était textuellement inséré dans l'article présent.

VIII

Les provinces du Chablais et du Faucigny, et tout le territoire de Savoie au nord d'Ugine appartenant à Sa Majesté le roi de Sardaigne, feront partie de la neutralité de la Suisse, telle qu'elle est reconnue et garantie par toutes les puissances.

En conséquence, toutes les fois que les puissances voisines de la Suisse se trouveront en état d'hostilités ouvertes ou imminentes, les troupes de Sa Majesté le roi de Sardaigne qui pourraient se trouver dans ces provinces se retireront, et pourront à cet effet passer par le Valais, si cela devient nécessaire ; aucunes autres troupes armées d'aucune autre puissance ne pourront traverser ni stationner dans les provinces et territoires susdits, sauf celles que la Confédération suisse jugerait à propos d'y placer. Bien entendu que cet état de choses ne gêne en rien l'administration de ces pays, où les agents civils de Sa Majesté le roi de Sardaigne pourront aussi employer la garde municipale pour le maintien du bon ordre.

IX

Le présent traité fera partie des stipulations définitives du congrès de Vienne.

X

Les ratifications du présent traité seront échangées dans le terme de six semaines, ou plus tôt si faire se peut.

En foi de quoi les plénipotentiaires respectifs ont signé le présent traité et y ont apposé le cachet de leurs armes.

Fait à Vienne, le 20 mai de l'an de grâce 1815.

Prince DE METTERNICH, baron DE WESSENBERG, marquis DE SAINT-MARSAN, comte ROSSI.

20 mai 1815.

ARTICLE ADDITIONNEL ET SÉPARÉ, CONCLU A VIENNE LE 20 MAI 1815, ENTRE L'AUTRICHE ET LA SARDAIGNE, FAISANT PARTIE DU TRAITÉ CONCLU SOUS LA MÊME DATE ENTRE L'AUTRICHE, LA GRANDE-BRETAGNE, LA RUSSIE, LA PRUSSE ET LA FRANCE.

Le droit de réversion de Sa Majesté le roi de Sardaigne sur le duché de Plaisance, stipulé par le traité d'Aix-la-Chapelle de 1748 et par le traité de Paris du 10 juin 1763, est confirmé. Les cas où ce droit devra se réaliser seront réglés d'un commun accord, lorsque les négociations relatives aux États de Parme et de Plaisance seront achevées.

Il est toutefois entendu que, le cas échéant de cette réversion, la ville de Plaisance et un rayon de deux mille toises, à partir de la crête du glacis extérieur, resteront en toute souveraineté à Sa Majesté l'empereur d'Autriche, ses héritiers et successeurs, et qu'il sera donné en compensation à Sa Majesté le roi de Sardaigne une autre partie des États de Parme ou autre contiguë à ses États en Italie à sa convenance, et équivalente en population et revenu à la ville de Plaisance et au rayon ci-dessus.

Le présent article additionnel et séparé aura la même force et valeur que s'il était inséré mot à mot au traité patent de ce jour ; il sera ratifié, et les ratifications en seront échangées en même temps.

En foi de quoi les plénipotentiaires respectifs l'ont signé et y ont apposé le cachet de leurs armes.

Fait à Vienne, le 20 mai de l'an de grâce 1815.

Signé : Marquis DE SAINT-MARSAN, comte Rossi, prince DE METTERNICH, baron DE WESSENBERG.

Voici maintenant un extrait de l'important traité du 9 juin 1815, qui était récemment encore le code international de la Péninsule, et dont les clauses générales furent reproduites dans le traité définitif particulier, signé, à Paris, la même année, entre l'Angleterre et la France, mais seulement le 20 novembre.

9 juin 1815.

ACTE DU CONGRÈS DE VIENNE, SIGNÉ LE 9 JUIN 1815.

EXTRAIT.

LXXX

Sa Majesté le roi de Sardaigne cède la partie de la Savoie qui se trouve entre la rivière d'Arve, le Rhône, les limites de la Savoie, cédée à la

France, et la montagne de Salève, jusqu'à Veiry inclusivement, plus celle qui se trouve comprise entre la grande route dite du Simplon, le lac de Genève et le territoire actuel du canton de Genève, depuis Venezas jusqu'au point où la rivière d'Hermance traverse la susdite route, et de là continuant le cours de cette rivière jusqu'à son embouchure dans le lac de Genève au levant du village d'Hermance (la totalité de la route dite du Simplon continuant à être possédée par Sa Majesté le roi de Sardaigne), pour que ces pays soient réunis au canton de Genève, sauf à déterminer plus précisément les limites par des commissaires respectifs, surtout pour ce qui concerne la délimitation au-dessus de Veiry et sur la montagne de Salève, renonçant Sadite Majesté pour elle et pour ses successeurs, à perpétuité, sans exceptions ni réserves, à tous droits de souveraineté et autres qui peuvent lui appartenir dans cette démarcation.

Sa Majesté le roi de Sardaigne consent, en outre, à ce que la communication entre le canton de Genève et le Valais par la route dite du Simplon soit établie de la même manière que la France l'a accordée entre Genève et le canton de Vaud par la route de Versoy. Il y aura aussi, en tout temps, une communication libre pour les troupes genevoises entre le territoire de Genève et le Mandement de Jussi, et on accordera les facilités qui pourraient être nécessaires dans l'occasion pour arriver par le lac à la route dite du Simplon.

De l'autre côté, il sera accordé exemption de tout droit de transit à toutes les marchandises et denrées qui, venant des États de Sa Majesté le roi de Sardaigne et du port franc de Gênes, traverseraient la route dite du Simplon dans toute son étendue par le Valais et l'État de Genève. Cette exemption ne regardera toutefois que le transit, et ne s'étendra ni aux droits établis pour l'entretien de la route, ni aux marchandises et denrées destinées à être vendues ou consommées dans l'intérieur. La même réserve s'appliquera à la communication accordée aux Suisses entre le Valais et le canton de Genève, et les gouvernements respectifs prendront à cet effet, de commun accord, les mesures qu'ils jugeront nécessaires, soit pour la taxe, soit pour empêcher la contrebande, chacun sur son territoire.

LXXXV

Les limites des États de Sa Majesté le roi de Sardaigne seront :

Du côté de la France, telles qu'elles existaient au 1ᵉʳ janvier 1792, à l'exception des changements apportés par le traité de Paris du 30 mai 1814 ;

Du côté de la Confédération helvétique, telles qu'elles existaient au 1ᵉʳ janvier 1792, à l'exception du changement opéré par la cession faite en faveur du canton de Genève, telle que cette cession se trouve spécifiée dans l'article LXXX du présent acte;

Du côté des États de Sa Majesté l'empereur d'Autriche, telles qu'elles existaient au 1ᵉʳ janvier 1792, et la convention conclue entre Leurs Majestés l'impératrice Marie-Thérèse et le roi de Sardaigne, le 4 octobre 1751, sera maintenue, de part et d'autre, dans toutes ses stipulations;

Du côté des États de Parme et de Plaisance, la limite, pour ce qui concerne les anciens États de Sa Majesté le roi de Sardaigne, continuera à être telle qu'elle existait au 1ᵉʳ janvier 1792.

Les limites des ci-devant États de Gênes et des pays nommés Fiefs impériaux, réunis aux États de Sa Majesté le roi de Sardaigne d'après les articles suivants, seront les mêmes qui, le 1ᵉʳ janvier 1792, séparaient ces pays des États de Parme et de Plaisance, et de ceux de Toscane et de Massa.

L'île de Capraja, ayant appartenu à l'ancienne république de Gênes, est comprise dans la cession des États de Gênes à Sa Majesté le roi de Sardaigne.

LXXXVI

Les États qui ont composé la ci-devant république de Gênes sont réunis à perpétuité aux États de Sa Majesté le roi de Sardaigne, pour être, comme ceux-ci, possédés par elle en toute souveraineté, propriété et hérédité de mâle en mâle, par ordre de primogéniture, dans les deux branches de sa maison, savoir, la branche royale et la branche de Savoie-Carignan.

LXXXVII

Sa Majesté le roi de Sardaigne joindra à ses titres actuels celui de duc de Gênes.

LXXXVIII

Les Génois jouiront de tous les droits et priviléges spécifiés dans l'acte intitulé : *Conditions qui doivent servir de base à la réunion des États de Gênes à ceux de S. M. Sarde;* et ledit acte, tel qu'il se trouve annexé à ce traité général, sera considéré comme partie intégrante de celui-ci, et aura la même force et valeur que s'il était textuellement inséré dans l'article présent.

LXXXIX

Les pays nommés Fiefs impériaux, qui avaient été réunis à la ci-devant république Ligurienne, sont réunis définitivement aux États de Sa Majesté le roi de Sardaigne, de la même manière que le reste des États de Gênes, et les habitants de ces pays jouiront des mêmes droits et priviléges que ceux des États de Gênes désignés dans l'article précédent.

XC

La faculté que les puissances signataires du traité de Paris du 30 mai 1814 se sont réservée, par l'article III dudit traité, de fortifier tel point de leurs États qu'elles jugeront convenable à leur sûreté, est également réservée sans restriction à Sa Majesté le roi de Sardaigne.

XCI

Sa Majesté le roi de Sardaigne cède au canton de Genève les districts de la Savoie désignés dans l'article LXXX ci-dessus, et aux conditions spécifiées dans l'acte intitulé : *Cession faite par Sa Majesté le roi de Sardaigne au canton de Genève.* Cet acte sera considéré comme partie intégrante du présent traité général, auquel il est annexé, et aura la même force et valeur que s'il était textuellement inséré dans l'article présent.

XCII

Les provinces de Chablais et de Faucigny, et tout le territoire de la Savoie au nord d'Ugine, appartenant à Sa Majesté le roi de Sardaigne, feront partie de la neutralité de la Suisse, telle qu'elle est reconnue et garantie par les puissances.

En conséquence, toutes les fois que les puissances voisines de la Suisse se trouveront en état d'hostilité ouverte ou imminente, les troupes de Sa Majesté le roi de Sardaigne qui pourraient se trouver dans ces provinces se retireront, et pourront à cet effet passer par le Valais, si cela devient nécessaire ; aucunes autres troupes armées d'aucune autre puissance ne pourront traverser ni stationner dans les provinces et territoires susdits, sauf celles que la Confédération suisse jugerait à propos d'y placer ; bien entendu que cet état de choses ne gêne en rien l'administration de ces pays, où les agents civils de Sa Majesté le roi de Sardaigne pourront aussi employer la garde municipale pour le maintien du bon ordre.

XCIII

Par suite des renonciations stipulées dans le traité de Paris du 30 mai 1814, les puissances signataires du présent traité reconnaissent Sa Majesté l'empereur d'Autriche, ses héritiers et successeurs, comme souverains légitimes des provinces et territoires qui avaient été cédés, soit en tout, soit en partie, par les traités de Campo-Formio de 1797, de Lunéville de 1801, de Presbourg de 1805, par la convention additionnelle de Fontainebleau de 1807, et par le traité de Vienne de 1809, et dans la possession desquels provinces et territoires Sa Majesté Impériale et

Royale Apostolique est rentrée par suite de la dernière guerre, tels que l'Istrie, tant autrichienne que ci-devant vénitienne, la Dalmatie, les îles ci-devant vénitiennes de l'Adriatique, les bouches du Cattaro, la ville de Venise, les lagunes, de même que les autres provinces et districts de la terre ferme des États ci-devant vénitiens sur la rive gauche de l'Adige, les duchés de Milan et de Mantoue, les principautés de Brixen et de Trente, le comté de Tyrol, le Vorarlberg, le Frioul autrichien, le Frioul ci-devant vénitien, le territoire de Montefalcone, le gouvernement et la ville de Trieste, la Carniole, la haute Carinthie, la Croatie à la droite de la Save, Fiume et le littoral hongrois, et le district de Castua.

XCIV

Sa Majesté Impériale et Royale Apostolique réunira à sa monarchie, pour être possédés par elle et ses successeurs en toute propriété et souveraineté :

1. Outre les parties de terre ferme des États vénitiens dont il a été fait mention dans l'article précédent, les autres parties desdits États, ainsi que tout autre territoire qui se trouve situé entre le Tessin, le Pô et la mer Adriatique.

2. Les vallées de la Valteline, de Bormio et de Chiavenna.

3. Les territoires ayant formé la ci-devant république de Raguse.

XCV

En conséquence des stipulations arrêtées dans les articles précédents, les frontières des États de Sa Majesté Impériale et Royale Apostolique en Italie seront :

1. Du côté des États de Sa Majesté le roi de Sardaigne, telles qu'elles étaient au 1er janvier 1792.

2. Du côté des États de Parme, Plaisance et Guastalla, le cours du Pô, la ligne de démarcation suivant le thalweg de ce fleuve.

3. Du côté des États de Modène, les mêmes qu'elles étaient au 1er janvier 1792.

4. Du côté des États du pape, le cours du Pô jusqu'à l'embouchure du Goro.

5. Du côté de la Suisse, l'ancienne frontière de la Lombardie et celle qui sépare les vallées de la Valteline, de Bormio et Chiavenna des cantons des Grisons et du Tessin.

Là où le thalweg du Pô constituera la limite, il est statué que les changements que subira par la suite le cours de ce fleuve n'auront à l'avenir aucun effet sur la propriété des îles qui s'y trouvent.

XCVI

Les principes généraux adoptés par le congrès de Vienne pour la navigation des fleuves seront appliqués à celle du Pô.

Des commissaires seront nommés par les États riverains, au plus tard dans le délai de trois mois après la fin du congrès, pour régler tout ce qui a rapport à l'exécution du présent article.

XCVII

Comme il est indispensable de conserver à l'établissement connu sous le nom de Mont-Napoléon, à Milan, les moyens de remplir ses obligations envers ses créanciers, il est convenu que les biens-fonds et autres immeubles de cet établissement situés dans des pays qui, ayant fait partie du ci-devant royaume d'Italie, ont passé depuis sous la domination de différents princes d'Italie, de même que les capitaux appartenant audit établissement et placés dans ces différents pays resteront affectés à la même destination.

Les redevances du Mont-Napoléon non fondées et non liquidées, telles que celles dérivant de l'arriéré de ses charges ou de tout autre accroissement du passif de cet établissement, seront réparties sur les territoires dont se composait le ci-devant royaume d'Italie, et cette répartition sera assise sur les bases réunies de la population et du revenu. Les souverains desdits pays nommeront, dans le terme de trois mois, à dater de la fin du congrès, des commissaires pour s'entendre avec les commissaires autrichiens sur ce qui a rapport à cet objet.

Cette commission se réunira à Milan.

XCVIII

Son Altesse Royale l'archiduc François d'Este, ses héritiers et successeurs, posséderont en toute propriété et souveraineté les duchés de Modène, de Reggio et de Mirandole, dans la même étendue qu'ils étaient à l'époque du traité de Campo-Formio.

Son Altesse Royale l'archiduchesse Marie-Béatrix d'Este, ses héritiers et successeurs posséderont en toute souveraineté et propriété le duché de Massa et la principauté de Carrara ainsi que les fiefs impériaux dans la Lunigiana. Ces derniers pourront servir à des échanges ou autres arrangements de gré à gré avec Son Altesse Impériale le grand-duc de Toscane, selon la convenance réciproque.

Les droits de succession et réversion établis dans les branches des archiducs d'Autriche, relativement au duché de Modène, de Reggio et

Mirandole, ainsi que des principautés de Massa et Carrara, sont conservés.

XCIX

Sa Majesté l'impératrice Marie-Louise possédera, en toute propriété et souveraineté, les duchés de Parme, de Plaisance et de Guastalla, à l'exception des districts enclavés dans les États de Sa Majesté Impériale et Royale Apostolique sur la rive gauche du Pô.

La réversibilité de ces pays sera déterminée de commun accord entre les cours d'Autriche, de Russie, de France, d'Espagne, d'Angleterre et de Prusse, toutefois en ayant égard aux droits de réversion de la maison d'Autriche et de Sa Majesté le roi de Sardaigne sur lesdits pays.

C

Son Altesse Impériale l'archiduc Ferdinand d'Autriche est rétabli, tant pour lui que pour ses héritiers et successeurs, dans tous les droits de souveraineté et de propriété sur le grand-duché de Toscane et ses dépendances, ainsi que Son Altesse Impériale les a possédés antérieurement au traité de Lunéville.

Les stipulations de l'article 2 du traité de Vienne du 3 octobre 1735 entre l'empereur Charles VI et le roi de France, auxquelles accédèrent les autres puissances, sont pleinement rétablies en faveur de Son Altesse Impériale et ses descendants, ainsi que les garanties résultantes de ces stipulations.

Il sera en outre réuni au grand-duché, pour être possédé en toute propriété et souveraineté par Son Altesse Impériale et Royale le grand-duc Ferdinand et ses héritiers descendants :

1. L'État des présides;
2. La partie de l'île d'Elbe et de ses appartenances qui était sous la suzeraineté de Sa Majesté le roi des Deux-Siciles avant l'année 1801;
3. La suzeraineté et souveraineté de la principauté de Piombino et ses dépendances.

Le prince Ludovisi Buoncompagni conservera, pour lui et ses successeurs légitimes, toutes les propriétés que sa famille possédait dans la principauté de Piombino, dans l'île d'Elbe et ses dépendances, avant l'occupation de ces pays par les troupes françaises en 1799, y compris les mines, usines et salines. Le prince Ludovisi conservera également le droit de pêche, et jouira d'une exemption de droits parfaite, tant pour l'exportation des produits de ses mines, usines, salines et domaines, que pour l'importation des bois et autres objets nécessaires pour l'exploitation des mines. Il sera de plus indemnisé par Son Altesse Impériale et Royale le grand-duc de Toscane de tous les revenus que sa famille tirait des droits régaliens avant l'année 1801. En cas qu'il survînt des difficultés dans l'évaluation de cette indemnité, les parties intéressées s'en rapporteront à la décision des cours de Vienne et de Sardaigne.

4. Les ci-devant fiefs impériaux de Vernio, Montanto et Monte Santa-Maria, enclavés dans les États toscans.

CI

La principauté de Lucques sera possédée en toute souveraineté par Sa Majesté l'infante Marie-Louise et ses descendants en ligne directe et masculine. Cette principauté est érigée en duché, et conservera une forme de gouvernement basée sur les principes de celle qu'elle avait reçue en 1805.

Il sera ajouté aux revenus de la principauté de Lucques une rente de cinq cent mille francs que Sa Majesté l'empereur d'Autriche et Son Altesse Impériale et Royale le grand-duc de Toscane s'engagent à payer régulièrement, aussi longtemps que les circonstances ne permettront pas de procurer à Sa Majesté l'infante Marie-Louise et à son fils et ses descendants un autre établissement.

Cette rente sera spécialement hypothéquée sur les seigneuries en Bohème connues sous le nom de Bavaro-Palatines, qui, dans le cas de réversion du duché de Lucques au grand-duc de Toscane, seront affranchies de cette charge, et rentreront dans le domaine particulier de Sa Majesté Impériale et Royale Apostolique.

CII

Le duché de Lucques sera réversible au grand-duc de Toscane, soit dans le cas qu'il devînt vacant par la mort de Sa Majesté l'infante Marie-Louise ou de son fils, don Carlos, et de leurs descendants mâles et directs, soit dans celui que l'infante Marie-Louise ou ses héritiers directs obtinssent un autre établissement ou succédassent à une autre branche de leur dynastie.

Toutefois, le cas de réversion échéant, le grand-duc de Toscane s'engage à céder, dès qu'il entrera en possession de la principauté de Lucques, au duc de Modène les territoires suivants :

1. Les districts toscans de Fivizano, Pietra-Santa et Barga, etc.
2. Les districts lucquois de Castiglione et Gallicano, enclavés dans les États de Modène, ainsi que ceux de Minucciano et Monte Ignose, contigus au pays de Massa.

CIII

Les Marches, avec Camerino et leurs dépendances, ainsi que le duché de Bénévent et la principauté de Ponte-Corvo, sont rendus au saint-siége.

Le saint-siége rentrera en possession des légations de Ravenne, de Bologne et de Ferrare, à l'exception de la partie du Ferrarois située sur la rive gauche du Pô.

Sa Majesté Impériale et Royale Apostolique et ses successeurs auront droit de garnison dans les places de Ferrare et de Comacchio.

Les habitants des pays qui rentrent sous la domination du saint-siége, par suite des stipulations du congrès, jouiront des effets de l'article 16 du traité de Paris du 30 mai 1814. Toutes les acquisitions faites par les particuliers, en vertu d'un titre reconnu légal par les lois actuellement existantes, sont maintenues, et les dispositions propres à garantir la dette publique et le payement des pensions seront fixées par une convention particulière entre la cour de Rome et celle de Vienne.

CIV

Sa Majesté le roi Ferdinand IV est rétabli, tant pour lui que pour ses héritiers et successeurs, sur le trône de Naples, et reconnu par les puissances comme roi du royaume des Deux-Siciles.

Le lendemain, un acte complémentaire, relatif à la réversibilité des duchés de Parme, Plaisance, Guastalla et Lucques, était rédigé et signé par les parties contractantes de l'acte principal de la veille et décidait que cette réversiblité aurait lieu conformément aux articles III et IV qui suivent :

III

Les duchés de Parme, Plaisance et Guastalla, après le décès de Sa Majesté l'archiduchesse Marie-Louise, passeront en toute souveraineté à Sa Majesté l'infante d'Espagne Marie-Louise, l'infant don Charles-Louis, son fils et ses descendants mâles, en ligne directe et masculine, à l'exception des districts enclavés dans les États de Sa Majesté Impériale et Royale Apostolique, sur la rive gauche du Pô, lesquels resteront en toute propriété à Sadite Majesté, conformément à la restriction établie par l'article XCIX de l'acte du congrès.

IV

A cette même époque, la réversibilité de la principauté de Lucques, prévue par l'article CII de l'acte du congrès de Vienne, aura lieu, dans les termes et sous les clauses du même article, en faveur de Son Altesse Impériale et Royale le grand-duc de Toscane.

Deux traités nouveaux signés en 1817 et en 1844, régularisèrent les détails d'exécution de cette clause.

Ainsi, en sa double qualité de roi d'Espagne et d'empereur d'Allemagne, Charles-Quint avait établi en Italie, par ses triomphes et ses conquêtes, des précédents qui devaient être invoqués plus tard par la maison d'Anjou et la maison de Lorraine. Ces précédents, qui tantôt se sont combinés, tantôt se sont combattus avec ceux que la France pourrait à son tour rappeler en sa faveur, sont avec ceux-ci l'origine de la situation moderne de la Péninsule, où la maison d'Anjou possédait un royaume, celui de Naples, et deux duchés réunis, ceux de Parme et de Plaisance. La maison de Lorraine avait également un royaume, celui de la Lombardo-Vénétie, avec deux duchés séparés, celui de Toscane et celui de Modène.

Dans cet intervalle, la domination de la maison de Lorraine en Italie s'était agrandie et consolidée, avec des alternatives de revers et de succès.

Voici le tableau analytique des phases diverses de cette domination :

Avant la guerre de succession, la seule possession de l'Autriche au delà des Alpes se réduisait à Trieste, qui se donna à Léopold, duc d'Autriche et de Carinthie; mais, durant cette guerre, le prince Eugène de Savoie, généralissime des armées impériales, s'empara du duché de Milan, dont l'empereur Léopold Ier céda une portion, sur la rive droite du Tessin, à Victor-Amédée II, duc de Savoie et peu après roi de Sardaigne. Le reste fut accordé à l'Autriche, ainsi qu'on l'a vu, par le traité d'Utrecht 11 avril 1713, auquel l'Autriche adhéra par le traité de Rastadt du 6 mars 1714.

Par un arrêt de la diète de Ratisbonne, le 3 janvier 1708, le duc François Charles-Gonzague céda le duché de Mantoue à l'empereur Joseph Ier.

Depuis cette époque jusqu'à la paix d'Aix-la-Chapelle, du 18 septembre 1748, la domination de l'Autriche en Italie éprouva de nombreuses variations. Déjà maîtresse des duchés de Milan et de Mantoue, elle posséda aussi l'île de Sardaigne, le royaume de Naples, les places de garnison de la Toscane, la Sicile. Elle reperdit en peu de temps cette dernière île avec le royaume de Naples et les places de la Toscane. Mais elle reçut en compensation les duchés de Parme et de Plaisance. La paix d'Aix-la-Chapelle réduisit plus tard l'Autriche aux seuls duchés de Milan et de Mantoue, qu'elle conserva jusqu'en 1796.

Le duché de Milan se composait des provinces actuelles de Milan, Côme, Pavie et Crémone ; de toute la province de Lodi, moins les deux districts de Crema, qui dépendaient de la république de Venise. La partie de la province de Pavie à la droite du Tessin, ainsi que les provinces de Novare, Tortone, Valence et Alexandrie, avaient été, à diverses reprises, détachées du duché de Milan, au profit du roi de Sardaigne.

Le duché de Mantoue ne comprenait pas la province entière de ce nom, car le district d'Asola, la forteresse de Peschiera et les communes de Monzambano, Ponti et Castellaro-Lagusello, appartenaient à la république vénitienne.

Pendant cette période, la France avait été la rivale perpétuelle de l'Autriche en Italie comme en Allemagne. Henri IV, renonçant à la possession d'aucun territoire de la Péninsule, avait conçu l'ingénieux dessein d'en expulser la maison de Lorraine, avec le concours de la papauté.

Le poignard de Ravaillac empêcha le chef de la maison de Bourbon de réaliser cette grande pensée, qui resta cependant la base de la politique traditionnelle et nationale de la France en Italie.

Malheureusement, cette base avait le tort de supposer une papauté ennemie de l'Autriche, amie de l'indépendance.

C'était une erreur.

Depuis Charles-Quint, les papes n'avaient plus été que ce qu'ils pouvaient être, des complices obligés de l'Autriche, dont ils sont les copartageants dans la Péninsule, communauté d'intérêts qui les lie fatalement à la cour de Vienne.

La France reparut en Italie avec la Révolution ; mais les conquêtes et les victoires de la République n'eurent d'autre résultat que de reprendre à l'Autriche la Lombardie pour lui donner la Vénétie.

Général, consul, empereur, Napoléon I*er* remplit toute l'Italie du bruit de sa renommée et de l'éclat de sa puissance ; il y fit la république Cisalpine, à laquelle la Lombardie avait été incorporée, du consentement de l'Autriche, par le traité de Campo-Formio, qu'on vient de lire.

Puis la République italienne succède à la République cisalpine ; puis c'est le royaume d'Italie qui remplace à son tour la République italienne. La Lombardie suit la destinée de la République cisalpine ; elle appartient successivement à la République italienne et au royaume d'Italie

Ce royaume d'Italie enlève, par le traité de Presbourg, la Vénétie à l'Autriche, qui, pendant dix années, ne possède plus dans la Péninsule ni territoire, ni allié, ni influence. Mais le congrès de Vienne, avant d'expirer, lui rend tout avec usure, lui restituant, avec la Lombardie, la Vénétie, qui, en 1797, n'avait été pour elle qu'une compensation, et y ajoutant les provinces de Bergame, de Brescia, de Crema, de la Valteline, de Trente et de Raguse.

L'Autriche se faisait payer les intérêts de sa dépossession momentanée de la Lombardie en usurière.

A peine l'empereur qui règne à Vienne est-il en possession de ces provinces, à peine est-il rentré dans la Lombardie, qu'il avait échangée contre la Vénétie, et dans la Vénétie, qu'il ne devait qu'à sa double renonciation à la Lombardie et à la Belgique, que de tout cet ensemble de territoires il forme le royaume Lombardo-Vénitien, qu'il réunit à l'empire par la lettre patente du 7 avril 1815.

L'Autriche du moins bornera-t-elle son ambition au gouvernement de ce royaume?

Non!

C'est en vain que l'article 6 du traité de Paris du 30 mai 1814 dit que toutes les parties du territoire italien qui ne seraient pas la propriété de l'Autriche devront former des États souverains et indépendants.

L'Autriche travaille pendant quarante ans, de 1815 à 1855, à absorber à son profit cette indépendance des peuples et cette souveraineté des princes, au profit exclusif de sa prépondérance.

Ainsi l'Autriche contracte successivement avec les duchés de Parme, de Modène et de Toscane, et même avec le royaume de Naples, des traités séparés qui lui donnent sur toutes ces contrées une sorte de protectorat équivalant presque à la suzeraineté, et qui font entrer plusieurs souverains dans une ligue dont elle est le bras en même temps que la tête.

Les deux premiers de ces traités sont ceux du 12 juin 1815, qui furent conclus par la cour de Vienne avec la cour de Florence ainsi qu'avec la cour de Naples, et dont voici le texte :

ALLIANCE CONCLUE ENTRE L'AUTRICHE ET LE GRAND-DUC DE TOSCANE, POUR LE MAINTIEN DU REPOS EXTÉRIEUR ET INTÉRIEUR DE L'ITALIE, SIGNÉE A VIENNE LE 12 JUIN 1815, ET RATIFIÉE A FLORENCE LE 1ᵉʳ JUILLET 1815.

Nous, Ferdinand III, par la grâce de Dieu, prince impérial d'Autriche, prince royal de Hongrie et de Bohême, archiduc d'Autriche, grand-duc de Toscane;

Vu et examiné le traité conclu, réglé et signé à Vienne le 12 juin 1815 par le prince Clément-Venceslas-Lothaire de Metternich-Winnebourg-

Ochsenhausen, chevalier de la Toison d'or, muni des pleins pouvoirs de son souverain ; et par don Néri, prince Corsini, notre chambellan, en vertu des pleins pouvoirs qu'à cet effet nous lui avons conférés ; lequel traité est de la teneur suivante :

 Au nom de la très-sainte et indivisible Trinité.

 Sa Majesté l'empereur d'Autriche et Son Altesse Impériale et Royale le grand-duc de Toscane, animés d'un égal désir d'assurer, par des rapports plus intimes entre elles la tranquillité de leurs possessions et la paix intérieure de l'Italie, sont convenues de conclure entre elles un traité d'amitié, d'union et d'alliance offensive, dont l'objet permanent est de pourvoir tant à la tranquillité intérieure de l'Italie qu'à la sûreté extérieure.

 Dans cette vue et pour parvenir à un but si salutaire, elles ont donné leurs pleins pouvoirs, savoir :

 Sa Majesté Impériale et Royale Apostolique, au sieur Clément-Venceslas-Lothaire prince de Metternich-Winnebourg-Ochsenhausen, etc., son premier plénipotentiaire au congrès ;

 Et Son Altesse Impériale et Royale, au prince Néri Corsini, etc., son plénipotentiaire au congrès.

I

 Sa Majesté l'empereur d'Autriche et Son Altesse Impériale et Royale le grand-duc de Toscane déclarent qu'en vertu de l'union qu'elles contractent par le présent traité il y aura, à dater de ce jour, entre elles, une alliance qui aura pour but la défense de leurs États respectifs et le maintien du repos intérieur et extérieur de l'Italie.

II

 Sa Majesté Impériale et Royale Apostolique et Son Altesse Impériale et Royale le grand-duc de Toscane se garantissent réciproquement, de la manière la plus absolue, tous les États qu'elles possèdent en Italie suivant les stipulations du traité général de Vienne.

III

 Dans tous les cas où la presqu'île de l'Italie sera menacée d'une guerre, les deux hautes parties contractantes emploieront, après s'être concertées à ce sujet, leurs bons offices pour empêcher cette guerre ; si néanmoins leurs soins restent infructueux, elles déclarent, dès maintenant pour lors, qu'elles regarderont toute attaque ou toute agression imminente contre leurs possessions respectives en Italie comme propre et personnelle à l'autre.

IV

Quoique la garantie mutuelle de leur état de possession en Italie, à laquelle Sa Majesté l'empereur d'Autriche et Son Altesse Impériale et Royale le grand-duc de Toscane s'engagent, doive être soutenue de toute leur puissance, et que Sa Majesté Impériale et son Altesse Impériale et Royale l'entendent ainsi, d'après le principe, qui est le fondement de ce traité : que qui attaque les possessions d'un des États attaque l'autre; cependant les hautes parties contractantes ont jugé à propos de fixer les forces qu'elles seront tenues de fournir dans toute guerre où le repos de l'Italie est mis en danger. Sa Majesté Impériale s'engage à fournir à cet effet pour le moins quatre-vingt mille combattants de toute arme, et Son Altesse Impériale et Royale au moins six mille hommes de toute arme.

V

Les deux parties contractantes s'engagent réciproquement à entretenir constamment en bon état les places fortes qui servent à assurer le système de défense extérieure de l'Italie. Ces places seront plus particulièrement désignées.

VI

Elles conviendront immédiatement des bases d'un système commun de défense. Une convention particulière réglera les rapports dans lesquels seront placées les troupes de Son Altesse Impériale et Royale le grand-duc sous le commandement du général en chef de l'armée autrichienne, de même que les mesures de subsistance et d'approvisionnement.

VII

Sa Majesté l'Empereur et Son Altesse Impériale le grand-duc s'engagent et se promettent, pour le cas où elles se trouveront en guerre pour la défense de l'Italie, de n'écouter ni faire aucune proposition de trêve ni de paix ; de ne la traiter ni conclure, avec l'ennemi ou les ennemis qu'elles auront, que d'un commun accord, et de se communiquer réciproquement tout ce qui pourrait venir à leur connaissance, qui intéresserait la sûreté de l'Italie ou la tranquillité de leurs possessions respectives.

VIII

Le présent traité sera ratifié, et les ratifications en seront échangées dans le terme de six semaines, ou plus tôt si faire se peut.

En foi de quoi les plénipotentiaires respectifs l'ont signé et y ont apposé le cachet de leurs armes.

<small>Fait à Vienne, le douze juin de l'an de grâce mil huit cent quinze.</small>

Signé : Le prince DE METTERNICH.

Signé : Le prince CORSINI.

TRAITÉ D'ALLIANCE DÉFENSIVE ENTRE L'EMPEREUR D'AUTRICHE ET LE ROI DES DEUX-SICILES, SIGNÉ A VIENNE, LE 12 JUIN 1815, AVEC LES ARTICLES SECRETS ET SÉPARÉS.

Sa Majesté l'empereur d'Autriche et Sa Majesté le roi des Deux-Siciles, animées d'un égal désir d'assurer, par des rapports plus intimes entre elles, la tranquillité de leurs possessions et la paix extérieure et intérieure de l'Italie, sont convenues de conclure entre elles un traité d'amitié, d'union et d'alliance défensive, dont l'objet permanent est de pourvoir, tant à la tranquillité intérieure de l'Italie qu'à sa sûreté extérieure.

Dans cette vue, et pour parvenir à un objet si salutaire, Leurs Majestés ont donné leurs pleins pouvoirs, savoir. . . . . lesquels, après avoir échangé leursdits pleins pouvoirs trouvés en bonne et due forme, sont convenus des articles suivants :

I

Sa Majesté l'empereur d'Autriche et Sa Majesté le roi des Deux-Siciles déclarent qu'en vertu de l'union qu'elles contractent par le présent traité, il y aura, à dater de ce jour, entre elles une alliance qui aura pour but la défense de leurs États respectifs et le maintien du repos extérieur et intérieur de l'Italie.

II

Sa Majesté Impériale et Royale Apostolique et Sa Majesté le roi des Deux-Siciles se garantissent réciproquement et de la manière la plus absolue tous les États qu'elles possèdent en Italie suivant les stipulations de l'acte principal du congrès de Vienne.

III

Dans tous les cas où la Péninsule italienne sera menacée d'une guerre les deux hautes parties contractantes emploieront, après s'être concertées à ce sujet, leurs bons offices pour empêcher cette guerre; si néanmoins leurs soins restent infructueux, Leurs Majestés déclarent dès maintenant qu'elles regarderont toute attaque ou toute agression imminente dirigée contre les possessions de l'une des deux couronnes en Italie, comme propre et personnelle à l'autre.

IV

Quoique la garantie mutuelle de leur état de possession en Italie, à laquelle Sa Majesté l'empereur d'Autriche et Sa Majesté le roi des Deux-Siciles s'engage, doive être soutenue de toute leur puissance, et que Leurs Majestés l'entendent ainsi d'après le principe qui est le fondement de ce traité : que qui attaque les possessions d'une couronne attaque l'autre ; cependant les hautes parties contractantes ont jugé à propos de fixer les forces qu'elles seront tenues de fournir dans toute guerre où le repos de l'Italie est mis en danger. Sa Majesté Impériale s'engage à fournir à cet effet, pour le moins quatre-vingt mille combattants de toutes armes, et Sa Majesté le roi des Deux-Siciles pour le moins vingt-cinq mille combattants.

V

Une convention particulière réglera les rapports dans lesquels seront leurs armées respectives, nommément en ce qui concerne le commandement et les mesures de subsistance et d'approvisionnements.

VI

Leurs Majestés s'engagent et se promettent, pour le cas où elles se trouveraient en guerre pour la défense de l'Italie, de n'écouter ni faire aucune proposition de trêve, ni de paix, de ne traiter ni conclure avec l'ennemi ou les ennemis qu'elles auront, que d'un commun accord, et de se communiquer réciproquement tout ce qui pourrait venir à leur connaissance qui intéresserait la sûreté de l'Italie ou la tranquillité de leurs possessions respectives.

VII

Le présent traité sera ratifié, et les ratifications en seront échangées dans le terme de six semaines, ou plus tôt si faire se peut.

En foi de quoi les plénipotentiaires respectifs l'ont signé et y ont apposé le cachet de leurs armes.

Fait à Vienne, le 12 juin de l'an de grâce 1815.

Signé : Le prince de METTERNICH
Le commandeur RUFFO.

ARTICLES SÉPARÉS ET SECRETS.

I

Les liaisons de parenté et d'affinité entre les maisons régnantes en Italie et les autres puissances de l'Europe, de même que leurs intérêts réciproques, devant être subordonnées à l'intérêt général de la sûreté extérieure et intérieure de l'Italie et à la garantie de l'état de possession stipulé par le traité de Vienne, lesquels forment le but permanent de l'alliance du 12 juin 1815, il est entendu entre Sa Majesté l'empereur d'Autriche et Sa Majesté le roi des Deux-Siciles que, en conformité avec l'article IV du traité d'amitié et d'union, du 12 juin 1815, elles prennent l'engagement de ne contracter aucune alliance contraire audit traité et à la fédération défensive de l'Italie, de quelque nature qu'elle puisse être.

II

Les engagements que Leurs Majestés prennent par le présent traité pour assurer la paix intérieure de l'Italie, leur faisant un devoir de préserver leurs États et sujets respectifs de nouvelles réactions et du danger d'imprudentes innovations qui en amèneraient le retour, il est entendu, entre les hautes parties contractantes, que Sa Majesté le roi des Deux-Siciles, en l'établissant le gouvernement du royaume, n'admettra aucun changement qui ne pourrait se concilier, soit avec les anciennes institutions monarchiques, soit avec les principes adoptés par Sa Majesté Impériale et Royale Apostolique pour le régime intérieur de ses provinces italiennes.

Les présents articles séparés inscrits auront la même force et valeur que s'ils étaient insérés mot à mot au traité patent de ce jour. Ils seront ratifiés et les ratifications en seront échangées en même temps.

En foi de quoi les plénipotentiaires respectifs les ont signés et y ont apposé le cachet de leurs armes.

Fait à Vienne, le 12 juin 1815.

Signé : Le prince de Metternich.
Le commandeur Ruffo.

Une convention nouvelle, du 4 février 1819, signée à Vienne, réduisit à douze mille hommes le contingent de vingt-cinq mille hommes que le roi de Naples s'engageait à fournir à l'empereur d'Autriche par le traité d'alliance offensive et défensive dont je viens de faire connaître le texte.

Mais cette convention ne changeait rien à la pensée et au caractère du traité du 12 juin 1815. Le royaume de Naples et le duché de Toscane allaient se mouvoir dans le cercle d'action de l'Autriche. Ces deux États n'étaient plus en réalité indépendants; ils avaient abdiqué en faveur de l'Autriche, et la cour de Vienne violait à son profit le principe de l'article VI du traité de Paris du 30 mai 1814, que le traité définitif du 9 juin 1815 avait maintenu, puisqu'il n'avait pas annulé la disposition qui vient d'être rappelée.

Du reste, l'Autriche prétendait à la tutelle de la Péninsule entière. Cette prétention, elle l'affichait hautement dès 1820, dans un document que l'histoire a conservé. En effet, lorsque la Révolution de juillet 1820, qui éclata dans le royaume des Deux-Siciles, contraignit la cour de Naples de sanctionner elle-même cette révolution, en adhérant à une constitution libérale, le cabinet de Vienne fit remettre aux cours d'Allemagne, au sujet de ces événements, une note confidentielle datée du 25 juillet de la même année et ainsi conçue :

25 juillet 1820.

NOTE CONFIDENTIELLE REMISE PAR LES MINISTRES D'AUTRICHE AUX DIFFÉRENTES COURS D'ALLEMAGNE AU SUJET DES ÉVÉNEMENTS DE NAPLES, DATÉE DE VIENNE LE 25 JUILLET 1820.

Les derniers événements qui se sont passés dans le royaume de Naples ont prouvé avec plus de force et d'évidence qu'aucun autre fait antérieur de ce genre, que même dans un État administré avec régularité et sagesse, chez un peuple tranquille, tempérant et content de son gouvernement, le venin des sectes révolutionnaires peut produire les secousses les plus violentes, et amener une prompte catastrophe ; car il est complètement prouvé que ce sont les menées des carbonari qui, seules, sans choc extérieur, sans prétexte même apparent, ont excité ces mouvements séditieux qui ont déterminé dans un moment d'angoisse et de détresse Sa Majesté le roi de Naples à abdiquer le gouvernement, à dissoudre toutes les autorités existantes, et à proclamer une constitution étrangère à son pays qui n'a même pas encore été approuvée dans celui où elle a pris naissance, ou en d'autres termes d'ériger l'anarchie en loi. Sa Majesté l'empereur est convaincu que cet événement inattendu aura fait la plus vive impression sur toutes les cours d'Allemagne. Il apprend par un exemple remarquable combien il est dangereux de voir d'un œil indifférent l'activité des associations secrètes et les conspirations qu'elles ourdissent dans les ténèbres, et combien les princes d'Allemagne ont fait sagement d'employer la vigilance et la sévérité contre les premiers symptômes de ces coupables tentatives.

Les intérêts de Sa Majesté l'empereur sont particulièrement compromis dans ces malheureux événements, à raison de ses rapports politiques et personnels, de sa proche parenté avec plusieurs maisons princières d'Italie et de la situation géographique de ses propres pays. L'état des choses politiques établi en 1815, sous la garantie de toutes les puissances de l'Europe, appelait Sa Majesté l'empereur à être le gardien naturel et le protecteur de la tranquillité publique en Italie. Sa Majesté l'empereur est fermement résolu à remplir cet important devoir, à éloigner de ses frontières et de celles de ses voisins tous les mouvements tendant à troubler l'ordre ; à ne souffrir aucun empiétement sur les droits et les rapports assurés aux princes d'Italie par les traités ; et si les mesures légales et administratives ne suffisent pas, à prendre les moyens les plus efficaces pour leur assurer une protection suffisante.

Heureusement la situation actuelle des puissances de l'Europe et l'esprit de paix, dont elles sont toutes animées, sont garants que ces mesures ne conduiront pas à des hostilités politiques, ni à des guerres entre les États. Si la force, à laquelle Sa Majesté, d'après son équité et sa bonté généralement reconnues, n'aurait recours qu'à la dernière extrémité, devenait absolument nécessaire, jamais on ne l'emploierait contre une puissance légitime, mais seulement contre les rebelles armés.

Même dans ce cas, que Sa Majesté l'empereur ne suppose possible qu'avec beaucoup de peine, Sa Majesté ne réclamerait pas le secours immédiat et l'accession de ses confédérés d'Allemagne. Des mesures nécessaires pour le maintien de la paix et de l'ordre en Italie sont entièrement hors des limites de la sphère déterminée pour la coopération de la Confédération germanique, et, loin de vouloir s'écarter des principes posés en commun à cet égard, Sa Majesté est prête au contraire à tous les efforts et à tous les sacrifices pour écarter le plus efficacement possible des frontières du territoire de la Confédération le cas de cette coopération et tout danger qui pourrait y donner lieu. Mais, en revanche, il est très-important et très-désirable que l'Autriche, en consacrant ses soins et ses forces à une entreprise aussi salutaire et d'une utilité si générale, puisse compter avec une entière certitude sur une tranquillité inaltérable dans l'intérieur de l'Allemagne.

Quelques soins que Sa Majesté l'empereur soit dans le cas de donner maintenant ou à l'avenir aux affaires d'Italie, Sa Majesté n'en continuera pas moins de s'occuper avec le même intérêt de celles d'Allemagne, et de remplir dans toute leur étendue ses devoirs en qualité de membre de la Confédération. Mais c'est un grand sujet de satisfaction et de tranquillité pour Sa Majesté que de pouvoir se dire qu'il n'y aura rien à craindre pour notre commune patrie aussi longtemps que les cours d'Allemagne seront guidées par ce vif sentiment des devoirs que leur impose l'état critique où se trouve aujourd'hui le monde politique, cet esprit de concorde, de fermeté et de sagesse qui s'est manifesté si clairement dans les dernières négociations de Vienne, et qu'ont montré avec tant de dignité, même depuis leur conclusion, quelques-uns des premiers gouvernements allemands. Une grande gloire est réservée à l'Allemagne si elle trouve dans la prudence et la résolution de ses souverains le maintien invariable de ses constitutions existantes, dans le bon esprit de ses peuples et dans la puissante garantie de sa confédération les moyens et les forces dont elle a besoin pour conserver au milieu des orages du temps actuel, qui menace de tout détruire, sa tranquillité intérieure, ses institutions légales, son indépendance, sa dignité et son ancien caractère. Sa Majesté est convaincue qu'aucun de ses illustres confédérés ne sera insensible à cette gloire, et elle s'estimera elle-même heureuse d'y avoir part un jour, pouvant se rendre le témoignage qu'elle n'aura épargné aucun effort ni aucun sacrifice pour atteindre un but si grand et si honorable.

Dans cette note, l'Autriche se montrait, on le voit, à visage découvert, ne craignant pas, alors que la cour de France ne pouvait opposer aucune résistance à ses empiétements en Italie, d'avouer ses ambitieux projets de suprématie et ses orgueilleuses espérances de domination.

Une révolution analogue à celle de Naples éclatait bientôt à Turin; mais, triomphante au début comme celle de Naples, comme celle de Naples elle fut bientôt comprimée par la force des armes.

A l'instigation de l'Autriche, les grandes puissances, réunies d'abord à Troppau, ensuite à Laybach, décidèrent, dans ces deux réunions, qu'elles interviendraient en faveur des souverains contre les peuples, tout à la fois à Naples et à Turin.

C'est ce qui eut lieu, à la grande joie de la cour de Vienne, car elle fut chargée de l'exécution de cette décision, ce qui fit du chef de la maison de Lorraine le gendarme et le gardien, en un mot, le maître de la Péninsule. Voici du reste comment l'Europe entendait alors, avec l'assentiment du gouvernement de la Restauration, la pacification de l'Italie :

12 mai 1821.

DÉPÊCHE CIRCULAIRE ADRESSÉE AVEC LA DÉCLARATION DE LAYBACH AUX MINISTRES DES TROIS PUISSANCES PRÈS LES COURS ÉTRANGÈRES.
LAYBACH, LE 12 MAI 1821.

La réunion des monarques alliés et de leur cabinet à Troppau, arrêtée à la suite des événements qui avaient renversé le gouvernement légitime à Naples, était destinée à fixer le point de vue dans lequel il convenait de se placer à l'égard de ces funestes événements, à se concerter sur une marche commune, et à combiner dans un esprit de justice, de conservation et de modération, des mesures propres à garantir l'Italie d'un bouleversement général et les États voisins des plus imminents dangers. Grâce à l'heureuse conformité de vues et de dispositions qui régnait entre les trois augustes souverains, cette première tâche fut bientôt remplie.

Des principes clairement énoncés et réciproquement embrassés avec toute la sincérité d'une conviction intime, conduisirent à des résolutions analogues, et les bases établies dès les premières conférences ont été invariablement suivies pendant tout le cours d'une réunion signalée par les résultats les plus remarquables.

Transférée à Laybach, cette réunion prit un caractère plus prononcé par la présence et le concours du roi des Deux-Siciles, et par l'assentiment unanime avec lequel les princes d'Italie accédèrent au système adopté par les cabinets alliés. Les monarques se convainquirent que les gouvernements les plus immédiatement intéressés aux destinées de la Péninsule rendaient justice à la pureté de leurs intentions, et qu'un souverain, placé dans la situation la plus pénible par des actes auxquels la perfidie et la violence avaient su associer son nom, s'en remettait en pleine confiance à des mesures qui devaient à la fois mettre un terme à cet état de captivité morale et rendre à ses fidèles sujets le repos et le bien-être dont des factions criminelles les avaient privés.

L'effet de ces mesures n'a pas tardé à se manifester : l'édifice élevé par la révolte, aussi fragile dans la construction que vicieux dans ses bases, ne reposant que sur l'astuce des uns et sur l'aveuglement momentané des autres, réprouvé par l'immense majorité de la nation, odieux même à l'armée formée pour le défendre, s'est écroulé au premier contact avec la force régulière qui était destinée à le renverser, et qui n'a servi qu'à en démontrer le néant. Le pouvoir légitime est rétabli ; les factions sont dispersées ; le peuple napolitain est délivré de la tyrannie de ces imposteurs audacieux qui, en le berçant des rêves d'une fausse liberté, exerçaient sur lui les vexations les plus cruelles, lui imposaient d'énormes sacrifices, au seul profit de leur ambition et de leur avidité, et marchaient à grands pas vers l'irréparable ruine d'un pays dont ils ne cessaient de se dire les régénérateurs.

Cette restauration importante est consommée autant qu'elle a pu et qu'elle a dû l'être par les conseils et les efforts des puissances alliées. Aujourd'hui que le roi des Deux-Siciles est investi de nouveau de la plénitude de ses droits, les monarques se bornent à seconder de leurs vœux les plus ardents les résolutions que ce souverain va adopter pour reconstruire son gouvernement sur des fondements solides et pour assurer, par des lois et des institutions sages, les véritables intérêts de ses sujets et la prospérité constante de son royaume.

Pendant le cours de ces grandes transactions, on a vu éclater de plus d'un côté les effets de cette vaste conjuration tramée depuis longtemps contre tous les pouvoirs établis et contre tous les droits consacrés par cet ordre social sous lequel l'Europe a joui de tant de siècles de bonheur et de gloire.

L'existence de cette conjuration n'était point inconnue aux monarques; mais, au milieu des agitations que l'Italie éprouvait depuis les catastrophes de l'année 1820, et du mouvement désordonné qui de là s'était communiqué à tous les esprits, elle s'est développée avec une rapidité croissante, et son vrai caractère a paru au grand jour. Ce n'est pas, comme on a pu le croire à une époque moins avancée, ce n'est pas contre telle ou telle forme de gouvernement, particulièrement en butte à leurs déclamations, que sont dirigées les entreprises ténébreuses des auteurs de ces complots et les vœux insensés de leurs aveugles partisans ; les États qui ont admis des changements dans leur régime politique ne sont pas plus à l'abri de leurs attaques que ceux dont les anciennes institutions ont traversé les orages du temps.

Monarchies pures, monarchies limitées, constitutions fédératives, républiques, tout est englobé dans les arrêts de proscription d'une secte qui traite d'oligarchie tout ce qui, dans quelque forme que ce soit, s'élève au-dessus du niveau d'une égalité chimérique. Les chefs de cette ligue impie, indifférents à ce qui résultera de la destruction générale qu'ils méditent, indifférents à toute espèce d'organisation stable et permanente, n'en veulent qu'aux bases fondamentales de la société. Renverser ce qui existe, sauf à substituer ce que le hasard suggérera à leur imagination déréglée ou à leurs sinistres passions, voilà l'essence de leur doctrine et le secret de toutes leurs machinations.

Les souverains alliés n'ont pu méconnaître qu'il n'y avait qu'une barrière à opposer à ce torrent dévastateur : conserver ce qui est légalement établi, tel a dû être le principe invariable de leur politique, le point de départ et l'objet final de toutes les résolutions. Ils n'ont pu être arrêtés par les vaines clameurs de l'ignorance ou de la malice les accusant de condamner l'humanité à un état de stagnation et de torpeur incompatible avec la marche naturelle et progressive, et avec le perfectionnement des institutions sociales. Jamais ces monarques n'ont manifesté la moindre disposition de contrarier des améliorations réelles ou la réforme des abus qui se glissent dans les meilleurs gouvernements ; des vues bien différentes les ont constamment animés, et si ce repos, que les gouvernements et les peuples avaient le droit de croire assuré par la pacification de l'Europe, n'a point pu opérer tout le bien qui devait en résulter, c'est que les gouvernements ont dû concentrer toutes leurs pensées sur les moyens d'opposer des digues aux progrès d'une faction qui, répandant autour d'elle l'erreur, le mécontentement, le fanatisme des innovations, eût bientôt mis en problème l'existence d'un ordre public quelconque.

Les changements utiles ou nécessaires dans la législation et dans l'administration des États ne doivent émaner que de la volonté libre, de l'impulsion réfléchie et éclairée de ceux que Dieu a rendus responsables du pouvoir. Tout ce qui sort de cette ligne conduit nécessairement au désordre, aux bouleversements, à des maux bien plus insupportables que ceux que l'on prétend guérir. Pénétrés de cette vérité éternelle, les souverains n'ont pas hésité à la proclamer avec franchise et vigueur ; ils ont déclaré qu'en respectant les droits et l'indépendance de tout pouvoir légitime, ils regardaient comme légalement nulle et désavouée par les principes qui constituent le droit public de l'Europe toute prétendue réforme opérée par la révolte et la force ouverte. Ils ont agi, en conséquence de cette déclaration, dans les événements de Naples, dans ceux du Piémont, dans ceux même qui, sous des circonstances très-différentes, mais par des combinaisons également criminelles, viennent de livrer la partie orientale de l'Europe à des convulsions incalculables.

Les monarques sont d'autant plus décidés à ne pas s'écarter de ce système, qu'ils regardent la fermeté avec laquelle ils l'ont maintenu dans une époque si critique comme la véritable cause du succès dont leurs efforts pour le rétablissement de l'ordre en Italie ont été accompagnés. Les gouvernements de la Péninsule ont reconnu qu'ils n'avaient rien à craindre, ni pour leur indépendance politique, ni pour l'intégrité de leurs territoires, ni pour la conservation de leurs droits, en réclamant des secours qui leur étaient fournis à la seule condition d'en profiter pour défendre leur propre existence. C'est la confiance réciproque qui a sauvé l'Italie ; c'est elle qui a fait cesser, dans l'espace de deux mois, un incendie qui, sans l'intervention des puissances alliées, aurait ravagé et ruiné la totalité de ce beau pays et menacé pour longtemps le reste de l'Europe.

Rien n'a plus efficacement démontré la force de ce ressort moral qui liait le salut de l'Italie aux déterminations des monarques que le dénoûment prompt et heureux de la révolte qui avait éclaté dans le Piémont. Des conspirateurs, en partie étrangers, avaient préparé ce nouveau forfait et mis en œuvre, pour le faire réussir, le plus détestable de tous les moyens révolutionnaires, en soulevant contre l'autorité cette force armée qui n'est créée que pour lui obéir et pour défendre l'ordre public. Victime d'une trahison inexplicable, si quelque chose pouvait l'être tant que les crimes politiques trouveront en Europe des voix qui osent les défendre, un souverain, jouissant à juste titre du respect et de l'affection de ses sujets, se vit forcé de descendre d'un trône qu'il avait orné par ses vertus; une partie considérable des troupes fut entraînée dans l'abîme par l'exemple et les intrigues d'un petit nombre d'ambitieux, et le cri banal de la faction antisociale retentissait de la capitale aux provinces. Les monarques réunis à Laybach ne tardèrent pas à y répondre ; leur union était du nombre de celles qui se fortifient et grandissent avec le danger. Leur voix fut entendue. Aussitôt les serviteurs fidèles du roi, sentant qu'ils n'étaient point abandonnés, employèrent ce qui leur restait de ressources pour combattre les ennemis de la patrie et de la gloire nationale ; le pouvoir légitime, quoique comprimé et paralysé dans son action, n'en sut pas moins soutenir sa dignité et ses droits ; et les secours, arrivant au moment décisif de la crise, le triomphe de la bonne cause fut bientôt complet. Le Piémont a été délivré en peu de jours, et il n'est resté de cette révolution, calculée sur la chute de plus d'un gouvernement, que les souvenirs honteux emportés par ses coupables auteurs.

C'est ainsi qu'en suivant sans déviation les principes établis et la ligne de conduite tracée dès les premiers jours de leur réunion, les monarques alliés sont parvenus à pacifier l'Italie. Leur objet direct est atteint ; aucune des démarches qui y ont abouti n'a démenti les déclarations que la vérité et la bonne foi leur avaient inspirées ; ils y resteront fidèles, quelque nouvelle épreuve que la Providence puisse leur avoir réservée. Plus que jamais appelés, ainsi que tous les autres souverains et pouvoirs légitimes, à veiller sur la paix de l'Europe, à la protéger non-seulement contre les erreurs et les passions qui pourraient la compromettre dans les rapports de puissance à puissance, mais surtout contre ces funestes tentatives qui livraient le monde civilisé aux horreurs d'une anarchie universelle, ils croiraient profaner une vocation aussi auguste par les calculs étroits d'une politique vulgaire. Comme tout est simple, patent et franchement avoué dans le système qu'ils ont embrassé, ils le soumettent avec confiance au jugement de tous les gouvernements éclairés.

La réunion qui va finir doit se renouveler dans le courant de l'année prochaine ; on y prendra en considération le terme à fixer aux mesures qui, de l'aveu de toutes les cours d'Italie, et particulièrement de celles de Naples et de Turin, ont été jugées nécessaires pour raffermir la tranquillité de la Péninsule. Les monarques et leurs cabinets apporteront à l'examen de cette question le même esprit qui les a dirigés jusqu'ici. Des motifs d'une gravité incontestable, et pleinement justifiés par les résultats, avaient déterminé les souverains à intervenir dans les affaires de l'Italie ; ils sont loin de vouloir prolonger cette intervention au delà des limites d'une stricte nécessité, désirant bien sincèrement que les circonstances qui leur ont imposé ce pénible devoir ne se reproduisent jamais.

Nous avons cru utile, au moment où les souverains vont se séparer, de rappeler, par le présent exposé, les principes qui les ont dirigés dans les dernières transactions.

Vous êtes, en conséquence, chargé de faire communiquer cette dépêche au ministre dirigeant les affaires étrangères de la cour près laquelle vous vous trouvez accrédité.

Vous recevez en même temps une déclaration conçue dans le même esprit, que les cabinets ont fait rédiger et imprimer, pour porter à la connaissance du public de l'Europe les sentiments et les principes dont les augustes souverains sont animés, et qui serviront constamment de guides à leur politique.

La première conséquence de ces principes d'intervention que les congrès de Troppau et de Laybach avaient proclamés à l'égard de la Péninsule, ce fut le droit de passage que le grand-duc de Toscane concéda, à travers ses États, aux troupes de l'empereur d'Autriche. La convention qui concédait ce droit exorbitant est du 1er février 1821. Cette convention mit à la charge des Toscans le logement, le feu, la lumière, la nourriture, le fourrage, les moyens de transports, le casernement, le bois pour le campement et le traitement des malades dans les hôpitaux pour toutes les forces militaires qu'il pourrait convenir à la cour de Vienne de diriger à travers leur pays, soit du nord au midi, soit du midi au nord, soit de l'est à l'ouest, soit de l'ouest à l'est, soit enfin dans toutes les directions utiles, le tout d'après les règlements autrichiens.

Au même moment, l'Autriche signait des conventions analogues avec les cours de Turin et de Naples, pour régler la nourriture, l'entretien et le logement des armées d'occupation qu'elle était autorisée à maintenir sur les territoires sarde et napolitain. On peut dire que la maison de Lorraine fut à la veille de devenir la souveraine de fait de toute la Péninsule avec la complicité de l'Europe entière, avec l'adhésion même de la France, dont le souverain s'écartait singulièrement, on le voit, de la politique nationale et traditionnelle que le chef de sa dynastie avait conçue.

La double occupation des États du roi des Deux-Siciles et du roi de Sardaigne cessa bientôt, à la vérité ; mais l'Autriche, étendant chaque jour le rayon de son influence absorbante, fit trois traités qui la rendaient l'arbitre de la volonté des souverains de Parme et de Modène, trois traités dont le premier, qui remonte à 1822, lui assurait un droit permanent de garnison dans la citadelle de Plaisance, et dont les deux derniers, beaucoup plus récents, l'établissaient la gardienne de ces deux pays. Voici le texte de ces trois traités :

14 mars 1822.

CONVENTION AVEC LA DUCHESSE DE PARME, CONCERNANT LE DROIT DE GARNISON DE L'AUTRICHE A PLAISANCE,
CONCLUE A PLAISANCE LE 14 MARS 1822, RATIFIÉE PAR L'ARCHIDUCHESSE MARIE-LOUISE, LE 10 MAI 1822, A PARME.

Le traité conclu à Paris, le 10 juin 1817, entre les cours d'Autriche, d'Espagne, de France, de la Grande-Bretagne, de Prusse et de Russie, et nommément l'article V dudit traité, assurant à Sa Majesté Impériale et Royale Apostolique, ainsi qu'à ses héritiers et successeurs, le droit de garnison dans la ville de Plaisance, Sa Majesté l'empereur et roi, et Sa Majesté madame l'archiduchesse, duchesse régnante de Parme, Plaisance et Guastalla, également animés du désir de stipuler un juste dédommagement des charges, provenantes du séjour d'une garnison impériale et royale à Plaisance et de l'entretien de cette place forte en état de défense, tant pour le gouvernement ducal que pour ses sujets, et voulant, d'un commun accord, fixer plus particulièrement les droits de Sa Majesté Impériale et Royale dans ladite place, ont fait choix de plénipotentiaires pour discuter, arrêter et signer une convention qui pût remplir l'objet de leur commune sollicitude.

En conséquence de quoi lesdites Majestés ont nommé, savoir, d'une part :
Sa Majesté l'empereur d'Autriche, etc., le sieur Ferdinand, comte

Bubna de Lititz, son chambellan et conseiller intime actuel, etc., commandant général en chef de l'armée en haute Italie; de l'autre :

Sa Majesté madame l'archiduchesse, duchesse régnante de Parme, Plaisance et Guastalla, le sieur Adam de Neipperg, etc., chevalier d'honneur de Sa Majesté madame l'archiduchesse, duchesse de Parme, etc., commandant en chef de ses troupes, président du département militaire et chargé de celui des relations extérieures ;

Et le sieur Gaëtan, comte Nasalli, conseiller d'État de ladite Majesté, et son délégat du district de Plaisance, etc.

Lesquels, après avoir échangé leurs pleins pouvoirs trouvés en bonne et due forme, sont convenus des articles suivants :

I

Il dépendra de Sa Majesté l'empereur de fixer le nombre des troupes qu'elle jugera convenable pour servir de garnison à la ville de Plaisance, et conséquemment d'en augmenter ou d'en diminuer la force selon que les circonstances pourraient l'exiger. Elle nommera un commandant de place, ainsi que des officiers adjoints, qui, cependant n'influeront en rien l'administration civile de Plaisance.

II

Dans le cas que des circonstances rendissent nécessaire de déclarer la ville de Plaisance en état de siége, l'action des autorités ducales viendrait momentanément à cesser. Il est néanmoins réservé au gouvernement des duchés de nommer dans ce cas un commissaire qui, sous la dépendance du commandant de place autrichien, serait chargé de l'administration civile durant le temps que la ville resterait en état de siége.

III

Le gouvernement de Parme est autorisé à tenir à Plaisance, conjointement à la garnison autrichienne, un certain nombre de ses propres troupes, qui n'excédera pas celui dont il sera convenu de temps en temps avec le général en chef des troupes impériales et royales en Lombardie.

Le gouvernement des duchés est également en droit de nommer des officiers de place, qui, ainsi que les troupes ducales, seront dépendants, quant à ce qui concerne le service de garnison, du commandant de place impérial et royal.

IV

La solde des troupes autrichiennes, en garnison à Plaisance, ainsi que leurs besoins en pain, fourrages, éclairage et chauffage, etc., seront entièrement et uniquement à la charge du trésor impérial et royal. Quant à ce qui concerne les fournitures à faire aux troupes impériales, qui traverseraient les États ducaux, il est convenu de s'en rapporter à la convention déjà existante à cet effet.

V

Le gouvernement de Parme s'engage à remettre au gouvernement autrichien, à perpétuité et sans indemnité, tous les bâtiments destinés au logement de la garnison impériale, ainsi que ceux qui servent de dépôts de vivres, d'artillerie, et d'autres provisions quelconques, avec leurs ameublements et tous les ustensiles, tels qu'ils se trouvent aujourd'hui. En conséquence de quoi leur entretien futur sera entièrement à la charge du trésor impérial et royal.

Si, dans des circonstances extraordinaires, les bâtiments militaires, indiqués dans le tableau *A*, joint à la présente convention, ne suffisaient pas à loger la garnison impériale, la ville serait tenue à pourvoir au logement du restant de la troupe, ayant pour cela le droit de perception du denier de nuit, selon les règlements existants dans les États autrichiens.

VI

Les officiers qui ne seront pas logés dans les casernes auront droit à des logements meublés dans les maisons particulières, selon les règlements de compétence, introduits dans le royaume Lombard-Vénitien, que présente le tableau ci-joint *B*. La commune de Plaisance recevra à la fin de chaque mois, comme indemnité de la part du gouvernement autrichien, le remboursement des loyers, d'après le tarif *C* en vigueur dans les villes de provinces de la Lombardie ; bien entendu que, selon la hausse ou la baisse desdits loyers en Lombardie, les rétributions à la ville de Plaisance seraient augmentées ou diminuées dans la même proportion.

VII

L'importance généralement reconnue de la ville de Plaisance, pour le système de défense de toute l'Italie, ayant engagé Sa Majesté Impériale et Royale Apostolique à ordonner le rétablissement et l'armement de cette place entièrement aux frais du trésor impérial, Sa Majesté madame l'archiduchesse désirant, de son côté, contribuer au commun avantage de tous les États d'Italie, consent :

1° A ce que tous les ouvrages de fortification de Plaisance, avec les terrains y appartenant, soient mis irrévocablement à la libre disposition de la direction du génie autrichien, sans qu'il soit permis à personne de bâtir sur l'esplanade des édifices quelconques qui gêneraient les moyens de défense de cette place ;

2° Que dans les cas que l'on eût besoin de terrains, outre ceux indiqués ci-dessus, pour la construction de nouveaux ouvrages de fortification, la cession en serait faite à la direction impériale et royale du génie, à charge au gouvernement autrichien d'en payer aux propriétaires la valeur fixée par une commission mixte nommée particulièrement à cet effet ;

3° Enfin, que l'on prête toute aide et assistance aux officiers du génie autrichien chargés des travaux de fortification, en leur adjoignant les ouvriers, et fournissant les matériaux nécessaires aux prix usités dans le pays.

VIII

Quant aux terrains employés à l'extension des ouvrages de la place dans le courant de l'année 1820, et nommément ceux dont on se servit pour construire les retranchements derrière le Rifiutino et le ruisseau de la Fodesta, situés sur le territoire et appartenant à des sujets parmesans, il est également convenu de les faire estimer par une commission mixte d'une manière impartiale, après quoi le trésor impérial en remboursera la valeur aux propriétaires.

IX

En ce qui concerne les terrains faisant partie des ouvrages de la forteresse et les bâtiments cédés au gouvernement autrichien, d'après l'article V de la présente convention, il est stipulé que le gouvernement des duchés ne percevra sur ces objets aucun impôt foncier ou autre.

Il renonce de même, à perpétuité, à toute rétribution de port, impôt de douanes et d'accises, etc., pour tous les transports de vivres, d'équipement, de munition, d'ameublement de caserne et d'autres objets et matériaux nécessaires pour le rétablissement des ouvrages existants et la construction de nouveaux.

Il consent enfin à ce que tous les corps de troupe et tout militaire autrichien voyageant isolément passent le pont du Pô sans payer le droit de passage, ni pour eux, ni pour leurs chevaux, voitures et bagages, le gouvernement de Sa Majesté l'empereur s'engageant, de son côté, à employer toutes les mesures propres à empêcher la défraudation du trésor ducal.

X

Les stipulations de la présente convention seront mises en vigueur le premier du mois qui suivra celui pendant lequel on en aura échangé les ratifications.

XI

La présente convention sera ratifiée dans l'espace de deux mois à dater du jour de la signature, ou plus tôt, si faire se peut.

En foi de quoi les plénipotentiaires respectifs ont signé la présente convention, et y ont apposé le cachet de leurs armes.

Fait à Plaisance, le 14 mars 1822.

Signé : Comte Bubna, lieutenant général;
Comte de Neipperg, lieutenant général;
Comte Nasalli, délégat.

24 décembre 1847.

TRAITÉ D'ALLIANCE OFFENSIVE ET DÉFENSIVE ENTRE L'AUTRICHE ET LE DUCHÉ DE MODÈNE, POUR LA PRÉSERVATION MUTUELLE DE LA PAIX INTÉRIEURE ET EXTÉRIEURE ET DE L'ORDRE LÉGAL DANS LES DEUX ÉTATS CONCLU A VIENNE LE 24 DÉCEMBRE 1847.

Sa Majesté l'empereur d'Autriche et Son Altesse Royale l'archiduc duc de Modène, animés du commun désir de resserrer encore davantage les liens d'amitié et de parenté qui existent entre eux et de conserver par leurs communs efforts la paix intérieure et extérieure, et l'ordre légal dans leurs États, sont convenus de conclure un traité spécial dans ce but.

A cet effet, ils ont nommé pour plénipotentiaires :

Sa Majesté l'empereur d'Autriche, Son Altesse le prince de Metternich, chancelier de la cour et de l'État.

Son Altesse Royale le duc de Modène, le comte Théodore Volo, son chambellan.

Lesquels, après avoir échangé leurs pleins pouvoirs, trouvés en bonne et due forme, sont convenus des articles suivants :

I

Dans tous les cas d'attaque extérieure contre les États italiens de Sa Majesté l'empereur d'Autriche et de Son Altesse Royale le duc de Modène, les hautes parties contractantes s'engagent à se prêter réciproquement aide et assistance par tous les moyens en leur pouvoir, dès que la demande en sera faite par l'une des deux parties à l'autre.

II

Comme, en conséquence, les États de Son Altesse Royale le duc de

Modène entrent dans les lignes de défense des provinces italiennes de Sa Majesté l'empereur d'Autriche, Son Altesse Royale le duc de Modène accorde le droit à Sa Majesté l'empereur de faire avancer des troupes sur le territoire de Modène et d'y faire occuper les forteresses toutes les fois que l'exigeront les intérêts de la défense commune et la prudence militaire.

III

Dans le cas où, dans l'intérieur des États de Son Altesse Royale le duc de Modène, des événements surgiraient de nature à faire craindre que la tranquillité et l'ordre pussent être troublés, ou si des mouvements tumultueux de ce genre s'élevaient jusqu'aux proportions d'un véritable soulèvement, pour la répression duquel les moyens dont dispose le gouvernement ne suffiraient pas, Sa Majesté l'empereur s'engage, dès que la demande lui en aura été faite, à prêter tous les secours militaires nécessaires pour le maintien ou le rétablissement de la tranquillité et de l'ordre légal.

IV

Son Altesse Royale le duc de Modène s'engage à ne conclure avec aucune autre puissance une convention militaire quelconque, sans le consentement préalable de Sa Majesté Apostolique Impériale et Royale.

V

Tout ce qui a rapport aux frais d'entretien des troupes d'une des deux parties, dès qu'elles opéreront sur le territoire de l'autre, sera réglé sans retard par une convention spéciale.

VI

Le présent traité sera ratifié, et les ratifications en seront échangées dans le délai de quinze jours, ou plus tôt, si faire se peut.

En foi de quoi, nous, plénipotentiaires de Sa Majesté l'empereur d'Autriche et de Son Altesse Royale l'archiduc duc de Modène, avons signé le présent traité et y avons apposé notre sceau.

Fait à Vienne, le 24 décembre 1847.

Signé : Comte F. Volo;
Prince de Metternich.

4 février 1848.

TRAITÉ D'ALLIANCE OFFENSIVE ET DÉFENSIVE ENTRE L'AUTRICHE ET LE DUCHÉ DE PARME POUR LA CONSERVATION MUTUELLE DE LA PAIX INTÉRIEURE ET EXTÉRIEURE ET DE L'ORDRE LÉGAL DANS LES DEUX ÉTATS, CONCLU A VIENNE LE 24 DÉCEMBRE 1847.

Sa Majesté l'empereur d'Autriche et Son Altesse Royale l'Infant d'Espagne, duc de Parme et de Plaisance, animés du commun désir de resserrer encore davantage les liens d'amitié et de parenté qui existent entre eux et de veiller, par leurs communs efforts, au maintien de la paix intérieure et extérieure et de l'ordre légal dans leurs États respectifs, sont convenus de conclure entre eux un traité spécial dans ce but.

A cet effet, ils ont nommé pour leurs plénipotentiaires :
Sa Majesté l'empereur d'Autriche, le baron Philippe de Neumann ;
Son Altesse Royale l'Infant d'Espagne, duc de Parme et de Plaisance, le chevalier Enrico Salati ;
Lesquels, après avoir échangé leurs pleins pouvoirs, trouvés en bonne et due forme, sont convenus des articles suivants :

I

Dans tous les cas où les États italiens de Sa Majesté l'empereur d'Autriche et ceux de Son Altesse Royale l'Infant d'Espagne, duc de Parme et de Plaisance, seront exposés à une attaque du dehors, les hautes parties contractantes s'engagent à se prêter réciproquement aide et assistance par tous les moyens en leur pouvoir, aussitôt que la demande en sera faite par l'une des deux parties à l'autre.

II

Comme les États de Son Altesse Royale l'Infant d'Espagne, duc de Parme et de Plaisance, entrent dans les lignes de défense des provinces italiennes de Sa Majesté l'empereur d'Autriche, Son Altesse Royale l'Infant d'Espagne, duc de Parme et de Plaisance, accorde à Sa Majesté l'empereur le droit de faire avancer des troupes sur le territoire des États de Son Altesse Royale, et d'y faire occuper les forteresses aussi souvent que l'exigeront les intérêts de la défense commune ou la prudence militaire.

III

Dans le cas où dans l'intérieur des États de Son Altesse Royale l'Infant d'Espagne, duc de Parme et de Plaisance, des circonstances surgiraient, de nature à faire craindre que la tranquillité et l'ordre pussent être troublés, ou si des mouvements tumultueux de ce genre s'élevaient jusqu'aux proportions d'un véritable soulèvement, pour la répression duquel les moyens dont dispose le gouvernement ne suffiraient pas, Sa Majesté l'empereur s'engage, dès que la demande lui en aura été faite, de prêter tous les secours militaires nécessaires pour le maintien ou le rétablissement de la tranquillité et de l'ordre légal.

IV

Son Altesse Royale l'Infant d'Espagne, duc de Parme et de Plaisance, s'engage à ne conclure avec aucune autre puissance une convention militaire quelconque sans le consentement préalable de Sa Majesté Impériale et Royale.

V

Tout ce qui a rapport aux frais d'entretien des troupes d'une des deux parties, dès qu'elles opéreront sur le territoire de l'autre, sera réglé sans retard par une convention spéciale.

VI

Le présent traité sera ratifié, et les ratifications en seront échangées dans le délai d'un mois, ou plus tôt, si faire se peut.

En foi de quoi, nous, plénipotentiaires de Sa Majesté l'empereur d'Autriche et de Son Altesse Royale l'Infant d'Espagne, duc de Parme et de Plaisance, avons signé et scellé de nos armes le présent traité.

Fait à Parme, le 4 février 1848.

Signé : NEUMANN, E. SALATI.

Mais je touche à la grande agitation de 1848, qui faillit enlever la Lombardie et la Vénétie à l'Autriche, en transformant l'Italie entière, de Turin à Naples. Avant de l'aborder, il convient de rappeler les événements qui s'étaient accomplis de 1815 à 1848 dans les États de l'Église

VI

LA ROYAUTÉ DU PAPE

Le pacte de 1815, conclu entre les grandes puissances de l'Europe, fut la réaction de l'esprit des temps passés contre l'esprit des temps nouveaux.

Le gouvernement du pape exagéra ces tendances des vieilles monarchies à retourner en arrière, et il se mit en travers des idées de progrès et de civilisation, pour arrêter leur marche et retarder l'heure de l'émancipation des esprits et de l'affranchissement des consciences.

Chef spirituel de la catholicité, le pape était toujours le vicaire de Dieu, vénéré des fidèles.

Chef temporel des Légations, des Marches et des Romagnes, le pape n'était plus qu'un prince sans indépendance, puisque sa force d'emprunt dépendait tout entière de celle qu'il tenait des grandes puissances catholiques d'Europe; un prince sans liberté, fatalement condamné à se poser dans ses États comme une borne milliaire qui marque la limite infranchissable du mouvement des idées.

On adorait donc le pouvoir spirituel, mais on subissait le pouvoir temporel du pape, même dans Rome, où le vieil esprit républicain se réveillait, dès qu'on ne le fascinait plus par les éblouissements de la gloire et les splendeurs de la conquête.

Il ne faut pas s'y tromper, Rome est toujours au fond la Rome des consuls, quand elle n'est pas la Rome des Césars, et elle ne devint un jour la Rome des papes, s'identifiant en eux, que parce que ce jour-là elle put croire que les papes allaient lui restituer la liberté avec le fédéralisme, ou la suprématie par le despotisme.

Rome veut bien être esclave, mais c'est à la condition de gouverner le monde.

Rome veut la domination ou l'indépendance : elle ne peut plus avoir la domination, il lui faut l'indépendance, et, pour elle, l'indépendance, c'est la liberté municipale, la vie municipale, quelque chose enfin qui la ramène le plus près possible de l'époque des consuls, des tribuns et des édiles.

De 1815 à 1830, l'esprit de révolte fermenta donc dans les États de l'Église, où il éclata, au choc de la révolution de Paris, dans une insurrection qui eût alors emporté le pouvoir temporel du pape, si l'Autriche n'eût sauvé ce pouvoir pour sauver sa propre domination dans la Péninsule.

Cette insurrection, comprimée par un déploiement de forces considérables, est celle de 1831, qui provoqua l'occupation d'Ancône par la France, par simultanéité, mais non en opposition de l'occupation de plusieurs territoires du domaine de l'Église par l'Autriche.

Dès ce moment, la question romaine en particulier, la question italienne en général, n'a pas cessé, n'a pu cesser de préoccuper l'Europe, et spécialement la France, directement intéressée, surtout à raison de la position que l'Autriche y avait prise, dans tous les événements qui s'accomplissaient de l'autre côté des Alpes.

Voilà donc l'insurrection des États de l'Église étouffée.

C'est fort bien. Mais la force ne suffit pas à maîtriser éternellement l'esprit de révolte.

L'Autriche elle-même le comprenait, car elle se réunit aux autres puissances européennes pour réclamer du gouvernement pontifical des réformes propres à satisfaire les populations.

On peut bien croire qu'en parlant de réformes dans les États de l'Église, l'Autriche n'obéissait nullement à l'esprit de progrès. Ce qui lui inspirait cette démarche, c'était le sentiment de l'égoïsme. Dans les conseils qu'elle donnait au pape, elle songeait à son repos menacé par les mécontentements du peuple romain, dont les insurrections pouvaient être d'un funeste exemple en Lombardie et en Vénétie ; elle ne pensait pas le moins du monde à l'intérêt de ceux dont elle paraissait prendre la défense.

Il y eut à cette époque, à Rome même, une conférence composée des représentants des puissances auprès du pape ; celui de l'Autriche assistait avec ses collègues à cette conférence. On y décida que des représentations seraient adressées au vicaire de Dieu sur le mode qu'il suivait dans l'exercice de son pouvoir temporel. Les représentations furent consignées dans un mémorandum où l'on retrouve en germe les remontrances de la France. Voici le texte de ce mémorandum :

1831.

MÉMORANDUM RECOMMANDANT DES RÉFORMES PRÉSENTÉ AU PAPE, EN 1831,
PAR LES MEMBRES DE LA CONFÉRENCE ASSEMBLÉE A ROME.

I

Il paraît aux représentants des cinq puissances que, quant à l'État de l'Église, il s'agit, dans l'intérêt général de l'Europe, de deux points fondamentaux :

1° Que le gouvernement de cet État soit assis sur des bases solides par des améliorations méditées et annoncées de Sa Sainteté elle-même dès le commencement de son règne;

2° Que ces améliorations, lesquelles, selon l'expression de l'édit de Son Éminence monseigneur le cardinal Bernetti, fondèrent une ère nouvelle pour les sujets de Sa Sainteté, soient, par une garantie intérieure, mise à l'abri des changements inhérents à la nature de tout gouvernement électif.

II

Pour atteindre ce but salutaire, ce qui, à cause de la position géographique et sociale de l'État de l'Église, est d'un intérêt européen, il paraît indispensable que la déclaration organique de Sa Sainteté parte de deux principes vitaux :

1° De l'application des améliorations en question, non-seulement aux provinces où la révolution a éclaté, mais aussi à celles qui sont restées fidèles et à la capitale;

2° De l'admissibilité générale des laïques aux fonctions administratives et judiciaires.

III

Les améliorations même paraissent devoir d'abord embrasser le système judiciaire et celui de l'administration municipale et provinciale.

A. Quant à l'ordre judiciaire, il paraît que l'exécution entière et le développement conséquent des promesses et principes du *motu proprio* de 1816 présente les moyens les plus sûrs et efficaces de redresser des griefs assez généraux relatifs à cette partie si intéressante de l'organisation sociale.

B Quant à l'administration locale, il paraît que le rétablissement et l'organisation générale de municipalités élues par la population, et la fondation des franchises municipales pour régler l'action de ces municipalités dans les intérêts locaux des communes devrait être la base indispensable de toute amélioration administrative.

En second lieu, l'organisation de conseils provinciaux, soit d'un conseil administratif permanent, destiné à aider le gouverneur de la province dans l'exécution de ses fonctions avec des attributions convenables, soit d'une réunion plus nombreuse, prise surtout dans le sein des nouvelles municipalités et destinée à être consultée sur les intérêts les plus importants de la province, paraît extrêmement utile pour conduire à l'amélioration et simple fixation de l'administration provinciale, pour contrôler l'administration communale, pour répartir les impôts et éclairer le gouvernement sur les véritables besoins de la province.

IV

L'importance immense d'un état réglé de finances, et d'une telle administration de la dette publique, qui donnerait la garantie désirable pour le crédit financier du gouvernement et contribuerait si essentiellement à augmenter ses ressources et assurer son indépendance, paraît rendre indispensable un établissement central dans la capitale, chargé, comme cour suprême des comptes, du contrôle de la comptabilité du service annuel dans chaque branche de l'administration civile et militaire, et de la surveillance de la dette publique avec des attributions correspondantes au but grand et salutaire qu'on se propose d'atteindre. Plus une telle institution portera le caractère d'indépendance et l'empreinte de l'union intime du gouvernement et du pays, plus elle répondra aux intentions bienfaisantes du souverain et à l'attente générale.

Il paraît que pour atteindre ce but, des personnes y devaient siéger, choisies par des conseils locaux, et formant, avec des conseillers du gouvernement, une junte ou consulte administrative. Une telle junte formerait, ou non, partie d'un conseil d'État, dont les membres seraient nommés par le souverain parmi les notabilités de naissance, de fortune et de talent du pays.

Sans un ou plusieurs établissements centraux de cette nature, intimement liés aux notabilités d'un pays si riche d'éléments aristocratiques et conservateurs, il paraît que la nature d'un gouvernement électif ôterait nécessairement aux améliorations, qui formeront la gloire éternelle du pontife régnant, cette stabilité dont le besoin est généralement et puissamment senti, et le sera d'autant plus vivement que les bienfaits du pontife seront grands et précieux.

On le voit, ce n'est pas d'aujourd'hui que l'Europe conseille au pape,

L'ITALIE CONFÉDÉRÉE

sur l'initiative de la France, la sécularisation et la réforme de son gouvernement temporel des États de l'Église.

Du reste, dès cette époque, tous les hommes clairvoyants sentaient qu'une commotion en Italie pouvait entraîner une commotion en Europe : tous se préoccupaient donc des moyens de prévenir un tel malheur et tous tombaient d'accord qu'il fallait à tout prix modifier, améliorer, transformer le régime administratif et judiciaire des États de l'Église. Ainsi, l'illustre Rossi, écrivant, à ce sujet, à M. Guizot une lettre datée du 10 avril 1832, disait ce qui suit :

« Venons aux États romains. Je n'ai pas approuvé la première révolution, quoique légitime, très-légitime dans son principe. Une fois opérée, j'aurais voulu la diriger autrement. Mais que peut un homme à deux cents lieues de distance? Mettons de côté le passé. Je vous dirai aussi, comme preuve de ma franchise, que le ton de la première intervention diplomatique de la France me déplut souverainement. Aujourd'hui, je vois les choses autrement. Je retrouve la France, sa dignité, son poids, ses principes. Je ne me fais point d'illusion sur ce qui vous est possible. Je crois en entrevoir la mesure, et cependant je ne suis nullement au nombre de ceux qui ne vous savent pas gré de votre intervention, moins encore de ceux qui la maudissent. Ainsi, de ce côté-là, au lieu de s'affaiblir, mes espérances se sont confirmées. Qu'est-ce que j'espère?

« J'espère qu'on est bien convaincu que la révolution, dans le sens d'une profonde incompatibilité entre le système actuel du gouvernement romain et la population a pénétré jusque dans les entrailles du pays. Toute opinion contraire serait une pure illusion. Qu'on évacue demain en laissant les choses à peu près comme elles sont, et on le verra après-demain. Mais la chose ne se bornera plus au territoire des Légations et des Marches.

« J'espère qu'en partant de là on insistera fortement sur des changements sincèrement proportionnés au besoin.

« J'espère qu'au nombre de ces changements il y aura une administration générale, sinon exclusivement, du moins essentiellement laïque; une administration communale et provinciale qui ne soit pas une dérision; un conseil central au siège du gouvernement, composé, en partie du moins, d'hommes envoyés par les provinces et dont le préavis soit nécessaire, du moins pour les affaires intérieures, la législation, les impôts, etc.; un changement radical dans l'administration de la justice, changement dont les effets seraient immenses sur l'esprit public et pourraient seuls réconcilier avec le gouvernement papal ; une commission législative chargée de préparer, sans retard, la réforme des lois civiles, criminelles et commerciales; c'est encore un de ces besoins, une de ces nécessités sur lesquelles la population ne transigera pas; enfin un système de force publique qui ne soit ni écrasant pour le pays ni propre à le livrer soit à l'anarchie, soit à la fureur d'une soldatesque vendue et déhontée. Je n'ignore pas les difficultés de ce dernier arrangement. Il y a cependant moyen de les lever par l'organisation d'une milice qui offrirait toutes les garanties désirables au gouvernement et au pays. Les éléments existent; il s'agit de savoir les mettre en œuvre. Il est impossible d'expliquer la chose en détail dans une lettre qui n'est déjà que trop longue.

« Je voudrais enfin espérer, mais je n'espère guère, qu'on trouvera moyen de garantir au pays ces concessions. Ne nous faisons pas d'illusion. Rome est toujours Rome. Tant que vous serez en Italie, c'est bon; mais après? De véritables garanties constitutionnelles, directes, positives, vous en voudrez et vous ne pourrez en obtenir. Le pape ne voudra pas, l'Autriche non plus. Dès lors que restera-t-il? L'influence française, les stipulations, l'ambassade du roi à Rome; c'est sans doute quelque chose; mais sérieusement, est-ce tout, une fois que vos troupes n'y seront plus, et que le parti apostolique, nombreux, puissant, irrité, aura ou croira avoir le champ libre? Quand la garantie des choses manque, il faut au moins celle des hommes, de leur caractère, de leurs opinions, de leurs affections. Les uns, Rome ne voudra pas les employer; elle dira qu'ils sont ses ennemis, qu'ils viennent d'agir contre elle. Les autres seront ennemis apparents ou cachés du nouveau système et de la France. Au fait, de quoi s'agit-il? de faire marcher d'accord un gouvernement qui cédera à contre-cœur et un pays qui pendant longtemps se méfiera du gouvernement. Il faudrait pour cela des hommes acceptés d'un côté par le gouvernement et de l'autre bien vus du pays, également propres à modérer les uns, à se tenir en garde contre les autres et à faire marcher le système sans secousses, avec bonne foi et sans alarmer aucune opinion, des hommes à qui le pays puisse en quelque sorte confier ses secrets sans crainte qu'ils en abusent, et la cour de Rome ses alarmes sans craindre de les confier à l'ennemi. Encore une fois, où les prendra-t-on?

« N'oublions pas que si le pays, se croyant joué, éclate de nouveau après le départ des Français, le mouvement sera de plus en plus général et sérieux, car on n'ôtera de la tête de personne que le drapeau tricolore s'est déployé en Italie en faveur du pays, et qu'au besoin il y reparaîtrait suivi de forces plus nombreuses. Toutes les déclarations et toutes les protestations n'y feraient rien. Quant aux conséquences, je n'ai pas besoin de les dire. Reste à savoir si elles seraient dans les convenances de la France.

« Mon cher ami, je termine par un mot. Si on vous dit qu'en Italie il peut naître des faits qui ne seraient pas bien liés, qui n'amèneraient pas un résultat heureux pour l'Italie, vous pouvez le croire. C'est peut-être la vérité. Mais si on vous dit que des faits il ne peut plus en éclater, qu'il n'y a pas ou qu'il n'y a plus d'éléments, qu'il n'y existe pas de matières auxquelles il suffit qu'un homme, le jour qu'il voudra, approche une mèche pour exciter un embrasement quelconque, utile, pernicieux, durable, passager, partiel, général, peu importe, mais toujours embarrassant pour le système de la paix, n'en croyez rien.

« Vous le voyez, mes espérances sont tellement raisonnables, qu'en vérité vous les devez trouver timides et au-dessous de ce qu'on doit espérer de l'influence que la France a le droit et la puissance d'exercer.

« Car enfin, si je vous avais dit, à côté de l'exemple de la Belgique, que j'espérais voir les Marches et les Légations former un pays se gouvernant par lui-même, sous la suzeraineté du pape et en lui payant un tribut annuel garanti par la France, l'Angleterre et l'Autriche, qu'y aurait-il là de si étrange? Ce serait peut-être le seul moyen raisonnable de faire cesser un état de choses qui peut devenir de jour en jour plus sérieux et plus dangereux. »

M. Rossi prophétisait : mais il prophétisait, parce qu'il voyait, et ce qu'il voyait, M. de Cavour devait le voir également à vingt-quatre ans d'intervalle, parce que, tant que le mal ne sera pas extirpé, tant que la plaie ne sera pas fermée, les hommes d'État auront les mêmes prévisions et les mêmes pressentiments, et, tôt ou tard, les événements justifieront ces prévisions et ces pressentiments, comme l'a fait la révolution de 1848, dont on apercevait déjà, en 1847, les signes précurseurs dans l'état d'agitation où se trouvait la Péninsule. La dépêche suivante constate cet état et dit une fois de plus quelles ont toujours été les prétentions de l'Autriche à régenter cette contrée :

DÉPÊCHE DU PRINCE DE METTERNICH SUR L'ÉTAT DES AFFAIRES EN ITALIE.

I

AU COMTE DIETRICHSTEIN, AMBASSADEUR D'AUTRICHE A LONDRES.

Vienne, le 2 août 1847.

Monsieur le comte,

La position dans laquelle se trouvent placés les États qui forment la partie moyenne de la Péninsule italienne fixe sans doute l'attention de la cour de Londres. Ces États étant aujourd'hui agités par un état de subversion dont les conséquences ne sont que trop faciles à prévoir, la position géographique même de notre empire nous impose le devoir de fixer, avec une attention redoublée, nos regards sur la marche que suivront les évènements dans ces contrées.

L'empereur tient à s'expliquer sur les sentiments qui l'animent dans cette complication, avec la franchise de laquelle il est habitué à user dans ses rapports avec le gouvernement britannique, et il désire connaître la détermination de ce gouvernement sur ce qui, aux yeux de Sa Majesté Impériale, a la valeur d'une base propre à influer sur tout un avenir.

L'Italie est un nom géographique. La Péninsule italienne est composée d'États souverains et mutuellement indépendants. L'existence et la circonscription territoriale de ces États sont fondées sur des principes du droit public général, et corroborées par les transactions politiques le moins sujettes à contestation. L'empereur, pour sa part, est décidé à respecter ces transactions et à contribuer, en autant que s'étendent ses facultés, à leur inaltérable maintien.

Vous voudrez bien, monsieur le comte, donner connaissance de la présente dépêche à M. le principal secrétaire d'État, et le prier de s'expliquer sur la valeur qu'ont aux yeux de la cour de Londres les garanties sous lesquelles se trouve placé l'état de possession des souverains qui règnent dans la Péninsule italienne. En vous acquittant de cette commission, vous aurez soin d'ajouter que l'empereur ne saurait pas mettre en doute l'accord qui, sur cette question, doit régner entre sa propre pensée et celle de Sa Majesté Britannique.

Signé : Metternich.

II

DU MÊME AU MÊME.

Vienne, le 2 août 1847.

La dépêche précédente est simultanément dirigée par nous vers les cours de Paris, de Berlin et de Saint-Pétersbourg. Le sujet sur lequel elle porte ne touche pas un intérêt isolé de notre empire ; il a la valeur d'une haute question européenne.

L'Italie centrale est livrée à un mouvement révolutionnaire, à la tête duquel se trouvent placés les chefs des sectes qui, depuis des années, ont miné les États de la Péninsule. Sous la bannière de réformes administratives, à l'introduction desquelles le nouveau souverain de Rome s'est livré par suite d'un indubitable sentiment de bienveillance pour son peuple, les factieux paralysent l'action légale du pouvoir et cherchent à consommer une œuvre qui, pour répondre à leurs vues subversives, ne pourrait point rester circonscrite, ni dans les limites de l'État de l'Église, ni dans celles d'aucun des États qui, dans leur ensemble, composent la Péninsule italienne. Ce à quoi visent les sectes, c'est à la fusion de ces États en un seul corps politique, ou pour le moins en une fédération d'États placés sous la conduite d'un pouvoir central suprême. La monarchie italienne n'entre pas dans leurs plans; abstraction faite des utopies d'un radicalisme avancé qui les anime, une raison pratique doit les détourner de l'idée d'une Italie monarchique; le roi possible de cette monarchie n'existe ni au delà ni en deçà des Alpes. C'est vers la création d'une république vraisemblablement fédérative, à l'instar de celle de l'Amérique du Nord et de la Suisse, que tendent leurs efforts.

L'empereur n'a pas la prétention d'être une puissance italienne; il se contente d'être le chef de son propre empire. Des parties de cet empire se trouvent placées au delà des Alpes; il entend les conserver. L'empereur ne cherche, dans aucune direction, rien hors de son état de possession actuelle; ce qu'il saura faire, c'est de le défendre. Telles sont les vues et les résolutions de Sa Majesté Impériale; et elles doivent être celles de tout gouvernement qui sait maintenir ses droits et respecter ses devoirs.

Nous plaçons une grande question du jour sur le terrain de la plus simple de toutes les bases politiques; nous désirons apprendre si les premiers gardiens de la paix politique partagent nos vues. Nous n'entendons point faire de la polémique sociale ou gouvernementale; nous parlons de ce qui a la valeur d'un bien commun aux rois comme aux peuples, et de ce qui, dans un avenir peu éloigné, devra immanquablement décider de la paix de l'Europe. Ce sujet est trop grave de sa nature pour ne point faire appel aux sentiments des gouvernements qui n'entendent point livrer cet avenir à d'incalculables chances de perturbation générale.

Signé : Metternich.

Ces dépêches sont curieuses par un point qui a aujourd'hui une sorte d'actualité; on y voit que l'Autriche s'élève avec force contre cette même pensée d'une confédération italienne, qui est devenue le but de la campagne de 1859 en Italie par la France, et qui en sera le résultat avec l'assentiment même de la cour de Vienne.

Quelque temps avant que ces dépêches fussent écrites, le pape avait donné à ses peuples ce que l'on appelle le Statut, vraie charte constitutionnelle, que le prince de Metternich considérait, ainsi qu'on vient de le voir, comme une force mise au service de la Révolution, et qui avait fait perdre à la cour de Rome les sympathies de la cour de Vienne. Aussi l'Autriche, qui affecte tant de respect pour les droits du saint-siége, quand son intérêt le lui conseille, et qui sait fort bien les violer, quand ce même intérêt le lui commande, s'empressa-t-elle de prendre des garanties contre le pape, en faisant occuper d'autorité par ses troupes la citadelle de Ferrare.

Le cardinal qui gouvernait cette ville au nom de Pie IX protesta contre cette occupation ; mais le prince de Metternich prétendit que c'était le droit de l'Autriche de tenir garnison à Ferrare dans les temps d'agitation. Au surplus, le pape et l'empereur, en copartageants, ne pouvaient tarder à s'entendre : le 1ᵉʳ septembre 1848, les cours de Vienne et de Rome arrêtèrent les conditions en vertu desquelles l'Autriche était autorisée à faire occuper par ses troupes la citadelle de Ferrare, où elle tenait garnison au moment où s'ouvrait la dernière campagne d'Italie.

Il faut tout dire. A cette époque, l'Autriche occupait une partie des États de l'Église, qu'elle s'engageait à évacuer en conservant la citadelle de Ferrare avec le consentement du pape ; mais cette occupation avait été la conséquence de ces grandes perturbations de 1848 qui faillirent, en la bouleversant, affranchir l'Italie par l'Italie. Ici la destinée du pouvoir temporel du pape se lie tellement à la destinée de la domination autrichienne en Italie, qu'elles doivent l'une et l'autre reparaître ensemble dans un même cadre, où elles vont figurer dans une solidarité et une complicité fatalement imposées par leur situation commune en face des populations péninsulaires.

VII

RÉVEIL DE L'ITALIE

En l'année 1847, une fermentation générale agitait la Péninsule. Cet état de l'Italie inquiétait l'Europe : on s'en préoccupait en France, on en parlait à la tribune du palais Bourbon ; on sentait qu'il fallait donner au vœu des peuples une satisfaction légitime. On redoutait avec un égal degré les révolutions, les insurrections et l'extension de l'influence de l'Autriche, qui se présentait comme seule capable d'y contenir l'esprit de révolte et de désordre.

Le pape cependant avait institué successivement une consulte d'État, la municipalité de Rome et un conseil des ministres.

Mais l'année 1848 allait naître, grosse de tempêtes politiques.

L'ouragan partit de France; il entraîna bientôt l'Italie, comme celui de 1830 avait entraîné la Belgique et la Pologne.

Déjà la cour de Naples, la cour de Turin et la cour de Florence avaient été contraintes de courber le front sous le souffle orageux des aspirations libérales de leurs peuples.

On avait donné des institutions constitutionnelles aux Napolitains, aux Sardes et aux Toscans.

L'initiative du pape était contagieuse ; lui-même allait faire un pas de plus dans cette voie : il décrétait, le 14 mars 1848, une constitution complète, qui embrassait tout l'ensemble du gouvernement, devenu une monarchie tempérée, constitutionnelle et représentative

Mais rien n'y fit.

Il était trop tard.

L'Italie du Midi échappa seule à la guerre et à la révolution.

L'Italie du Centre et l'Italie du Nord furent visitées par ces deux terribles fléaux que l'omnipotence de l'Autriche avait eu le don de susciter.

On s'insurgea dans Milan et dans Venise contre l'étranger.

On se révolta dans Rome et dans Florence contre le despotisme.

Le sentiment de l'indépendance et l'amour de la liberté se mêlèrent et s'unirent dans une sorte de communauté vague.

Le pape fut obligé de fuir à Gaëte ; l'Autriche fut forcée de se défendre, impuissante à protéger les dynasties de Modène et de Florence, où deux archiducs de la maison de Lorraine régnaient sous son influence séculaire.

Je ne retracerai pas l'histoire de cette grande lutte, qui eut aussi ses souillures, si elle eut ses héroïsmes.

Le roi de Sardaigne, Charles-Albert, fut l'adversaire de la maison de Lorraine dans ce duel entre l'indépendance italienne et la domination autrichienne : le Piémont visait déjà à reconstituer le royaume d'Italie au profit de la maison de Savoie.

Cette pensée fit le délaissement et la faiblesse de Charles-Albert, qui eût vaincu, s'il n'eût pas laissé entrevoir ses plans de suprématie et d'ambition.

Général du fédéralisme italien, Charles-Albert eût soulevé toute la Péninsule ; général de la centralisation italienne, il fut abandonné par une partie des peuples.

Le mouvement de 1848 avorta ; mais, avant d'avorter, ce mouvement précipita l'Autriche sur le bord d'un abîme où elle pouvait être engloutie.

L'Autriche triompha de tous ses adversaires, et sortit de cette lutte plus puissante et plus forte ; mais, avant de triompher, elle essuya d'abord de terribles défaites, qui lui inspirèrent un moment des pensées de transaction.

D'ailleurs la France et l'Angleterre se demandaient, de leur côté, quelles mesures il y avait à prendre pour assurer d'une manière durable la pacification et la tranquillité de l'Italie.

C'est alors que d'importantes communications furent échangées entre les cours de Vienne, de Londres et de Paris. Voici le texte de ces communications, qui renferment des enseignements utiles et des révélations curieuses

12 mai 1848.

PLAN DE PACIFICATION DE L'ITALIE, REMIS A LORD PONSOMBY, AMBASSADEUR D'ANGLETERRE A VIENNE, ET COMMUNIQUÉ A LORD PALMERSTON LE 12 MAI 1848.

Le développement du principe de la nationalité est incontestablement la principale cause motivée des événements que nous avons vus et que nous voyons encore surgir en Europe. L'on court risque de ne pas comprendre la marche de ces événements, si l'on ne cherche pas les motifs ailleurs que dans le sentiment inné dans l'homme, qui peut rester comprimé pendant quelque temps, mais qui, une fois réveillé, brise tous les obstacles et triomphe de toutes les difficultés.

C'est ainsi que deux erreurs, accréditées même dans des esprits supérieurs, empêchent de juger sainement la question de l'Italie et de chercher sa solution là où elle serait possible. En Autriche, on accuse assez généralement le pape Pie IX d'avoir excité les passions des Italiens ; on lui suppose une haine acharnée contre l'Autriche; et on lui attribue la part la plus active dans le vaste projet de l'expulsion des étrangers de l'Italie. On accuse le système qui vient de crouler d'avoir excité le mécontentement de ses sujets italiens par une administration pesante et peu intelligente, par le refus des concessions les plus justes, demandées dans les voies légales, et il y a assez de gens de bonne foi qui croient que si on avait voulu écouter, dans les derniers temps, des réclamations fondées et accorder ce qu'on ne pourrait plus refuser, on aurait éteint l'incendie, ou, pour mieux dire, on l'aurait empêché d'éclater.

Je veux admettre que les nobles efforts de Pie IX afin de relever le caractère de la nation, en accordant des réformes dont tous les partis reconnaissaient la nécessité, ont contribué à hâter l'explosion du sentiment de la nationalité, que le malheureux incident de Ferrare a donné le prétexte aux ennemis de l'Autriche de l'accuser d'une intervention dans le but de maintenir les anciens abus contre lesquels elle avait si souvent protesté ; il aurait ôté aux malveillants des armes puissantes, et aurait pu retarder le soulèvement général ; mais il n'en est pas moins sûr que le germe longtemps enfoui de la nationalité italienne, réveillé par les efforts de la *Giovane Italia*, aidé par les écrits de Gioberti et de Balbo, et de tout autre, secondé par le mouvement du siècle, aurait rompu toutes les entraves et aurait toujours produit les événements dont nous sommes les témoins, car le cri universel de *Morte ai Tedeschi !* n'a pas éclaté dans la Lombardie ou dans le Vénitien, mais il est parti du fond de la Sicile, où l'Autriche n'avait jamais exercé une influence oppressive, et a traversé toute la Péninsule pour arriver jusqu'au Tyrol italien, qui semblait sincèrement attaché à la monarchie.

Ce n'est donc pas une haine motivée qui a fait pousser ce cri odieux, mais seulement la conviction que la présence des Allemands en Italie était le seul obstacle à la régénération de la nationalité italienne. Ce fait une fois établi, on se trouve plus à la portée de juger la situation actuelle et de rechercher les moyens les plus propres à la changer. Si l'on veut flatter les passions populaires, on pourra même avec raison parler de châtier la perfidie, d'exercer une juste vengeance, de réhabiliter l'honneur de l'armée ; on trouvera des échos même dans les cœurs les plus généreux et les esprits les plus cultivés. Mais l'homme d'État doit considérer l'avenir et mettre dans la balance les intérêts durables de son pays contre les impulsions du moment ; il doit donc envisager la question sous le rapport de l'influence que la prolongation de cette lutte entre la nationalité autrichienne (car il n'est pas question de l'Allemagne) et la nationalité italienne devrait avoir sur les intérêts les plus vitaux de la monarchie. Les chances mauvaises sont possibles dans toutes les guerres ; dans celle-ci, elles seraient d'une portée incalculable. Mais, en admettant les hypothèses les plus hasardées, c'est-à-dire que l'insurrection de la Lombardie soit étouffée, que les Piémontais soient refoulés dans leurs positions et que les Français soient restés tranquilles spectateurs de cette lutte, qu'en résulterait-il pour l'Autriche? La possession des provinces appauvries, qui, pendant de longues années, ne couvriraient pas les frais de l'occupation militaire indispensable pour les contenir, l'affaiblissement de la monarchie dans toutes les questions relatives à la France et à la Russie, par la nécessité d'entretenir une armée de cent mille hommes dans le royaume Lombard-Vénitien, afin de garder les provinces du Tyrol, du littoral et de la Carniole contre les attaques des ennemis du dehors et de l'intérieur. Ainsi, sous le rapport politique, financier et militaire, et, plus que tout, sous le rapport moral, diminution des forces réelles, complication d'intérêts et lutte quelquefois sourde, quelquefois ouverte, mais incessante, contre une nation de plus de vingt millions d'hommes réunis par la même langue, la même religion, les mêmes espérances.

Si tel est le tableau véridique de la situation et des causes qui l'ont amenée, ce n'est que dans ces causes que l'homme d'État doit chercher les moyens d'y porter remède ; le premier de tous est dans la reconnaissance franche et loyale de la nationalité italienne, mais non d'une nationalité provinciale qui se limiterait à accorder à la Lombardie et au Vénitien ce que l'empereur a accordé à tous les pays qui composent la monarchie, c'est-à-dire une administration provinciale et communale indépendante, et les droits sanctionnés par la constitution en bienfait, qu'il y a deux ans aurait pu assurer la domination de l'Autriche en Italie, ne suffiraient plus maintenant; le vœu hautement prononcé par tous les Italiens, et dont la réalisation peut seule amener une pacification durable, c'est la « *Lega Italiana politica commerciale,* » c'est-à-dire une confédération qui assurerait l'unité des pays qui composent l'Italie dans toutes les questions politiques et commerciales : quiconque connaît le mouvement des esprits et leur tendance en Italie ne saurait avoir le moindre doute à cet égard; mais il est également impossible de se dissimuler combien il serait difficile pour l'Autriche d'accéder à un pareil arrangement dans la position actuelle de la question, car, dans le cas où elle serait dans la nécessité de renoncer au royaume Lombard-Vénitien, elle ne pourrait pourtant pas sanctionner la formation d'une confédération dont la tendance serait nécessairement hostile envers elle, de même que dans le cas où les événements de la guerre la mettraient en possession de ces provinces, elle ne pourrait pas les faire entrer dans la Confédération italienne, au risque de les voir suivre une tendance qui pourrait être en opposition directe avec les intérêts du reste de la monarchie.

La solution de ces immenses difficultés ne peut se trouver que dans une idée grande et généreuse, féconde en beaux résultats, et qui me paraît digne d'occuper tous les esprits sérieux. Il faudrait que l'Autriche déclarât qu'elle reconnaît le principe de la nationalité italienne, qu'elle veut contribuer de tout son pouvoir à la formation de la Confédération italienne sur les bases les plus nationales, mais à condition que cette confédération déclare sa stricte et permanente neutralité européenne, et que l'Europe sanctionne cette neutralité, ainsi qu'elle l'a fait pour la Suisse en 1815.

Cette déclaration avait été faite au gouvernement anglais en lui demandant sa médiation, et au pape, qui, comme souverain temporel et comme chef de la religion catholique, trouverait dans cette grande mesure les moyens de se tirer des embarras qui le menacent, et parmi lesquels un schisme en Allemagne n'est pas le moins pressant et le moins funeste dans ses conséquences.

La promulgation de cette déclaration de l'Autriche devait donc se faire par la puissance médiatrice, dont on ne saurait accuser la loyauté, et le pape devait l'appuyer de toute l'autorité morale que sa position lui donne. Cette promulgation devrait être suivie d'un armistice dont les bases seraient que les troupes autrichiennes resteraient sur la ligne de l'Adige, et que les Piémontais et les corps francs et auxiliaires resteraient dans leurs cantonnements ou se retireraient dans leurs frontières, au choix des Lombards. Cet armistice durerait jusqu'au moment où les grandes puissances de l'Europe et celles qui composent l'Italie se seraient déclarées sur la question de neutralité. Pendant la durée de cet armistice on convoquerait tous les conseils communaux qui sont élus par les suffrages des citoyens dans tout le royaume Lombard-Vénitien, et on leur poserait la question, s'ils préfèrent entrer dans la Confédération italienne sous la suzeraineté de l'Autriche avec un archiduc, pour vice-roi, mais avec une représentation nationale, une Constitution et un Code de lois voté par cette représentation, et jouissant des bienfaits de la paix que la déclaration de neutralité assure à toute l'Italie ; ou s'ils préfèrent l'indépendance absolue ; et, dans ce cas, quel serait le dédommagement qu'ils offriraient à l'Autriche pour le sacrifice des droits que les traités les plus solennels lui ont assurés.

Il ne faut pas perdre de vue la réflexion très-importante que cette votation des communes se ferait non plus sous l'impulsion de la haine, mais sous celle de la reconnaissance ; car l'homme le plus acharné contre l'Autriche ne saurait méconnaître la noble et magnanime tendance de la neutralité permanente.

Du moment où le principe de la nationalité serait mis à couvert, le souvenir du bien-être matériel dont le royaume Lombard-Vénitien a joui sous la domination de l'Autriche se réveillerait avec force, et les deux grands mobiles qui, quoique opposés en apparence, se combinent de la manière la plus extraordinaire dans toutes les actions des Italiens, c'est-à-dire l'imagination et le calcul, se réuniraient pour affirmer le triomphe pacifique de l'Autriche, du moins dans les provinces vénitiennes. En proposant cette modalité, le gouvernement autrichien aurait donné une preuve de son respect pour les droits des peuples, qui ne pourrait que lui attirer l'approbation de toute l'Europe, et si, comme il y a tout lieu de l'espérer, la votation exprimait le vœu de rester sous la souveraineté de l'Autriche, ses droits auraient reçu une sanction qui les rendrait à jamais inviolables et sacrés. Il reste maintenant à examiner sous toutes les faces la question de la neutralité stricte de la Confédération italienne.

Par rapport à l'Europe.

L'idée de la neutralité aurait pu être inexécutable aussi longtemps que deux systèmes différents divisaient l'Europe ; alors l'Italie pouvait ajouter un grand poids dans la balance et jouer un rôle important dans la lutte entre les idées constitutionnelles et les gouvernements absolus ; cette importance est prouvée par des efforts qu'on a faits des deux côtés pour s'assurer de la prépondérance en Italie, efforts qui ont produit les dissensions et les troubles qui ont, à différentes époques, détruit la tranquillité de ce pays ; mais maintenant que toutes les nations européennes, à l'exception près des Russes et des Turcs, sont réunies sous le même drapeau, et qu'il ne peut plus y avoir de guerre de principes, la neutralité de l'Italie deviendrait le gage le plus assuré de la paix européenne, et serait en même temps le plus bel hommage rendu à l'Europe, aux progrès de la civilisation, en préservant à jamais du fléau de la guerre ce jardin de l'Europe, où tous les êtres souffrants, au moral comme au physique, cherchent le soulagement de leurs maux dans les douceurs du climat, les charmes d'un séjour tranquille et les nobles jouissances que les beaux-arts prodiguent dans ce pays favorisé du ciel.

Je suis donc convaincu que cette idée serait accueillie avec la plus grande faveur en Angleterre et en Allemagne, où tant de cœurs généreux battent pour la cause italienne; — elle pourrait plaire moins à la France, à laquelle elle enlèverait le théâtre habituel de ses guerres avec l'Allemagne; mais quels motifs plausibles la République française pourrait-elle alléguer pour combattre une idée qui assurerait le triomphe de cette paix, que le gouvernement actuel de la France assure être le but de tous ses efforts? La Russie, moins intéressée dans cette question que les autres puissances, voudrait-elle se charger de l'odieux que sa résistance jetterait sur sa politique? Je crois donc que, par rapport à l'Europe, l'exécution de cette idée ne montrerait pas de grandes difficultés.

Par rapport à l'Italie.

L'Italie, depuis la chute de l'empire romain, n'a jamais eu la prétention d'être conquérante, et elle a presque toujours subi la destinée d'être conquise; mais quand même elle a pu échapper à cette destinée, celle d'être le théâtre des guerres entre les Espagnols et les Français, et eux et les Allemands, a périodiquement exposé le pays aux dévastations et aux maux de la guerre, sans qu'il en retirât jamais aucun avantage; il paraît donc impossible que l'idée d'un état de paix permanent ne soit adopté avec enthousiasme par la grande majorité des Italiens. Quels avantages une guerre quelconque pourrait-elle apporter au royaume de Naples, aux États du Pape, à la Toscane? Il n'y a que le Piémont qui puisse trouver quelque avantage au maintien d'un état de choses qui promet à sa politique cauteleuse et perfide de vendre son alliance au plus offrant; mais comment ce gouvernement oserait-il se déclarer contre le vœu général de l'Italie, et trahir ainsi le honteux secret des motifs qui le font agir? De la part des gouvernements, il ne paraît qu'il puisse y avoir d'obstacles; il ne serait pas impossible que la jeunesse, échauffée par les divers événements, et désirant effacer la prévention défavorable au courage personnel des Italiens, s'opposât à l'exécution d'une idée qui mettrait des bornes à leur honneur belliqueux; mais, outre que cette effervescence céderait à la conviction des immenses avantages que la patrie commune retirerait de cette combinaison, il suffirait de représenter aux plus opposés que la neutralité de l'Italie n'empêcherait pas les individus de chercher dans les armées étrangères l'occasion de se distinguer, et que la neutralité de la Suisse n'a porté aucune atteinte à la réputation dont les Suisses ont joui en tout temps d'être de braves et valeureux soldats. Il serait superflu de s'étendre sur les avantages incalculables que l'état de paix assurerait à l'Italie, qui pourrait développer toutes ses ressources matérielles et intellectuelles et former un centre de civilisation dont l'influence pourrait être bienfaisante sur le midi de l'Europe.

Par rapport à l'Autriche.

La question de la neutralité ne préjudicie en rien les arrangements financiers et commerciaux que l'Autriche pourra prendre vis-à-vis du royaume Lombard-Vénitien ; au contraire elle préparerait toutes les voies et aplanirait toutes les difficultés. D'ailleurs, quels sont les avantages que l'Autriche retire de sa possession italienne? Celui d'avoir ses frontières du Tyrol couvertes par la ligne de l'Adige serait parfaitement obtenu par la neutralité, et on épargnerait les frais de maintien des forteresses qui défendent cette ligne.

L'Autriche perdrait un contingent de trente mille hommes à peu près. Mais, comme la possession disputée des provinces italiennes exigerait pour le moins une garnison de soixante-dix mille hommes, que les évènements actuels démontrent comme insuffisante ; l'Autriche se trouverait plus forte de quarante mille hommes, et dans tous les cas épargnerait les sommes qu'elle dépenserait à maintenir cette force sur pied. Dans la pire des hypothèses, c'est-à-dire si les provinces italiennes déclaraient dans la votation proposée qu'elles désirent une indépendance absolue, l'Autriche pourrait obtenir des indemnisations financières et commerciales beaucoup plus importantes sous l'influence de l'idée de la neutralité ; car un pays n'étant plus dans la nécessité d'entretenir ou de payer des auxiliaires ; ayant de plus l'immense perspective d'une paix permanente, s'ouvrirait bien plus facilement à des sacrifices qui délivreraient l'Autriche d'une partie de ses dettes, et à des concessions qui assureraient à ses manufactures un débouché important, et à son commerce des facilités qui le rendraient florissant. Toute la politique de l'Autriche deviendrait moins compliquée ; elle pourrait tourner toute son attention sur les questions vitales qui doivent s'agiter en Allemagne et dans l'Orient. Est-il nécessaire de fixer l'attention d'un homme d'État sur l'influence qu'une pareille solution de la question italienne exercerait dans ce moment sur les décisions de l'Allemagne et sur l'esprit des Hongrois?

Les bornes d'un mémoire ne permettent pas de donner à cette idée tous les développements nécessaires, mais je la crois éminemment pratique, et je suis prêt à répondre à toutes les objections et à discuter toutes les modifications ; heureux si je puis contribuer au bien-être de l'Autriche et à la pacification de l'Italie.

* * * À LORD PONSONBY.

Vienne, 12 mai 1848.

Monsieur l'ambassadeur,

Le Mémoire que j'ai eu l'honneur de vous communiquer a été discuté hier soir dans le conseil des ministres : on m'a assuré que le résultat de cette discussion a été assez favorable, et que je serai invité sous peu à discuter verbalement ce projet. Telle est maintenant la position de cette affaire ; je ne négligerai rien pour la pousser vivement, et j'espère que le gouvernement anglais recevra bientôt la demande de sa médiation.

Je me suis aperçu, en relisant la minute de mon Mémoire, qu'il s'y était glissé une faute qui dénaturait le sens : j'ai écrit qu'on devait proposer aux puissances italiennes de faire partie de la confédération sous la *suzeraineté* de l'Autriche, mais c'est *souveraineté* que j'ai voulu écrire ; l'idée de suzeraineté serait trop vague, et d'ailleurs n'obtiendrait pas l'assentiment du ministre.

Veuillez, monsieur l'ambassadeur.

23 et 24 mai 1848.

DÉPÊCHES DU BARON HUMMELAUER AU VICOMTE PALMERSTON PROPOSANT UNE BASE POUR L'ARRANGEMENT DES AFFAIRES DE L'ITALIE.

I

Londres, ce 23 mai 1848.

Milord,

Mon gouvernement m'a chargé de mettre sous vos yeux les éléments qui nous paraissent susceptibles d'entrer dans les bases de l'intervention amicale que nous demandons au gouvernement de Sa Majesté la reine.

Le royaume Lombardo-Vénitien continuerait à rester sous la souveraineté de l'empereur.

Il recevrait une administration séparée de celle du reste de l'empire, entièrement nationale, et dont les bases seraient combinées par les représentants mêmes du royaume, sans aucune intervention de la part du gouvernement impérial. Un ministère italien, établi dans le centre de la monarchie, entretiendrait les rapports entre le gouvernement impérial et l'administration du royaume Lombardo-Vénitien.

A la tête de l'administration séparée du royaume serait placé un archiduc vice-roi comme lieutenant de l'empereur. Les frais de l'administration du royaume seraient supportés par le royaume lui-même, qui serait tenu de payer en sus un montant d'environ quatre millions de florins par an pour contribuer aux dépenses de l'empire, comme le maintien de la cour, le service diplomatique, etc.

Le royaume se chargerait, comme sa part à la dette publique de l'empire, du payement annuel d'une rente d'environ dix millions de florins, transportée sur le Monte Lombardo-Vénitien, de manière que, quels que puissent être les revirements futurs, le royaume en reste seul responsable.

Les forces militaires du royaume constitueraient une armée toute nationale, dont la majeure partie resterait en temps de paix dans le pays même, mais qui en temps de guerre suivrait l'appel de l'empereur pour la défense générale de l'empire.

Les rapports de commerce entre le royaume et le reste de l'empire seraient réglés sur la base des intérêts réciproques et dans le but d'assurer au commerce, de part et d'autre, la plus grande liberté possible.

Les circonstances suivantes pourraient peut-être être utilisées en faveur de cette combinaison. Le duc de Parme et son fils se trouvent si désavantageusement placés vis-à-vis de leur propre pays que leur rétablissement dans le duché de Parme est autant qu'impossible. Il se présente ainsi de fait le cas de réversion prévu dans la paix d'Aix-la-Chapelle et par rapport auquel les dispositions du traité de paix d'Aix-la-Chapelle ont reçu une dernière confirmation dans le traité de Paris du 10 juin 1817; de sorte qu'en obtenant la renonciation du duc de Parme et de son fils, pour eux et leurs successeurs, contre un dédommagement pécuniaire proportionné à offrir à la famille ducale, et en garantissant à celle-ci son état de possession allodial, le duché de Plaisance reviendrait à la Sardaigne et le duché de Parme à l'Autriche, et par conséquent au royaume Lombard-Vénitien, tandis que la convention du 28 novembre 1844 pourvoit aux dédommagements territoriaux à donner à la Sardaigne pour la place forte de Plaisance, qui resterait également à l'Autriche et au royaume Lombard-Vénitien.

Le duc de Modène a, *ipso facto*, cessé de régner, et un gouvernement provisoire s'est institué. Nous avons motif de ne pas regarder comme impossible de disposer le duc de Modène contre un dédommagement pécuniaire, et en assurant à la maison d'Este la possession de ses biens de famille, d'abdiquer en faveur de son frère l'archiduc Ferdinand, qui n'est point compromis dans le duché de Modène. Si cette supposition devait se trouver fondée, l'empereur pourrait faire choix de ce prince comme vice-roi du royaume Lombard-Vénitien, et qui, comme duc de Modène, apporterait au royaume Lombard-Vénitien le duché de Modène. La réunion administrative des duchés de Modène et de Parme avec le royaume Lombard-Vénitien ajouterait essentiellement à la force de la position militaire du royaume Lombard-Vénitien.

Les bases susindiquées font certainement preuve de la sincérité du gouvernement impérial, et cela d'autant plus que dans ce moment, à l'exception de la ville de Venise et de la place de Palmanova, nos troupes sont maîtresses de tout le territoire vénitien ; que le maréchal Radetzki est sur le point de recevoir les renforts qui le mettront en état d'aller chercher lui-même l'armée piémontaise ; que le Tyrol allemand est levé en masse ; et le Tyrol italien parfaitement assuré ; et que vient de paraître l'allocution du saint-père du 29 avril, qui découvre la perfidie dont on s'est servi de son nom et de son autorité pour fanatiser le peuple.

Si, malgré ces circonstances qui sont plutôt en notre faveur, nous avons recours à l'amitié de la Grande-Bretagne, c'est que nous attacherions un grand prix à voir terminer sans délai cette complication. Le cabinet britannique doit être informé de la marche des choses en France mieux que nous ne saurions l'être. Nous regardons comme inévitable et peut-être prochain le débordement (*sic*) de la France. L'invasion de nos États par l'armée piémontaise et par les troupes et bandes du reste de l'Italie est faite pour attirer les Français. Si demain les Français franchissent les Alpes et viennent en Lombardie, nous n'irons point à leur rencontre. Nous resterons d'abord dans la position de Vérone et sur l'Adige, et si les Français devaient venir nous y chercher, nous reculerions vers nos Alpes et vers l'Isonzo ; mais nous n'accepterons pas la bataille, nous ne nous opposerons pas à l'entrée et à la marche des Français en Italie. Ceux qui les y ont appelés n'auront qu'à essayer une fois de plus de leur domination. Personne n'ira nous chercher derrière nos Alpes, et nous resterons spectateurs des luttes dont l'Italie deviendra le théâtre. Dans ce cas seulement, où la complication actuelle fût aplanie sous les auspices de la Grande-Bretagne, il y aurait encore une possibilité de réunir les moyens du Piémont et ceux de l'Autriche dans un système de défense commune contre l'invasion des Français. Mais c'est aussi uniquement sous les auspices de la Grande-Bretagne qu'une pareille idée puisse être conçue; car ce n'est que la prudence et l'autorité du nom britannique qui pourrait nous porter à ajouter foi à des engagements pris par les Piémontais et les Lombards.

En faisant abstraction des considérations qui se rattachent à la défense de l'Italie contre les Français, l'intervention amicale que nous demandons à l'Angleterre, si le cabinet britannique accueille notre demande, offrira à l'organe que le cabinet britannique en chargera, le moyen le plus sûr de se procurer une connaissance très-exacte du véritable état des choses en Italie, pour le cas où l'Autriche fût obligée à s'en retirer, les forces françaises se joignant à celles de l'Italie. Le gouvernement impérial ne méconnaît nullement que la demande qu'il fait puisse avoir aux yeux du gouvernement britannique un caractère grave par rapport aux précautions que commande la situation actuelle de la France; mais nous croyons que, par cette même raison, il serait doublement important de ne pas se refuser à l'essai d'aplanir une complication qui, précisément sous ce même point de vue, constitue un danger direct et imminent. Les éléments que je viens d'exposer à Votre Excellence ne sont à considérer que comme la preuve des intentions bienveillantes et paternelles de l'empereur. Si le cabinet britannique devait nous accorder son intervention amicale, la proposition à faire aux Lombards serait concertée avec le représentant britannique, qui serait dans le cas de diriger toute démarche de manière à préserver la marche des négociations de tout ce qu'il ne jugerait pas être en accord avec les convenances de l'Angleterre.

Signé : Hummelauer.

DU MÊME AU MÊME.

Londres, ce 24 mai 1848.

Milord,

Conformément à la permission que vous avez bien voulu m'en donner, je joins ci-après le résumé des idées qui formeraient la base de l'arrangement de la complication lombardo-piémontaise. Plus je réfléchis aux observations que vous avez faites au projet que j'avais été chargé de vous soumettre, et plus j'en apprécie la valeur et vous en suis reconnaissant. En effet les idées dont il s'agit maintenant, si elles rencontrent l'approbation du conseil, sont conformes à l'état des faits tels qu'ils sont, aux possibilités et aux incompatibilités qu'ils renferment, et elles achemineraient la négociation dans une voie où tout ce qui pourra offrir un motif de plainte et d'ingérance à la France pourra être évité. Vous pouvez être convaincu, milord, que le gouvernement impérial partage sous ce rapport entièrement les vues du gouvernement de la reine; et si le conseil accorde son approbation aux idées en question, je me rendrai sur-le-champ à Vienne pour en faire valoir les avantages auprès de mon gouvernement. Si le gouvernement de la reine nous accorde son intervention, il ouvre la seule issue possible à cette complication, qui, sans l'intervention de la Grande-Bretagne, doit nécessairement se traîner de calamité en calamité et finir par l'entrée des Français en Italie. L'intervention de la Grande-Bretagne offrira à toutes les parties la possibilité d'y mettre un terme.

En rédigeant le susdit résumé, je me suis trouvé obligé, afin de mettre à couvert ma responsabilité vis-à-vis de mon gouvernement, de toucher à quelques considérations de détail qui ressortent de ce que dans ce projet l'État de Venise doit être séparé de la Lombardie. Une entente précise sur ces points, qui sont d'une nature technique, sera l'affaire d'une demi-heure à Vienne, où l'on possède les données nécessaires à leur égard.

Signé : Hummelauer.

MÉMORANDUM DU BARON HUMMELAUER COMMUNIQUÉ A LORD PALMERSTON
LE 24 MAI 1848.

Base de l'arrangement des affaires de l'Italie sous la médiation de l'Angleterre.

Londres, ce 24 mai 1848.

La Lombardie cesserait d'appartenir à l'Autriche, et serait libre maîtresse de rester indépendante ou de se réunir à tel autre État italien, de son propre choix. Elle se chargerait par contre d'une partie proportionnée de la dette publique autrichienne, qui serait transportée définitivement et irrévocablement sur la Lombardie.

L'État vénitien resterait sous la souveraineté de l'empereur; il aurait une administration séparée, entièrement nationale, concertée par les représentants du pays eux-mêmes, sans l'intervention du gouvernement impérial, et représentée auprès du gouvernement central de la monarchie par un ministère qu'elle y entretiendrait, et qui soignerait les rapports entre elle et le gouvernement central de l'empire.

L'administration vénitienne serait présidée par un archiduc vice-roi qui résiderait à Venise comme lieutenant de l'empereur. L'État vénitien porterait les frais de sa propre administration, et il contribuerait aux dépenses centrales de la monarchie, comme le maintien de la cour impériale et le service diplomatique, en proportion à ses ressources, en prenant pour base que le royaume lombard-vénitien réuni se serait chargé sous ce titre d'un payement annuel de quatre millions de florins environ.

L'État vénitien se chargerait, pour sa part à la dette publique, d'une rente annuelle proportionnée à ses ressources, en prenant pour base que le royaume lombard-vénitien réuni y aurait participé à raison d'une rente de dix millions de florins par an, et cette rente serait transportée sur le Monte vénitien, de sorte que, quels que puissent être les revirements politiques de l'avenir, l'État vénitien en reste seul responsable.

Les sommes qui, lors de la révolte de Milan et de Venise, ont été saisies dans les caisses publiques, doivent être restituées au gouvernement impérial.

La troupe vénitienne sera toute nationale, quant à son personnel; mais, comme elle ne saurait être d'une force suffisante pour former une armée séparée, elle devra naturellement participer à l'organisation de l'armée impériale et être placée sous les ordres directs du ministère de la guerre de l'empereur. En temps de paix, elle sera cantonnée dans l'État vénitien, en fournissant un contingent pour le service de la garnison à Vienne. En cas de guerre, les troupes de l'État vénitien suivront l'appel de l'empereur pour la dépense de l'empire.

Les frais de la troupe vénitienne seront supportés par l'État vénitien.

Les relations de commerce entre l'État vénitien et le reste de la monarchie autrichienne, et entre celui-ci et la Lombardie, seront réglées conformément aux intérêts réciproques et sur la base de la plus grande liberté possible.

A l'égard du Monte lombard-vénitien actuel, une répartition proportionnée aurait lieu entre la Lombardie et l'État vénitien.

Ce qui, dans l'exposé d'hier, a été dit par rapport aux duchés de Parme et de Modène trouverait son application à la Lombardie, qui aurait à fournir des dédommagements convenables aux deux ducs et à leur assurer la possession de leurs propriétés de famille.

Signé : Hummelauer.

9 août 1848.

CONVENTION CONCLUE PAR M. BASTIDE, MINISTRE DES AFFAIRES ÉTRANGÈRES ET LORD NORMANBY.

Le 9 août 1848, le ministre des affaires étrangères de la République et l'ambassadeur de Sa Majesté Britannique ont échangé la lettre suivante,

portant, au nom de leurs gouvernements, convention d'agir en commun et comme médiateurs pour l'arrangement des affaires d'Italie :

Le ministre des affaires étrangères de la République française, à la suite des communications verbales qui ont eu lieu entre lui et Son Excellence lord Normanby, ambassadeur de Sa Majesté la reine de la Grande-Bretagne et d'Irlande, à Paris, croit devoir résumer dans la présente note les bases de la médiation commune que la France et l'Angleterre, également animées du désir d'arrêter l'effusion du sang en Italie, ont résolu d'offrir à Leurs Majestés l'empereur d'Autriche et le roi de Sardaigne; les bases dont les représentants des deux puissances médiatrices à Vienne et à Turin ont reçu l'ordre de proposer l'acceptation aux cabinets autrichien et sarde, sont les suivantes :

1° Suspension immédiate des hostilités aura lieu entre les troupes autrichiennes et italiennes; les deux armées occuperont leurs positions respectives de la manière qui sera déterminée d'après les conseils officieux des représentants des deux puissances médiatrices.

2° Renonciation formelle de la part de l'Autriche à tout droit de souveraineté sur la Lombardie.

3° La constitution actuelle du gouvernement du nord de l'Italie, résultant des vœux exprimés par les Lombards, est un fait qui est pris pour base de la médiation, sans que les deux puissances médiatrices entendent rien garantir ultérieurement au traité de paix qui est le but de la médiation.

4° Partage équitable de la dette de l'Autriche entre cette puissance et la Lombardie.

5° L'Autriche conservera la souveraineté de la Vénétie, qui sera constituée comme l'est en ce moment la Hongrie, avec un gouvernement et une administration séparés.

6° Les frontières entre la Lombardie et la Vénétie seront à peu près celles qui les séparent actuellement; Mantoue et Peschiera doivent appartenir à la Lombardie, Vérone et Legnano à la Vénétie.

7° Les duchés de Parme et de Modène seront l'objet d'une convention particulière.

8° Les propriétés privées et personnelles devront être respectées, et celles de ces propriétés qui auraient été séquestrées ou confisquées seront restituées. Une amnistie pleine et entière sera garantie de part et d'autre, à l'égard de tous actes politiques commis pendant les derniers événements. Le but du soussigné, en rappelant les propositions qui devront être faites simultanément au nom de la France et de l'Angleterre, étant de constater, sous une forme authentique, l'accord établi entre elles, sur les principes et les bases de leur médiation commune, il prie Son Excellence lord Normanby de vouloir bien répondre à la présente communication par une note semblable ou identique.

Signé : Jules Bastide.

21 août 1848.

LE MINISTRE A M. D'HARCOURT, AMBASSADEUR A ROME.

Ce n'est pas la faute de la France si l'Italie n'a pas été secourue par elle. La République lui a, dès le principe, offert une généreuse assistance; mais l'Italie l'a repoussée, prétendant qu'elle était en mesure de se suffire à elle-même. Aujourd'hui que cet espoir se trouve déçu et que de graves événements ont amené pour l'Italie, et j'ajouterai pour la France, une situation plus grave aussi, la France a certainement le droit de consulter ses propres intérêts, d'examiner et de traiter la question à son point de vue et à celui de la situation générale de l'Europe, dont il faut également tenir compte. Elle a jugé qu'une solution pacifique était essentiellement désirable, et, dans ce but, elle a, de concert avec l'Angleterre, offert sa médiation à l'Autriche et à la Sardaigne, sur des bases honorables. C'est dans ce sens que je viens de répondre à une demande que le gouvernement provisoire (de Milan) m'avait adressée pour solliciter notre intervention. Le roi Charles-Albert a accepté la médiation. Nous attendrons la réponse du cabinet de Vienne. Malheureusement le roi a rendu l'exercice de cette médiation plus difficile par l'inqualifiable armistice qu'il a conclu avec le maréchal Radetzky, armistice qui remet au pouvoir des Autrichiens les places occupées par les troupes piémontaises, et qui abandonne Venise à elle-même. J'apprends que les Vénitiens ne veulent point se soumettre à cette convention, contre les clauses politiques de laquelle le ministère sarde a protesté, et qu'ils se montrent résolus à se défendre seuls. Quant à l'occupation des Légations par les Autrichiens, je vous ai déjà mandé qu'elle serait à nos yeux un *casus belli ;* nous la regardons, aussi bien que celle des duchés de Parme et de Modène, comme un fait incompatible avec la médiation. Nous ne pouvons négocier qu'après l'évacuation du territoire pontifical et des duchés.

Signé : Bastide.

13 octobre 1848.

LE MINISTRE DES AFFAIRES ÉTRANGÈRES A M. DELACOUR, CHARGÉ D'AFFAIRES DE LA RÉPUBLIQUE FRANÇAISE A VIENNE.

L'Autriche, quel que soit son gouvernement, fera toujours une folie tant qu'elle s'obstinera à garder un pays dont la possession ne peut être qu'une occupation armée. Pendant plusieurs siècles, la folie italienne a fait un mal infini à la France. Il serait grand temps que l'Autriche en fût comme nous guérie, et s'appliquât à occuper la place qui lui appartient légitimement dans le monde, c'est-à-dire qu'elle employât ses efforts à devenir la tête d'une confédération danubienne. Si elle veut jouer un autre rôle, elle conservera difficilement et même elle perdra l'Italie, et elle sera étouffée par le flot toujours croissant des populations slaves. Elle devrait comprendre que, si quelque puissance la pousse à s'étendre au delà des Alpes, c'est que, dans un intérêt qui certes n'est pas le sien, on veut l'éloigner des bouches du Danube. Appliquez-vous à faire que le gouvernement de Vienne se défie de cette politique ennemie.

Signé : JULES BASTIDE.

11 novembre et 5 décembre 1848.

DÉPÊCHES DE LORD PALMERSTON A LORD PONSONBY, AMBASSADEUR A VIENNE.

I

Foreign office, 31 novembre 1848.

Milord,

Je transmets à Votre Excellence copie d'une dépêche que j'ai reçue du vice-consul de Sa Majesté à Milan, sur l'État de la Lombardie, et j'ai à inviter Votre Excellence à la communiquer au baron de Wessenberg, et en même temps à appeler sa plus sérieuse attention sur les faits qu'elle énonce et qui se trouvent confirmés dans d'autres rapports que je tiens de la même source.

Votre Excellence dira en même temps que le gouvernement de Sa Majesté est persuadé que ce simple exposé des faits convaincra sûrement le baron de Wessenberg de l'impossibilité d'espérer qu'une province dans laquelle existe parmi toute la population des villes comme des campagnes, depuis le noble jusqu'au paysan, une haine si enracinée contre la domination autrichienne, qu'une telle province puisse jamais devenir une possession sûre ou utile pour la couronne impériale.

On ne peut raisonnablement espérer que la concession même d'institutions nationales faite aujourd'hui par l'empereur à la Lombardie pourrait changer son antipathie pour le gouvernement étranger, ou avoir d'autre effet que de donner aux populations de plus grandes facilités pour secouer le joug dont elles sont si désireuses de se délivrer.

Si, en effet, des institutions, telles que celles qui sont promises maintenant, avaient été accordées aux Lombards il y a dix ou quinze ans, or ne saurait dire jusqu'à quel point l'indépendance pratique aurait pu les réconcilier avec une sujétion nominale. Mais les choses sont aujourd'hui trop avancées pour qu'il soit possible qu'une telle union puisse être permanente; et, si la Lombardie tout entière est dans un état de résistance passive ou active contre la domination de l'Autriche, lorsque la province vient d'être reconquise et est occupée par des forces écrasantes exerçant l'autorité par toutes les terreurs et les sévérités de la loi martiale, quelle sorte d'obéissance le gouvernement autrichien espère-t-il attendre des Lombards, lorsque les troupes autrichiennes se seront retirées, quand le gouvernement local sera mis aux mains de ces mêmes nobles italiens qui sont maintenant volontairement en exil, pour éviter tout contact avec l'envahisseur étranger; et quand il existera un parlement composé d'Italiens et élu par ce même peuple qui, dans des circonstances très-difficiles, est engagé en ce moment, contre les forces régulières du feld-maréchal Radetzky, dans une lutte désespérée, parce qu'elle est complétement inégale.

Il serait très à désirer pour les intérêts généraux de l'Europe que le gouvernement actuel de l'Autriche ne se laissât pas tromper sur l'état réel des choses; que, sans partialité ou sans prévention, il calculât les chances de l'avenir et qu'il consentît à ce que les conclusions auxquelles il arriverait ainsi lui servissent de guide dans sa conduite présente.

Le moment actuel est très-favorable à l'Autriche, pour conclure un arrangement par lequel la Lombardie serait rendue libre. L'armée autrichienne a occupé de nouveau la Lombardie, et, en conséquence, une concession ne serait évidemment que le résultat d'un choix bien réfléchi, et non d'une contrainte locale. L'autorité de l'empereur est maintenant rétablie complétement à Vienne, et, conséquemment, la décision que l'Autriche prendrait relativement à la Lombardie ne pourrait être considérée comme un sacrifice arraché au gouvernement d'un empire en péril : les deux puissances qui ont entrepris la présente médiation sont les amies de l'Autriche et désirent sincèrement le maintien de la paix de l'Europe. Mais bien des événements peuvent survenir avant quelques mois. Des changements importants peuvent avoir lieu en France ; l'élection qui doit être faite le mois prochain peut amener dans ce pays d'autres hommes au pouvoir, et avec d'autres hommes une autre politique. Des maximes traditionnelles de politique liées à une action plus active, à l'égard des pays étrangers, peuvent être prises pour guide par le nouveau gouvernement de la France. Le sentiment populaire de ce pays, qui incline à présent vers la paix, peut aisément se tourner vers une direction opposée, et la gloire que l'on considérerait en France de délivrer l'Italie, jusqu'aux Alpes, de la domination autrichienne, pourrait décider la nation française à de nombreux sacrifices et à de grands efforts. Les occasions d'appeler l'intervention de la France en faveur de l'indépendance italienne ne seraient pas longues à se présenter et seraient avidement saisies par les Lombards, aussitôt qu'ils sauraient que le gouvernement et le peuple en France seraient disposés à répondre à leur appel. Il est indubitable qu'une puissante armée française, aidée et soutenue par une levée générale des Italiens, écraserait les forces dont l'Autriche pourrait disposer en Italie, et, selon toute probabilité, l'Autriche perdrait alors toutes ses possessions en Italie, même jusqu'aux Alpes. Il est vrai de dire qu'un tel conflit pourrait amener une guerre générale en Europe et que d'autres puissances pourraient prendre parti pour l'Autriche ; mais le gouvernement autrichien est-il bien certain que les sympathies de l'Allemagne elle-même lui seraient acquises dans sa tentative de river son joug en Italie ? Le principe de nationalité, qui est aujourd'hui le cri de ralliement de l'Allemagne, ne se prononcerait-il pas contre l'Autriche dans une telle lutte ? Le principe de l'ancienne prescription ne serait pas plus en sa faveur, parce que, malgré que ce principe puisse être invoqué par elle pour cette partie de l'Italie, comme le duché de Milan par exemple, qui a été unie pendant si longtemps à l'empire, cependant ce principe pourrait être fortement invoqué contre elle par la république de Venise, qui a joué un rôle si éminent dans l'histoire durant près de quatorze siècles de liberté et sur laquelle les droits de l'Autriche ne remontent pas plus haut qu'à la cession qui lui en fut faite par Bonaparte par le traité de Campo-Formio et à la restitution faite plus tard par le congrès de Vienne.

Le gouvernement de Sa Majesté a tout lieu de croire que le chef de l'empire d'Allemagne lui-même, archiduc d'Autriche, et connu par son attachement pour l'État qui a été le pays de sa naissance et dans lequel il a résidé pendant la plus grande partie d'une longue vie, est fortement d'avis que l'Autriche devrait émanciper l'Italie ; et, si le gouvernement de Sa Majesté n'est pas mal informé, cette même opinion prévaut généralement en Allemagne.

En conséquence, le gouvernement de Sa Majesté prie instamment le gouvernement autrichien de prendre au plus vite cet état de choses en sérieuse considération ; et, si, après réflexion, il en arrivait maintenant à la même décision qu'il avait adoptée il y a quelques mois, lorsque M. de Hummelauer présenta son second *mémorandum*, de fortes raisons rendraient désirable que le plénipotentiaire qui doit être envoyé prochainement par le gouvernement autrichien à la conférence de médiation reçût l'ordre de faire immédiatement connaître les intentions du gouvernement autrichien à cet égard.

Signé : Palmerston.

II

DU MÊME AU MÊME.

Foreign office, ce 5 décembre 1848.

Milord,

En réponse à la dépêche de Votre Excellence, en date du 25 dernier, relatant l'argument dont s'est servi le baron de Wessenberg : que les Lombards ont toujours été mécontents, quels que fussent les maîtres qui les ont gouvernés, et que, sous les Français, ils ont exprimé autant de mécontentement que sous les Autrichiens et de la même manière, je donne instruction à Votre Excellence, si l'argument était répété, d'observer que cette assertion, qui est parfaitement vraie, parle fortement en faveur de l'arrangement proposé par le gouvernement de Sa Majesté, savoir que la Lombardie soit incorporée au Piémont et fasse ainsi partie d'un État italien indépendant, au lieu d'être une province soumise à une puissance étrangère. En effet, les Français ont gouverné l'Italie d'une façon beaucoup plus libérale que les Autrichiens ne l'ont fait et d'une manière bien plus calculée pour réconcilier les Lombards avec le joug étranger. Les sentiments des Lombards étaient consultés, un grand nombre d'entre eux ayant été appelés à des fonctions publiques ; de grosses sommes d'argent ont été dépensées par les Français pour les travaux d'utilité publique ou d'embellissements, et aucune contribution n'a été levée en Lombardie pour être envoyée en France. Si donc, sous un gouvernement qui avait pris tant de peines pour se concilier les Lombards, le poids amer d'un joug étranger pesait si douloureusement sur eux, au point de les rendre mécontents d'un état de choses qui, sous beaucoup de rapports, valait beaucoup mieux que leur condition actuelle, comment le gouvernement autrichien peut-il espérer que l'engagement qu'il a pris envers l'Angleterre et la France, d'accorder aux Lombards les nouvelles institutions, fera disparaître un mécontentement que les Autrichiens eux-mêmes reconnaissent fondé, non pas seulement sur des griefs pratiques, mais sur une répugnance enracinée et invincible pour la domination d'un pouvoir étranger.

L'exemple des Belges offre un cas parfaitement identique. Sous les Espagnols, sous les Autrichiens, sous les Français et sous les Hollandais, les Belges étaient dans un état d'agitation et de mécontentement continuels. Du jour où ils ont acquis leur indépendance et un gouvernement national, leur mécontentement s'est graduellement et progressivement apaisé, et, aujourd'hui, lorsque le reste du continent est bouleversé, la Belgique demeure tranquille.

Signé: Palmerston.

Les documents qui précèdent prouvent que l'Autriche sait plier la tête sous le poids des revers, mais qu'elle ne la plie que pour la relever avec un orgueil plus intraitable dès qu'elle redevient forte.

C'est un enseignement que l'Europe ne doit pas oublier.

Il faut démanteler l'Autriche, si on ne veut pas qu'elle tente de tirer de nouveau, du haut de sa puissance, sur l'Italie, pour la soumettre encore à son influence omnipotente.

En effet, on vient de voir l'Autriche, humiliée en 1848, prête à consentir une demi-abdication. Il est même à remarquer qu'il fut un moment où elle paraissait disposée à accorder plus qu'elle n'a cédé à Villafranca. Mais voici déjà qu'en 1849 elle revient à son arrogance et à sa ténacité accoutumées.

On voit également, par les documents qui précèdent, que la pensée d'une confédération italienne est déjà ancienne.

Quoi qu'il en soit, un congrès devait se réunir à Bruxelles pour le règlement des affaires d'Italie. Ce projet ne fut pas réalisé. Mais enfin, en vue de ce congrès, le cabinet de Vienne donnait à son représentant à Paris les instructions suivantes, où on la retrouve telle qu'elle était au commencement de 1848, telle qu'elle sera au commencement de 1859.

DÉPÊCHE ADRESSÉE PAR LE CABINET DE VIENNE A SON REPRÉSENTANT A PARIS,
EN DATE DU 17 JANVIER 1849.

Après la réception des dépêches qui lui avaient été apportées de Paris par M. Humann, le chargé d'affaires de France est venu conférer avec moi sur les affaires de l'Italie. M. Humann est également venu conférer sur le même sujet. Voyant ces messieurs plus disposés à sonder nos intentions qu'à développer les idées conçues par leur cabinet, je résolus d'aller au delà de leurs avances et de leur faire part de nos intentions sans réserve. La franchise de ma part n'était pas difficile, attendu que nous savions bien ce que nous désirions, et que nous ne désirions rien que de conforme aux principes de la moralité, à la raison et à la justice. Je ne doute pas que MM. Delacour et Humann n'aient transmis à M. Drouin de Lhuys le fidèle compte rendu de mes paroles ; je crois cependant nécessaire de ne pas vous laisser ignorer la substance de l'explication dans laquelle j'ai cru devoir entrer avec ces messieurs. M. Delacour ayant parlé de la médiation, je lui dis que j'avais appris par les journaux que la Toscane avait nommé, en la personne de M. Martini, un plénipotentiaire chargé d'assister à la conférence de Bruxelles, où devaient être, à ce qu'on dit, prises en considération les graves questions de la nationalité et de l'indépendance de l'Italie ; je ne pus m'empêcher de dire à M. Delacour qu'à la conférence de Bruxelles nous nous proposions rigoureusement de nous borner à traiter de la question de la paix à conclure entre l'Autriche et la Sardaigne. Notre représentant, ajoutai-je, devait recevoir l'ordre de n'entrer dans aucune espèce de discussion, soit avec le plénipotentiaire toscan, soit sur les intérêts qu'il avait pour mission de défendre.

Si le cabinet français est d'avis, comme M. Delacour me l'a dit, qu'une entente cordiale entre les puissances peut contribuer à rendre à l'Italie le repos et la tranquillité dont elle a été privée si longtemps, nous sommes tout disposés à accéder à ces vues et à donner notre assistance aux autres cabinets ; cependant c'est à une condition seulement, savoir : que les cours signataires des traités qui ont réglé les conditions des divers États italiens seront appelées à exercer les droits à elles appartenant, et à prendre part aux délibérations ayant pour objet soit de confirmer les traités, soit de les modifier d'un commun accord. En prenant comme point de départ dans leurs délibérations les traités de 1815, qui ont jusqu'ici constitué le droit des gens de l'Europe, nous ne doutons pas qu'il soit possible d'arriver à une entente au sujet de certaines modifications de leurs stipulations, sans compromettre le moins du monde les intérêts politiques et sociaux qu'elles étaient destinées à garantir. Parmi les questions de nature à fixer l'attention des puissances, qui se porte sur l'Italie, la position anormale du souverain pontife Pie IX s'offre tout d'abord : Pie IX, autrefois regardé par acclamation générale comme le bienfaiteur et le libérateur de l'Italie, est aujourd'hui contraint de se soustraire par la fuite aux criminels attentats commis dans sa capitale et à se réfugier sur une terre étrangère ; triste spectacle que celui présenté par les crimes des hommes, qui, abusant du sentiment de nationalité avec lequel ils ont prétendu agir, ont méconnu les droits les plus sacrés, bien qu'il fût évident qu'à la face de la chrétienté, qui se soulèverait contre eux, de tels attentats ne seraient pas tolérés.

En fait, deux intérêts combinés démontrent la nécessité de mettre un terme à l'exil du souverain pontife et au pouvoir du parti qui a usurpé son autorité. Le monde catholique est en droit de réclamer pour le chef visible de l'Église la plénitude de liberté indispensable pour le gouvernement de la société catholique, cette vieille monarchie qui a ses sujets dans toutes les parties du monde. Les peuples catholiques ne permettront pas que le chef de leur Église soit dépouillé de son indépendance et devienne le sujet d'un prince étranger. Ils ne souffriront pas qu'il soit dégradé par une faction, qui, sous l'égide de son vénérable nom, cherche à miner et à détruire son pouvoir. Pour que l'évêque de Rome, qui est en même temps le chef souverain de l'Église catholique, puisse exercer ses hautes fonctions, il faut qu'il soit souverain de Rome.

Aussi, les États catholiques réunis ont-ils tous le même intérêt à soutenir la souveraineté temporelle de la papauté. D'autre part, les pays qui touchent aux États de l'Église ont le plus grand intérêt à veiller à ce que ces États ne deviennent pas le siège d'une anarchie flagrante qui pourrait mettre en danger leur propre sûreté. Sans aucun doute, il appartient à l'Autriche et à la France, en leur qualité de puissances catholiques de premier ordre, d'élever la voix et de protester contre les crimes dont le saint-père a été victime. Nous pensons, en outre, que le roi de Naples, au double titre de souverain catholique et de voisin des États de l'Église, a le droit d'entrer dans une combinaison ayant pour objet le rétablissement du souverain pontife dans la métropole de la chrétienté et la restauration de ses droits souverains. Tandis que les autres princes de la Péninsule ont été plus ou moins remués par la faction qui a graduellement miné leurs trônes, le roi de Naples a pu défendre son indépendance contre les attaques de la révolution.

Le saint-père lui-même, en choisissant pour asile le royaume de Naples, a donné à Sa Majesté sicilienne une preuve évidente de sa confiance personnelle en elle, soit à raison de ses qualités, soit à cause de la force du gouvernement du roi Ferdinand. C'est justice de reconnaître ces faits et de répondre à cette confiance par une conduite honorable. Nous sommes convaincus dès lors qu'il y aurait injustice, et qu'il serait contraire aux vœux de Sa Sainteté de refuser notre consentement au roi de Naples (y ayant droit à tant de titres) pour participer à cette affaire. Quant au parti à prendre pour mener ces choses à bonne fin, nous sommes d'avis que les gouvernements d'Autriche, de Naples et de France, après s'être consultés avec Sa Sainteté à ce sujet, devront faire conjointement et simultanément au gouvernement provisoire de Rome une communication à ces fins, savoir : considérant que les intérêts de l'Église catholique, à laquelle appartiennent la majorité de leurs sujets, demandent impérieusement que le chef visible de l'Église possède la plénitude de liberté et d'indépendance nécessaire pour l'exercice de sa mission apostolique; considérant qu'aux termes des traités qui lient lesdites puissances il a été décidé que la souveraineté et l'intégrité des États de l'Église seraient données au souverain pontife; considérant que le saint-père a protesté solennellement contre les actes criminels qui l'ont mis dans la nécessité de quitter sa capitale afin de conserver sa liberté d'action, et qu'il a protesté également contre l'usurpation de ses droits de souveraineté; considérant que Sa Sainteté a réclamé leur assistance pour le rétablissement de ses droits, les gouvernements d'Autriche, de France et de Naples croient de leur devoir de faire savoir au gouvernement provisoire romain qu'ils sont décidés à donner au souverain pontife leur assistance morale et, au besoin, matérielle, dans le but de le mettre en état de rentrer à Rome et d'être réintégré dans le plein exercice des droits de souveraineté à lui afférents. Par suite de cette détermination ils font savoir au gouvernement provisoire qu'ils vont user des moyens les plus efficaces pour amener, dans le plus bref délai, un résultat pour lequel ils se sont mis d'accord.

Il est possible que cette manifestation des puissances qui ont les moyens d'agir énergiquement encourage la majorité du peuple romain, aujourd'hui tenue en respect par une minorité factieuse, à faire un sérieux effort pour secouer un joug honteux, et rétablir avec la personne du saint-père l'ordre et la tranquillité dans les murs de Rome. Il ne nous appartient pas de préciser les conditions que le saint-père pourra agréer, attendu qu'il est, après tout, le meilleur juge de ce qu'exige une juste appréciation de ses droits et de sa dignité. Si, cependant, après un certain délai, dont la durée devra être préalablement fixée, la déclaration des puissances ne produisait pas l'effet par elles attendu, il faudrait recourir immédiatement aux moyens matériels. Les rôles, à notre avis, pourraient être distribués comme suit :

Les forces navales de la France paraîtraient devant Civita-Vecchia. Une partie de l'armée napolitaine passerait les frontières des États de l'Église, pendant que les troupes autrichiennes passeraient le Pô. L'action subséquente des diverses forces dépend des circonstances; mais elle cessera dès l'instant où le pape aura repris les rênes du gouvernement et où il se croira assez consolidé pour n'avoir plus besoin de secours étranger. Telles ont été les pensées par nous soumises à l'envoyé de M. Drouin de Lhuys.

Veuillez être assez bon pour lui lire cette dépêche et nous mander les observations que cette lecture lui aura suggérées.

SCHWARZENBERG.

Le même jour, le même ministre expédiait la dépêche suivante en Prusse et en Russie :

DÉPÊCHE ADRESSÉE PAR LE CABINET AUTRICHIEN A SES REPRÉSENTANTS PRÈS LES COURS DE BERLIN ET DE SAINT-PÉTERSBOURG, EN DATE DU 17 JANVIER 1849.

Après l'acceptation par le cabinet de Turin de l'offre de médiation de la France et de l'Angleterre, les représentants des deux puissances firent des ouvertures au cabinet de Vienne, prenant pour base principale de la négociation à ouvrir le projet de pacification présenté à lord Palmerston par M. de Hummelauer. Nous ferons observer ici que ce projet, tendant en substance à détacher la Lombardie de l'empire d'Autriche, et auquel il plaît à lord Palmerston de revenir sans cesse, n'émanait pas du cabinet impérial. Au contraire, il avait été proposé à notre cabinet par le secrétaire d'État d'Angleterre, et M. de Hummelauer ne l'avait accepté que sous la réserve de le soumettre à l'approbation de sa cour, qui ne l'a jamais sanctionné. Toutefois le baron de Wessemberg, guidé par des considérations tirées de notre situation intérieure, consentit à accepter la médiation et céda aux pressantes sollicitations de la France.

Le cabinet que j'ai l'honneur de présider, en arrivant à la direction des affaires, comprit que la médiation anglo-française, au lieu de mener à la paix, était de nature à produire des difficultés. Cependant il fallait remplir les engagements de nos prédécesseurs; mais nous ne laissâmes pas les gouvernements de France et d'Angleterre dans l'ignorance de notre détermination irrévocable de rejeter la base de la négociation qu'ils avaient proposée. Nous avons déclaré péremptoirement à Paris et à Londres que nous ne consentions en aucune façon à la moindre altération de l'état de nos possessions territoriales en Italie, fixées par les traités de 1814 et de 1815, et rétabli depuis par les armes victorieuses de l'empereur; que la réorganisation de nos provinces italiennes était exclusivement du ressort de notre politique intérieure, et que, tout en voulant donner à ces provinces les institutions que la parole impériale avait garanties, nous ne souffririons jamais de la part d'une puissance étrangère la plus légère intervention à ce sujet.

Nous avons ajouté que les conditions de la paix à conclure entre l'Autriche et la Sardaigne étaient, à notre avis, l'unique objet de la médiation de la France et de l'Angleterre. Dans le cas où les puissances médiatrices viendraient à mettre sur le tapis d'autres questions sur la situation de l'Italie, nous refuserions de les discuter, à moins d'une convocation générale à une délibération aussi générale des autres cours signataires des traités, qui ont décidé du sort de la Péninsule. Il semble que ces explications, répétées avec autant de franchise que de précision, ont produit sur le cabinet de France une impression légitime. Les ouvertures faites actuellement par M. Delacour me portent à croire que l'on est enfin convaincu à Paris qu'entre notre programme et celui du cabinet Gioberti, tendant, si on l'analyse, à l'expulsion des Autrichiens de l'Italie, la distance est si grande, qu'il n'est pas de médiation qui puisse donner l'espoir de passer par-dessus. Ainsi le cabinet de Paris paraît disposé à laisser de côté l'affaire de la médiation, et à y substituer un congrès des principales puissances signataires des traités de Vienne. En suggérant cette idée, le chargé d'affaires de France n'a pas pu spécifier les questions dont le congrès devra s'occuper; mais, quand on réfléchit à l'état d'anarchie et de décomposition sociale dans lequel se trouve placée aujourd'hui la malheureuse Péninsule italienne, on ne saurait nier qu'il n'existe que trop de sujets appelant l'attention des grandes puissances amies de l'ordre et de la tranquillité.

Si le gouvernement français, en renonçant au stérile projet d'une médiation qui, si l'on considère que le point de départ des deux parties contendantes est diamétralement opposé, n'offre pas la moindre chance de succès, se ralliait à l'Autriche pour inviter les grandes puissances de l'Europe à délibérer ensemble afin de rétablir l'ordre et la tranquillité ébranlés en Italie jusque dans leurs fondements, nous devons dire, de notre côté, que nous nous réjouirions cordialement de voir la France engagée dans une politique tendant à une si bonne fin ; car nous nous flattons que, dans une telle réunion, une bonne intelligence entre les cours alliées aurait assez de poids pour faire pencher la balance en faveur d'une nouvelle consécration des principes de justice et de saine politique que le congrès de Vienne avait eu la sagesse d'établir.

Je me réserve le droit de traiter de nouveau la question si le gouvernement français développe davantage son idée. En attendant, je crois nécessaire de présenter aux cabinets de Saint-Pétersbourg et de Berlin un projet qui paraît digne d'être pris en considération. Je prie Votre Excellence de donner lecture de la présente dépêche aux cabinets impérial et royal, et de m'informer de leur opinion à ce sujet,

Schwarzenberg.

Ainsi l'Autriche a toujours voulu d'un congrès, de concert avec la France, mais à la condition que ce congrès confirmera et ne discutera pas ce qu'elle appelle ses droits dans la Péninsule.

Un point important frappe à la lecture des pièces diplomatiques qui ont été échangées en 1848 entre la France et l'Angleterre : c'est leur parfait accord pour condamner la domination autrichienne.

Ainsi les cabinets de Paris et de Londres, sous le gouvernement de la seconde République, s'entendent pour intervenir en leur nom dans la Péninsule, afin d'arriver à peu près au résultat que la campagne de 1859 assurera plus tard avec le seul concours des armes françaises.

En effet, ces deux cabinets voulaient que la Lombardie cessât d'appartenir à l'Autriche, qui aurait conservé la Vénétie.

La seule différence entre les vues d'alors et les conditions de paix que la France obtiendra portent sur les forteresses de Peschiera et de Mantoue, qui seraient restées partie intégrante de la Lombardie, dont elles auraient suivi la destinée.

Malheureusement le vent changea ; la fortune des champs de bataille trahit le courage de Charles-Albert, l'héroïsme des Vénitiens, le patriotisme des Milanais, le libéralisme des Florentins, des Parmesans et des Modénais, qui tous rentrèrent, avec les Napolitains et les Romains, sous le joug des vieilles idées et des institutions caduques d'une Italie scindée en plusieurs États, mais asservie partout à des lois despotiques, excepté cependant le Piémont, qui, tout vaincu qu'il était, resta le refuge des rêves d'indépendance et de liberté de la Péninsule.

La Sardaigne avait fait contre l'Autriche deux campagnes séparées par un armistice : l'une en 1848, l'autre en 1849. L'issue de ces deux campagnes est connue.

Défait à Novare, Charles-Albert abdiqua en faveur de son fils, Victor-Emmanuel, qui signa, sous la pression d'un grand revers et d'un grand malheur, le traité de paix suivant :

6 août 1849.

TRAITÉ DE PAIX CONCLU ENTRE L'AUTRICHE ET LA SARDAIGNE.

Au nom de la très-sainte et indivisible Trinité.

Sa Majesté le roi de Sardaigne, de Chypre, de Jérusalem, etc., etc., Sa Majesté l'empereur d'Autriche, roi de Hongrie, de Bohème, de la Lombardie et de Venise, etc., etc., ayant également à cœur de mettre fin aux calamités de la guerre et de rétablir les anciennes relations d'amitié et de bonne intelligence qui ont subsisté entre leurs États respectifs, ont résolu de procéder sans délai à la conclusion d'un traité de paix définitif, et ont en conséquence nommé pour leurs plénipotentiaires, savoir :

Sa Majesté le roi de Sardaigne, etc., etc., le sieur Ch. Bérando, comte de Pralormo, grand'croix de l'Ordre royal de Saint-Maurice et de Saint-Lazare, et de celui impérial de la Couronne de fer, son ministre d'État ; le sieur Joseph, chevalier da Bormida, chevalier de l'Ordre royal de Saint-Maurice et de Saint-Lazare, son général d'artillerie et son aide de camp ; le sieur C. Buoncompagni de Monbello, chevalier de l'Ordre royal de Saint-Maurice et de Saint-Lazare, président de la cour d'appel ; Sa Majesté l'empereur d'Autriche, etc., le sieur Ch. Louis, chevalier de Bruck, chevalier de l'Ordre impérial de Léopold, son ministre du commerce et des travaux publics, lesquels, après avoir reconnu leurs pleins pouvoirs, trouvés en bonne et due forme, sont convenus des articles suivants :

I

Il y aura à l'avenir, et pour toujours, paix, amitié et bonne intelligence entre Sa Majesté le roi de Sardaigne et Sa Majesté l'empereur d'Autriche, leurs héritiers et successeurs, leurs États et sujets respectifs.

II

Tous les traités et conventions conclus entre Sa Majesté le roi de Sardaigne et Sa Majesté l'empereur d'Autriche, qui étaient en vigueur au

1ᵉʳ mars 1848, sont pleinement rappelés et confirmés ici, autant qu'on n'y déroge pas, par le présent traité.

III

Les limites des États de Sa Majesté le roi de Sardaigne, du côté du Pô et du côté du Tessin, seront telles qu'elles ont été fixées par les paragraphes 3, 4 et 5 de l'article 85 de l'acte final du congrès de Vienne du 9 juin 1815, c'est-à-dire telles qu'elles existaient avant le commencement de la guerre en 1848.

IV

Sa Majesté le roi de Sardaigne, tant pour elle que pour ses héritiers et successeurs, renonce à tout titre comme à toute prétention quelconque sur les pays situés au delà des limites désignées aux susdits paragraphes de l'acte précité du 9 juin 1815. Toutefois le droit de réversibilité de la Sardaigne sur le duché de Plaisance est maintenu dans les termes des traités.

V

Son Altesse Royale l'archiduc de Modène et Son Altesse Royale l'infant d'Espagne, duc de Parme et de Plaisance, seront invités à accéder au présent traité.

VI

Ce traité sera ratifié, et les ratifications, de même que les actes d'accession et d'acceptation, en seront échangés dans le terme de quatorze jours, ou plus tôt, si faire se peut.

En foi de quoi les plénipotentiaires l'ont signé et muni de leurs armes.

Fait à Milan, le 6 août 1849.

Ont signé : Ch. de Pralormo, G. da Bormida, C. Buoncompagni, Bruck.

ARTICLES SÉPARÉS ET ADDITIONNELS AU TRAITÉ DE PAIX.

I

Sa Majesté le roi de Sardaigne s'engage à payer à Sa Majesté l'empereur d'Autriche la somme de soixante-quinze millions de francs, à titre d'indemnité des frais de guerre de toute nature et des dommages soufferts pendant la guerre par le gouvernement autrichien et par ses sujets, villes, corps moraux ou corporations, sans aucune exception, ainsi que pour les réclamations qui auraient été élevées pour la même cause par Leurs Altesses Royales l'archiduc de Modène et l'infant d'Espagne, duc de Parme et de Plaisance.

II

Le payement de la somme de soixante-quinze millions de francs stipulée par l'article précédent sera effectué de la manière suivante : quinze millions de francs seront payés en argent comptant, moyennant un mandat payable à Paris à la fin du mois d'octobre prochain, sans intérêt, qui sera remis au plénipotentiaire de Sa Majesté l'empereur, au moment de l'échange des ratifications du présent traité ; le payement des soixante millions restants doit avoir lieu en dix versements successifs à effectuer de deux en deux mois, à raison de six millions chacun, en argent comptant, à commencer du premier terme qui sera en échéance à la fin de décembre prochain, avec l'intérêt à 5 pour 100 sur le montant du terme à payer. Pour chaque terme, les intérêts seront calculés, dans lequel les ratifications du présent traité seront échangées.

Pour garantie de l'exactitude de ce payement, le gouvernement sarde remettra en dépôt à celui de Sa Majesté Impériale et Royale Apostolique, au moment de l'échange des ratifications du présent traité, soixante inscriptions d'un million de francs chacune en capital, soit cinquante mille francs de rente chacune sur le grand-livre de la dette publique de la Sardaigne. Ces inscriptions seront restituées au gouvernement de Sa Majesté Sarde, au fur et à mesure des versements qui seront effectués à Vienne, en lettres de change sur Paris, comme il est stipulé ci-dessus. Si le gouvernement sarde, par quelque motif que ce soit, manquait de retirer ses inscriptions et de faire les versements stipulés, il est entendu que deux mois après l'échéance du terme non payé, le gouvernement de Sa Majesté Impériale et Royale Apostolique serait autorisé, par ce fait même, à faire vendre, chaque fois, à la Bourse de Paris des rentes pour la somme échue de six millions, soit trois cent mille francs de rente. Le déficit qui pourrait en résulter, comparativement à leur valeur nominale, serait à la charge du gouvernement de Sa Majesté sarde, et le montant en devra être payé par lui dans le plus bref délai possible, en lettres de change sur Paris, conjointement avec les intérêts échus qui seraient calculés jusqu'au jour où ce payement aura effectivement lieu.

III

Sa Majesté l'empereur d'Autriche s'engage de son côté à faire évacuer entièrement par les troupes autrichiennes, dans le terme de huit jours, après la ratification du présent traité, les États de Sa Majesté le roi de Sardaigne, soit le territoire sarde dans les limites établies à l'article 3 du traité de paix de ce jour.

IV

Comme il existe depuis de longues années une contestation entre la Sardaigne et l'Autriche, à l'égard de la ligne de démarcation près de la ville de Pavie, il est convenu que la limite en cet endroit sera formée par le thalweg du canal dit Gravellone, et qu'on fera construire d'un commun accord et à frais communs sur ce même canal un pont sur lequel il ne sera pas perçu de péage.

V

Les deux hautes parties contractantes, désirant donner plus d'étendue aux relations commerciales entre les deux pays, s'engagent à négocier prochainement un traité de commerce et de navigation sur la base de la plus stricte réciprocité, et par lequel leurs sujets respectifs seront placés sur le pied de la nation la plus favorisée.

A cette occasion, on prendra également en considération la question des sujets mixtes, et on conviendra des principes qui devront régler leur traitement réciproque.

Dans le but de faciliter et de favoriser le commerce légitime aux frontières de leurs territoires, elles déclarent vouloir employer mutuellement tous les moyens en leur pouvoir pour y supprimer la contrebande. Pour mieux atteindre ce but, elles remettent en vigueur la convention conclue entre la Sardaigne et l'Autriche, le 4 décembre 1834, pour deux ans, à commencer du 1er octobre prochain, avec la condition énoncée à l'article 24 de ladite convention, c'est-à-dire qu'elle sera considérée comme renouvelée de deux en deux ans, à moins que l'une des deux parties ne déclare à l'autre, trois mois au moins avant l'expiration de la période des deux années, qu'elle devra cesser d'avoir son effet. Le deux parties contractantes s'engagent à introduire successivement dans ladite convention toutes les améliorations que les circonstances rendront nécessaires pour atteindre le but qu'elles ont en vue.

VI

Le gouvernement autrichien, en retour des avantages que la remise en vigueur de cette convention procure à son commerce, consent à la résiliation de celle conclue le 11 mars 1751, entre le gouvernement sarde et celui de la Lombardie, et déclare en conséquence qu'elle n'aura plus aucune valeur à l'avenir. Il consent en outre à révoquer, aussitôt après la ratification de la présente convention, le décret de la chambre aulique qui a imposé, à dater du 1er mai 1846, une surtaxe sur les vins du Piémont.

VII

Les présents articles séparés et additionnels auront la même force et valeur que s'ils étaient insérés mot à mot au traité principal de ce jour. Ils seront ratifiés, et les ratifications en seront échangées en même temps, en foi de quoi les plénipotentiaires les ont signés et munis du cachet de leurs armes.

Fait à Milan, le 6 août 1849.

Ch. de Pralormo, G. da Bormida, C. Buoncompagni, Bruck.

C'en était fait pour longtemps de l'indépendance et de la liberté de l'Italie. Venise était replacée avec Milan sous la domination de plus en plus oppressive de l'Autriche dont l'influence redevenait plus que jamais prépondérante.

La cour de Vienne, plus hautaine et plus exigeante encore que par le passé, imposait sans obstacle sa volonté aux souverains déchus de Toscane, de Parme et de Modène, qui déchiraient, en ressaisissant leur autorité restaurée, les chartes qu'ils avaient eux-mêmes données, ainsi qu'au roi de Naples qui se hâtait de revenir au despotisme.

La république romaine enfin disparaissait, emportée par les baïonnettes françaises, pour faire place au gouvernement pontifical. Notre armée ramenait de Gaëte au Vatican Pie IX, dont le pouvoir temporel était restauré par Napoléon III.

Seulement, Napoléon III, en imitant Charlemagne, n'avait pas cru rétablir ce pouvoir temporel avec ses anciens abus; il n'avait pas cru rendre à la cour de Rome une force dont elle se servirait, à l'instigation secrète de l'Autriche, pour empêcher les réformes dont la France avait depuis longtemps reconnu et proclamé l'urgence et la nécessité.

La lettre du Président de la République française, le prince Louis-Napoléon Bonaparte, à M. Edgard Ney, aujourd'hui prince de la Moskowa, son aide de camp, atteste, en effet, que l'empereur des Français voulait alors ce qu'il conseille aujourd'hui. Voici cette lettre.

LETTRE DU PRINCE-PRÉSIDENT DE LA RÉPUBLIQUE AU LIEUTENANT-COLONEL EDGARD NEY.

Élysée national, le 18 août 1849.

« Mon cher Ney,

« La République française n'a pas envoyé une armée à Rome pour y étouffer la liberté italienne, mais, au contraire, pour la régler, en la préservant contre ses propres excès, et pour lui donner une base solide, en remettant sur le trône pontifical le prince qui, le premier, s'était placé hardiment à la tête de toutes les réformes utiles.

« J'apprends avec peine que les intentions bienveillantes du saint-père, comme notre propre action, restent stériles, en présence de passions et d'influences hostiles. On voudrait donner comme base à la rentrée du pape la proscription et la tyrannie. Dites, de ma part, au général Rostolan qu'il ne doit pas permettre qu'à l'ombre du drapeau tricolore on commette aucun acte qui puisse dénaturer le caractère de notre intervention.

« Je résume ainsi le rétablissement du pouvoir temporel du pape : *Amnistie générale, sécularisation de l'administration, Code Napoléon et gouvernement libéral.*

« J'ai été personnellement blessé, en lisant la proclamation de trois cardinaux, de voir qu'il n'était pas même fait mention du nom de la France ni des souffrances de nos braves soldats.

« Toute insulte faite à notre drapeau ou à notre uniforme me va droit au cœur, et je vous prie de bien faire savoir que, si la France ne vend pas ses services, elle exige au moins qu'on lui sache gré de ses sacrifices.

« Lorsque nos armées firent le tour de l'Europe, elles laissèrent partout, comme trace de leur passage, la destruction des abus de la féodalité et les germes de la liberté : il ne sera pas dit qu'en 1849 une armée française ait pu agir dans un autre sens et amener d'autres résultats.

« Dites au général de remercier, en mon nom, l'armée de sa noble conduite. J'ai appris avec peine que, physiquement même, elle n'était pas traitée comme elle devait l'être; rien ne doit être négligé pour établir convenablement nos troupes.

« Recevez, mon cher Ney, l'assurance de ma sincère amitié.

« Louis-Napoléon Bonaparte. »

Mais l'Autriche avait seule l'oreille de la cour de Rome, qui feignit de ne pas comprendre la France; si bien que nos soldats, qui sont encore dans la capitale du monde catholique, semblent n'y protéger que l'arbitraire et l'obscurantisme.

VIII

L'ITALIE AU CONGRÈS

De 1850 à 1856, l'ordre matériel avait reparu en Italie; mais l'ordre moral y était profondément troublé.

Les armes de l'Autriche maintenaient, à la fois, par la force, les Vénètes et les Lombards, sur lesquels elle régnait par le droit de conquête; les Modénais, les Parmesans et les Florentins, sur lesquels elle étendait son bras, du consentement de leurs souverains.

Les armes de la France protégeaient le pouvoir temporel du pape dans les États de l'Église.

Mais partout on sentait bouillonner sous ce calme extérieur et apparent de sourdes hostilités, des passions violentes; partout on entendait gronder de vagues mécontentements, des haines ardentes.

La France ne pouvait pas faire éternellement l'office de gendarme dans les États de l'Église; elle ne voulait pas livrer le pape à la merci des révolutions.

D'ailleurs l'Autriche était là qui serait venue en aide à ce gouvernement des cardinaux, si la France l'eût abandonné à sa destinée; l'Autriche qui ne devenait que trop menaçante dans la Péninsule, où elle ne rencontrait de résistance à sa domination qu'à la cour de Turin.

Des occupations diverses, hors de la Lombardie et de la Vénétie, dans les duchés de Toscane, de Parme et de Modène, ou sur le territoire même des États de l'Église, préparaient chaque jour cette domination, qui irritait les populations, de telle sorte que la situation allait s'aggravant, en rendant toujours plus imminent le péril d'une double explosion, d'une double lutte : la guerre et la révolution ; la révolution par les peuples, la guerre entre les gouvernements.

Il convenait d'aviser.

Le congrès de 1856 fournissait au cabinet de Turin, qui connaissait cette situation, l'occasion de la signaler à l'Europe. C'est ce que fit M. de Cavour dans les notes suivantes :

NOTE VERBALE REMISE PAR LES PLÉNIPOTENTIAIRES SARDES AUX MINISTRES DE FRANCE ET D'ANGLETERRE, LE 27 MARS 1856.

Dans un moment où les glorieux efforts des puissances occidentales tendent à assurer à l'Europe les bienfaits de la paix, l'état déplorable des provinces soumises au gouvernement du saint-siége, et surtout des Légations, réclame l'attention toute particulière du gouvernement de Sa Majesté britannique et de Sa Majesté l'Empereur des Français.

Les Légations sont occupées par les troupes autrichiennes depuis 1849. L'état de siège et la loi martiale y sont en vigueur, depuis cette époque, sans interruption. Le gouvernement pontifical n'y existe que de nom, puisque, au-dessus de ses légats, un général autrichien prend le titre et exerce les fonctions de gouverneur civil et militaire.

Rien ne fait présager que cet état de choses puisse finir, puisque le gouvernement pontifical, tel qu'il se trouve, est convaincu de son impuissance à conserver l'ordre public, comme au premier jour de sa restauration, et l'Autriche ne demande rien de mieux que de rendre son occupation permanente. Voilà donc les faits tels qu'ils se présentent ; situation déplorable, et qui empire toujours, d'un pays noblement doué et dans lequel abondent les éléments conservateurs ; impuissance du souverain légitime à le gouverner, danger permanent de désordre et d'anarchie dans le centre de l'Italie ; extension de la domination autrichienne dans la Péninsule, bien au delà de ce que les traités de 1815 lui ont accordé.

Les Légations, avant la Révolution française, étaient sous la haute souveraineté du pape ; mais elles jouissaient de priviléges et de franchises qui les rendaient, au moins dans l'administration intérieure, presque indépendantes. Cependant la domination cléricale y était dès lors tellement antipathique, que les armées françaises y furent reçues, en 1796, avec enthousiasme.

Détachées du saint-siége par le traité de Tolentino, ces provinces firent partie de la république, puis du royaume italien, jusqu'en 1814. Le génie organisateur de Napoléon changea comme par enchantement leur aspect. Les lois, les institutions, l'administration française, y développèrent en peu d'années le bien-être de la civilisation.

Aussi, dans ces provinces, toutes les traditions, toutes les sympathies, se rattachent à cette période. Le gouvernement de Napoléon est le seul qui ait survécu dans le souvenir, non-seulement des classes éclairées, mais du peuple. Son souvenir rappelle une justice impartiale, une administration forte, un état enfin de prospérité, de richesse et de grandeur militaire.

Au congrès de Vienne, on hésita longtemps à replacer les Légations sous le gouvernement du pape. Les hommes d'État qui y siégeaient, quoique préoccupés de la pensée de rétablir partout l'ancien ordre de choses, sentaient cependant qu'on laisserait de cette manière un foyer de désordre au milieu de l'Italie. La difficulté dans le choix du souverain auquel on donnerait ces provinces et les rivalités qui éclatèrent pour leur possession firent pencher la balance en faveur du pape, et le cardinal Consalvi obtint, mais seulement après la bataille de Waterloo, cette concession inespérée.

Le gouvernement pontifical, à sa restauration, ne tint aucun compte du progrès des idées et des profonds changements que le régime français avait introduits dans cette partie de ses États. Dès lors une lutte entre le gouvernement et le peuple était inévitable. Les Légations ont été en proie à une agitation plus ou moins cachée, mais qui, à chaque opportunité, éclatait en révolutions. Trois fois l'Autriche intervint avec ses armées pour rétablir l'autorité du pape, constamment méconnue par ses sujets.

La France répondit à la seconde intervention autrichienne par l'occupation d'Ancône, à la troisième par la prise de Rome. Toutes les fois que la France s'est trouvée en présence de tels événements, elle a senti la nécessité de mettre une fin à cet état de choses, qui est un scandale pour l'Europe et un immense obstacle à la pacification de l'Italie.

Le *Mémorandum* de 1831 constatait l'état déplorable du pays, la nécessité et l'urgence des réformes administratives. Les correspondances diplomatiques de Gaëte et de Portici portent l'empreinte du même sentiment. Les réformes que Pie IX lui-même avait inaugurées en 1846 étaient le fruit de son long séjour à Imola, où il avait pu juger par ses propres yeux des effets du régime déplorable imposé à ces provinces.

Malheureusement, les conseils des puissances et la bonne volonté du pape sont venus se briser contre les obstacles que l'organisation cléricale oppose à toute espèce d'innovation. S'il y a un fait qui résulte clairement de l'histoire de ces dernières années, c'est la difficulté, disons mieux, l'impossibilité d'une réforme complète du gouvernement pontifical, qui réponde aux besoins du temps et aux vœux raisonnables des populations.

L'empereur Napoléon III, avec ce coup d'œil juste et ferme qui le caractérise, avait parfaitement saisi et nettement indiqué dans sa lettre au colonel Ney la solution du problème : *sécularisation, Code Napoléon*.

Mais il est évident que la cour de Rome luttera jusqu'au dernier moment et avec toutes ses ressources contre l'exécution de ces deux projets. On conçoit qu'elle puisse se prêter en apparence à l'acceptation de réformes civiles et même politiques, sauf à les rendre illusoires dans la pratique ; mais elle comprend trop bien que la sécularisation et le Code Napoléon, introduits à Rome même, là où l'édifice de sa puissance temporelle repose, le saperaient à sa base et le feraient crouler en lui enlevant ses appuis principaux : *les priviléges cléricaux et le droit canon.* Cependant, si l'on ne peut espérer d'introduire une véritable réforme dans le centre même, où les rouages de l'autorité temporelle sont tellement confondus avec ceux du pouvoir spirituel, qu'on ne saurait les séparer complétement sans courir le risque de les briser, ne pourrait-on pas au moins l'obtenir dans une partie qui supporte avec moins de résignation le joug clérical, qui est un foyer permanent de troubles et d'anarchie, qui fournit le prétexte à l'occupation permanente des Autrichiens, suscite des complications diplomatiques et trouble l'équilibre européen ?

Nous croyons qu'on le peut, mais à la condition de séparer de Rome, au moins administrativement, cette partie de l'État. On formerait ainsi, des Légations, une principauté apostolique sous la haute domination du pape, mais régie par ses propres lois, ayant ses tribunaux, ses finances et son armée. Nous croyons qu'en rattachant cette nouvelle organisation, autant que possible, aux traditions du règne napoléonien, on serait sûr d'obtenir tout de suite un effet moral très-considérable, et on aurait fait un grand pas pour ramener le calme parmi ces populations.

Sans nous flatter qu'une combinaison de ce genre puisse durer éternellement, nous sommes d'avis néanmoins qu'elle pourrait suffire pour longtemps au but qu'on se propose : pacifier ces provinces et donner une satisfaction légitime aux besoins des peuples ; par cela même, assurer le gouvernement temporel du saint-siége sans la nécessité d'une occupation étrangère permanente. Elle aurait en outre l'avantage de rendre une grande et bienfaisante influence aux puissances alliées dans le cœur de l'Italie.

Nous allons indiquer sommairement les points substantiels du projet, ainsi que le moyen de le réaliser.

1. Les provinces de l'État romain situées entre le Pô, l'Adriatique et les Apennins (depuis la province d'Ancône jusqu'à celle de Ferrare), tout en restant soumises à la haute domination du saint-siége, seraient complétement sécularisées et organisées sous le rapport administratif, judiciaire, militaire et financier, d'une manière tout à fait séparée et indépendante du reste de l'État. Cependant les relations diplomatiques et religieuses resteraient exclusivement du domaine de la cour de Rome.

2. L'organisation territoriale et administrative de cette principauté apostolique serait établie conformément à ce qui existait sous le règne de Napoléon Ier jusqu'à l'an 1814. Le Code Napoléon y serait promulgué, sauf les modifications nécessaires dans les titres qui regardent les relations entre l'Église et l'État.

3. Un vicaire pontifical laïque gouvernerait ces provinces avec des ministres et un conseil d'État. La position du vicaire nommé par le pape serait garantie par la durée de ses fonctions qui devrait être au moins de dix ans. Les ministres, les conseillers d'État et tous les employés indistinctement seraient nommés par le vicaire pontifical. Leur pouvoir législatif et exécutif ne pourrait jamais s'étendre aux matières religieuses, ni aux matières mixtes qui seraient préalablement déterminées, ni enfin à rien de ce qui touche aux relations politiques internationales.

4. Ces provinces devraient concourir, dans une juste proportion, au maintien de la cour de Rome et au service de la dette publique actuellement existante.

5. Une troupe indigène serait immédiatement organisée au moyen de la conscription militaire.

6. Outre les conseils communaux et provinciaux, il y aurait un conseil général pour l'examen et le rôle du budget.

Maintenant, si on veut considérer les moyens d'exécution, on verra qu'ils ne présentent pas autant de difficultés qu'on serait tenté de le supposer au premier coup d'œil. D'abord cette idée d'une séparation administrative des Légations n'est pas nouvelle à Rome. Elle a été plusieurs fois mise en avant par la diplomatie et même prônée par quelques membres du sacré collège, quoique dans des limites beaucoup plus restreintes que celles qui sont nécessaires pour en faire une œuvre sérieuse et durable.

La volonté irrévocable des puissances et leur délibération de faire cesser sans délai l'occupation étrangère seraient les deux motifs qui détermineraient la cour de Rome à accepter ce plan, qui, au fond, respecte son pouvoir temporel et laisse intacte l'organisation actuelle, au centre et dans la plus grande partie de ses États. Mais, une fois le principe admis, il faut que l'exécution du projet soit confiée à un haut commissaire nommé par les puissances. Il est de toute clarté que, si cette tâche était abandonnée au gouvernement pontifical, il trouverait dans son système traditionnel les moyens de n'en venir jamais à bout et de fausser entièrement l'esprit de la nouvelle institution.

Or on ne peut se dissimuler que, si l'occupation étrangère devait cesser, sans que ces réformes fussent franchement exécutées, et sans qu'une force publique fût établie, il y aurait tout lieu de craindre le renouvellement prochain de troubles et d'agitations politiques, suivi bientôt du retour des armées autrichiennes. Un tel événement serait d'autant plus regrettable, que les effets sembleraient condamner d'avance tout essai d'amélioration.

Ce n'est donc qu'aux conditions ci-dessus énoncées que nous concevons la cessation de l'occupation étrangère qui pourra s'opérer ainsi.

Le gouvernement pontifical a maintenant deux régiments suisses et deux régiments indigènes, en somme huit mille hommes environ. Cette troupe est suffisante pour le maintien de l'ordre dans Rome et dans les provinces qui ne sont pas comprises dans la séparation administrative dont on vient de parler. La nouvelle troupe indigène, qu'on organiserait au moyen de la conscription dans les provinces sécularisées, en assurerait la tranquillité. Les Français pourraient quitter Rome, les Autrichiens les Légations. Cependant les troupes françaises, en rentrant chez elles par la voie de terre, devraient dans leur passage demeurer d'une manière temporaire dans les provinces détachées. Elles y resteraient pour un temps fixé d'avance et strictement nécessaire à la formation de la nouvelle troupe indigène qui s'organiserait avec leur concours.

NOTE ADRESSÉE AU COMTE WALEWSKI ET A LORD CLARENDON,
LE 16 AVRIL 1856.

Les soussignés, plénipotentiaires de Sa Majesté le roi de Sardaigne, pleins de confiance dans les sentiments de justice des gouvernements de France et d'Angleterre, et dans l'amitié qu'ils professent pour le Piémont, n'ont cessé d'espérer, depuis l'ouverture des conférences, que le congrès de Paris ne se séparerait pas sans avoir pris en sérieuse considération l'état de l'Italie et avisé aux moyens d'y porter remède en rétablissant l'équilibre politique troublé par l'occupation d'une grande partie des provinces de la Péninsule par des troupes étrangères.

Sûrs du concours de leurs alliés, ils répugnaient à croire qu'aucune des autres puissances, après avoir témoigné un intérêt si vif et si généreux pour le sort des chrétiens d'Orient appartenant aux races slave et grecque, refuserait de s'occuper des peuples de la race latine, encore plus malheureux, parce que, à raison du degré de civilisation avancée qu'ils ont atteint, ils sentent plus vivement les conséquences d'un mauvais gouvernement.

Cet espoir a été déçu. Malgré le bon vouloir de l'Angleterre et de la France, malgré leurs efforts bienveillants, la persistance de l'Autriche à exiger que les discussions du congrès demeurassent strictement circonscrites dans la sphère de questions qui avaient été tracées avant sa réunion, est cause que cette assemblée, sur laquelle les yeux de toute l'Europe sont tournés, va se dissoudre, non-seulement sans qu'il ait été apporté le moindre adoucissement aux maux de l'Italie, mais sans avoir fait briller au delà des Alpes un éclair d'espérance dans l'avenir, propre à calmer les esprits et à leur faire supporter avec résignation le présent.

La position spéciale occupée par l'Autriche dans le sein du congrès rendrait peut-être inévitable ce résultat déplorable. Les plénipotentiaires sardes sont forcés de le reconnaître. Aussi, sans adresser le moindre reproche à leurs alliés, ils croient de leur devoir d'appeler leur sérieuse attention sur la conséquence fâcheuse qu'il peut avoir pour l'Europe, pour l'Italie et spécialement pour la Sardaigne.

Il serait superflu de tracer ici un tableau exact de l'Italie. Ce qui se passe dans ces contrées, depuis bien des années, est trop notoire. Le système de compression et de réaction violente, inauguré en 1848 et 1849, que justifiaient peut-être à son origine les troubles révolutionnaires qui venaient d'être comprimés, dure sans le moindre adoucissement; on peut même dire que, sauf quelques exceptions, il est pratiqué avec un redoublement de rigueur. Jamais les prisons et les bagnes n'ont été plus remplis de condamnés pour cause politique; jamais le nombre des proscrits n'a été plus considérable; jamais la police n'a été plus tracassière ni l'état de siège plus durement appliqué. Ce qui se passe à Parme ne le prouve que trop.

De tels moyens de gouvernement doivent nécessairement maintenir les populations dans un état d'irritation constante et de fermentation révolutionnaire.

Tel est l'état de l'Italie depuis sept ans.

Toutefois, dans ces derniers temps, l'agitation populaire paraissait s'être calmée. Les Italiens, voyant un des princes nationaux coalisé avec les grandes puissances occidentales, pour faire triompher les principes du droit et de la justice et améliorer le sort de leurs coreligionnaires en Orient, conçurent l'espoir que la paix ne se ferait pas, sans qu'un soulagement fût apporté à leurs maux. Cet espoir les rendit calmes et résignés. Mais, lorsqu'ils connaîtront le résultat négatif du congrès de Paris; lorsqu'ils sauront que l'Autriche, malgré les bons offices et l'intervention bienveillante de la France et de l'Angleterre, s'est refusée à toute discussion, qu'elle n'a pas même voulu se prêter à l'examen des moyens propres à porter remède à un si triste état de choses, il n'est pas douteux que l'irritation assoupie se réveillera parmi eux plus violente que jamais. Convaincus de n'avoir plus rien à attendre de la diplomatie et des efforts des puissances qui s'intéressent à leur sort, ils se rejetteront, avec une ardeur méridionale, dans les rangs du parti révolutionnaire et subversif, et l'Italie redeviendra un foyer ardent de conspirations et de désordres, qu'on comprimera peut-être par un redoublement de rigueur, mais que la moindre commotion européenne fera éclater de la manière la plus violente. Un état de choses aussi fâcheux, s'il mérite de fixer l'attention des gouvernements de la France et de l'Angleterre, intéressées également au maintien de l'ordre et au développement régulier de la civilisation, doit naturellement occuper au plus haut degré le gouvernement du roi de Sardaigne. Le réveil des passions révolutionnaires dans toutes les contrées qui entourent le Piémont, par l'effet des causes de nature à exciter les plus vives sympathies populaires, l'expose à des dangers d'une excessive gravité qui peuvent compromettre cette politique ferme et modérée, qui a eu de si heureux résultats à l'intérieur et lui a valu la sympathie et l'estime de l'Europe éclairée.

Mais ce n'est pas là le seul danger qui menace la Sardaigne. Un plus grand encore est la conséquence des moyens que l'Autriche emploie, pour comprimer la fermentation révolutionnaire en Italie. Appelée par les souverains des petits États de l'Italie, impuissants à contenir le mécontentement de leurs sujets, cette puissance occupe militairement la plus grande partie de la vallée du Pô et de l'Italie centrale, et son influence se fait sentir d'une manière irrésistible sur les pays mêmes où elle n'a pas de soldats. Appuyée d'un côté à Ferrare et à Bologne, ses troupes s'étendent jusqu'à Ancône, le long de l'Adriatique, devenue en quelque sorte un lac autrichien; de l'autre, maîtresse de Plaisance, que, contrairement à l'esprit, sinon à la lettre des traités de Vienne, elle travaille à transformer en place de premier ordre, elle a garnison à Parme et se dispose à déployer ses forces tout le long de la frontière sarde du Pô au sommet des Apennins.

Ces occupations permanentes par l'Autriche de territoires qui ne lui appartiennent pas la rendent la maîtresse absolue de presque toute l'Italie, détruisent l'équilibre établi par le traité de Vienne, et sont une menace continuelle pour le Piémont.

Cerné, en quelque sorte, de toute part par les Autrichiens, voyant se développer sur sa frontière orientale, complétement ouverte, les forces d'une puissance qu'il sait ne pas être animée de sentiments bienveillants à son égard, ce pays est tenu dans un état constant d'appréhension qui l'oblige à demeurer armé et à des mesures défensives excessivement onéreuses pour ses finances, obérées déjà par suite des événements de 1848 et 1849 et de la guerre à laquelle il vient de participer.

Les faits que les soussignés viennent d'exposer suffisent pour faire apprécier les dangers de la position où le gouvernement du roi de Sardaigne se trouve placé.

Troublé à l'intérieur par l'action des passions révolutionnaires, suscitées tout autour de lui par un système de compression violente et par l'occupation étrangère, menacé par l'extension de puissance de l'Autriche, il peut, d'un moment à l'autre, être forcé, par une inévitable nécessité, à adopter des mesures extrêmes, dont il est impossible de calculer les conséquences.

Les soussignés ne doutent pas qu'un tel état de choses n'excite la sollicitudes des gouvernements d'Angleterre et de France, non-seulement à cause de l'amitié sincère et de la sympathie réelle que ces puissances professent pour le souverain qui, seul entre tous, dans le moment où le succès était le plus incertain, s'est déclaré ouvertement en leur faveur, mais surtout parce qu'il constitue un véritable danger pour l'Europe.

La Sardaigne est le seul État de l'Italie qui ait pu élever une barrière infranchissable à l'esprit révolutionnaire et demeurer en même temps indépendant de l'Autriche, c'est le seul contre-poids à son influence envahissante.

Si la Sardaigne succombait, épuisée de force, abandonnée de ses alliés; si elle, aussi, était contrainte de subir la domination autrichienne, alors la conquête de l'Italie par cette puissance serait achevée. Et l'Autriche, après avoir obtenu, sans qu'il lui coûtât le moindre sacrifice, l'immense bienfait de la liberté de la navigation du Danube et de la neutralisation de la mer Noire, acquerrait une influence prépondérante en Occident.

C'est ce que la France et l'Angleterre ne sauraient vouloir, c'est ce qu'elles ne permettront jamais.

Aussi les soussignés sont convaincus que les cabinets de Londres et de Paris, prenant en sérieuse considération l'état de l'Italie, aviseront de concert avec la Sardaigne, au moyen d'y porter un remède efficace.

C. Cavour; Villamarina.

Dans l'intervalle de ces deux notes, M. le comte Walewski, ministre des affaires étrangères de France, président du congrès de Paris, avait soulevé au sein de cette assemblée la question d'Italie, ainsi que le constate l'extrait suivant de la séance du 8 avril :

M. le premier plénipotentiaire de la France rappelle ensuite que les États pontificaux sont également dans une position anormale ; que la nécessité de ne pas laisser le pays livré à l'anarchie a déterminé la France, aussi bien que l'Autriche, à répondre à la demande du saint-siége, en faisant occuper Rome par ses troupes, tandis que les troupes autrichiennes occupaient les Légations.

Il expose que la France avait un double motif de déférer sans hésitation à la demande du saint-siége, comme puissance catholique et comme puissance européenne. Le titre de fils aîné de l'Église, dont le souverain de la France se glorifie, fait un devoir à l'Empereur de prêter aide et soutien au souverain pontife. La tranquillité des États romains, dont dépend celle de toute l'Italie, touche de trop près au maintien de l'ordre en Europe, pour que la France n'ait pas un intérêt majeur à y concourir par tous les moyens en son pouvoir. Mais, d'un autre côté, on ne saurait méconnaître ce qu'il y a d'anormal dans la situation d'une puissance qui, pour se maintenir, a besoin d'être soutenue par des troupes étrangères.

M. le comte Walewski n'hésite pas à déclarer, et il espère que M. le comte de Buol s'associera, en tout ce qui concerne l'Autriche, à cette déclaration, que non-seulement la France est prête à retirer ses troupes, mais qu'elle appelle de tous ses vœux le moment où elle pourra le faire sans compromettre la tranquillité intérieure du pays et l'autorité du gouvernement pontifical, à la prospérité duquel l'Empereur, son auguste souverain, ne cessera jamais de prendre le plus vif intérêt.

M. le premier plénipotentiaire de la France représente combien il est à désirer, dans l'intérêt de l'équilibre européen, que le gouvernement romain se consolide assez fortement pour que les troupes françaises et autrichiennes puissent évacuer, sans inconvénient, les États pontificaux, et il croit qu'un vœu exprimé dans ce sens pourrait ne pas être sans utilité. Il ne doute pas, dans tous les cas, que les assurances, qui seraient données par la France et par l'Autriche sur leurs intentions à cet égard ne produisent partout une impression favorable.

Poursuivant le même ordre d'idées, M. le comte Walewski se demande s'il n'est pas à souhaiter que certains gouvernements de la péninsule italique, appelant à eux, par des actes de clémence bien entendus, les esprits égarés et non pervertis, mettent fin à un système qui va directement contre son but, et qui, au lieu d'atteindre les ennemis de l'ordre, a pour effet d'affaiblir les gouvernements et de donner des partisans à la démagogie. Dans son opinion, ce serait rendre un service signalé au gouvernement des Deux-Siciles, aussi bien qu'à la cause de l'ordre dans la péninsule italienne, que d'éclairer ce gouvernement sur la fausse voie dans laquelle il s'est engagé. Il pense que des avertissements, conçus dans ce sens, et provenant des puissances représentées au congrès, seraient d'autant mieux accueillis, que le cabinet napolitain ne saurait mettre en doute les motifs qui les auraient dictés.

M. le premier plénipotentiaire de la Grande-Bretagne rappelle que le traité du 30 mars ouvre une ère nouvelle; qu'ainsi que l'Empereur le disait au congrès, en le recevant après la signature du traité, cette ère est celle de la paix; mais que, pour être conséquent, on ne devait rien négliger pour rendre cette paix solide et durable; que, représentant les principales puissances de l'Europe, le congrès manquerait à son devoir si, en se séparant, il consacrait par son silence des situations qui nuisent à l'équilibre politique et qui sont loin de mettre la paix à l'abri de tout danger dans un des pays les plus intéressants de l'Europe.

M. le premier plénipotentiaire de la Grande-Bretagne ne croit pas utile de s'enquérir des causes qui ont amené des armées étrangères sur plusieurs points de l'Italie; mais il pense qu'en admettant même que ces causes étaient légitimes il n'est pas moins vrai qu'il en résulte un état anormal, irrégulier, qui ne peut être justifié que par une nécessité extrême, et qui doit cesser dès que cette nécessité ne se fait plus impérieusement sentir; que, cependant, si on ne travaille pas à mettre un terme à cette nécessité, elle continuera d'exister; que, si on se contente de s'appuyer sur la force armée, au lieu de chercher à porter remède aux justes causes du mécontentement, il est certain qu'on rendra permanent un système peu honorable pour les gouvernements et regrettable pour les peuples. Il pense que l'administration des États romains offre des inconvénients d'où peuvent naître des dangers que le congrès a le droit de chercher à conjurer; que les négliger, ce serait s'exposer à travailler au profit de la révolution, que tous les gouvernements condamnent et veulent prévenir. Le problème, qu'il est urgent de résoudre, consiste à combiner, selon lui, la retraite des troupes étrangères avec le maintien de la tranquillité, et cette solution repose dans l'organisation d'une administration qui, en faisant renaître la confiance, rendrait le gouvernement indépendant de l'appui étranger; cet appui ne réussissant jamais à maintenir un gouvernement auquel le sentiment public est hostile, il en résulterait, dans son opinion, un rôle que la France et l'Autriche ne voudraient pas accepter pour leurs armées. Pour le bien-être des États pontificaux comme dans l'intérêt de l'autorité souveraine du pape, il serait donc utile, selon lui, de recommander la sécularisation du gouvernement et l'organisation d'un système administratif en harmonie avec l'esprit du siècle et ayant pour but le bonheur du peuple. Il admet que cette réforme présenterait peut-être, à Rome même, en ce moment, certaines difficultés, mais il croit qu'elle pourrait s'accomplir facilement dans les Légations.

M. le premier plénipotentiaire de la Grande-Bretagne fait remarquer que, depuis huit ans, Bologne est en état de siége, et que les campagnes sont tourmentées par le brigandage. On peut espérer, pense-t-il, qu'en constituant dans cette partie des États romains un régime administratif et judiciaire à la fois laïque et séparé, et qu'en y organisant une force armée nationale, la sécurité et la confiance s'y rétabliraient rapidement, et que les troupes autrichiennes pourraient se retirer avant peu, sans qu'on eût à redouter le retour de nouvelles agitations ; c'est du moins une expérience qu'à son sens on devrait tenter, et ce remède, offert à des maux incontestables, devrait être soumis par le congrès à la sérieuse considération du pape.

En ce qui concerne le gouvernement napolitain, M. le premier plénipotentiaire de la Grande-Bretagne désire imiter l'exemple que lui a donné M. le comte Walewski, en passant sous silence des actes qui ont eu un si fâcheux retentissement. Il est d'avis qu'on doit sans nul doute reconnaître en principe qu'aucun gouvernement n'a le droit d'intervenir dans les affaires intérieures des autres États ; mais il croit qu'il est des cas où l'exception à cette règle devient également un droit et un devoir. Le gouvernement napolitain lui semble avoir conféré ce droit et imposé ce devoir à l'Europe ; et, puisque les gouvernements représentés au congrès veulent tous, au même degré, soutenir le principe monarchique et repousser la révolution, on doit élever la voix contre un système qui entretient au sein des masses, au lieu de chercher à l'apaiser, l'effervescence révolutionnaire. « Nous ne voulons pas, dit-il, que la paix soit troublée, « et il n'y a pas de paix sans justice ; nous devons donc faire parvenir au « roi de Naples le vœu du congrès pour l'amélioration de son système de « gouvernement, vœu qui ne saurait rester stérile, et lui demander une « amnistie en faveur des personnes qui ont été condamnées, ou qui sont « détenues sans jugement pour délits politiques. »

Pour le même motif, M. le comte de Buol croit devoir s'abstenir d'entrer dans l'ordre d'idées abordé par M. le premier plénipotentiaire de la Grande-Bretagne et de donner des explications sur la durée de l'occupation des États romains par les troupes autrichiennes, tout en s'associant cependant et complétement aux paroles prononcées par le premier plénipotentiaire de la France à ce sujet.

M. le comte Walewski fait remarquer qu'il ne s'agit ni d'arrêter des résolutions définitives, ni de prendre des engagements, encore moins de s'immiscer directement dans les affaires intérieures des gouvernements représentés ou non représentés au congrès, mais uniquement de consolider, de compléter l'œuvre de la paix en se préoccupant d'avance des nouvelles complications qui pourraient surgir, soit de la prolongation indéfinie ou non justifiée de certaines occupations étrangères, soit d'un système de rigueur inopportun et impolitique, soit d'une licence perturbatrice, contraire aux devoirs internationaux.

M. le baron de Hubner répond que les plénipotentiaires de l'Autriche ne sont autorisés ni à donner une assurance ni à exprimer des vœux. La réduction de l'armée autrichienne dans les Légations dit assez, selon lui, que le cabinet impérial a l'intention de rappeler ses troupes dès qu'une semblable mesure sera jugée opportune.

M. le baron de Manteuffel déclare connaître assez les intentions du roi, son auguste maître, pour ne pas hésiter à exprimer son opinion, quoiqu'il n'ait pas d'instructions à ce sujet, sur les questions dont le congrès a été saisi.

Quant aux démarches qu'on jugerait utiles de faire en ce qui concerne l'état des choses dans le royaume des Deux-Siciles, M. le baron de Manteuffel fait observer que ces démarches pourraient offrir des inconvénients divers. Il dit qu'il serait bon de se demander si des avis de la nature de ceux qui ont été proposés ne susciteraient pas dans le pays un esprit d'opposition et des mouvements révolutionnaires, au lieu de répondre aux idées qu'on aurait eu en vue de réaliser dans une intention certainement bienveillante. Il ne croit pas devoir entrer dans l'examen de la situation actuelle des États pontificaux. Il se borne à exprimer le désir qu'il soit possible de placer ce gouvernement dans des conditions qui rendraient désormais superflue l'occupation par des troupes étrangères. M. le baron de Manteuffel termine en déclarant que le cabinet prussien reconnaît parfaitement la funeste influence qu'exerce la presse subversive de tout ordre régulier et les dangers qu'elle sème en prêchant le régicide et la révolte. Il ajoute que la Prusse participerait volontiers à l'examen des mesures qu'on jugerait convenables pour mettre un terme à ces menées.

M. le comte de Cavour n'entend pas contester le droit qu'a tout plénipotentiaire de ne pas prendre part à la discussion d'une question qui n'est pas prévue par ses instructions : il est cependant, croit-il, de la plus haute importance que l'opinion manifestée par certaines puissances, sur l'occupation des États romains, soit constatée au protocole.

M. le premier plénipotentiaire de la Sardaigne expose que l'occupation des États romains par les troupes autrichiennes prend tous les jours davantage un caractère permanent; qu'elle dure depuis sept ans, et que cependant on n'aperçoit aucun indice qui puisse faire supposer qu'elle cessera dans un avenir plus ou moins prochain; que les causes qui y ont donné lieu subsistent toujours; que l'état du pays qu'elles occupent ne s'est certes pas amélioré, et que, pour s'en convaincre, il suffit de remarquer que l'Autriche se croit dans la nécessité de maintenir dans toute sa rigueur l'état de siège à Bologne, bien qu'il date de l'occupation elle-même. Il fait remarquer que la présence des troupes autrichiennes dans les Légations et dans le duché de Parme détruit l'équilibre politique en Italie et constitue pour la Sardaigne un véritable danger. Les plénipotentiaires de la Sardaigne, dit-il, croient donc devoir signaler à l'attention de l'Europe un état de choses aussi anormal que celui qui résulte de l'occupation indéfinie d'une grande partie de l'Italie par les troupes autrichiennes.

Quant à la question de Naples, M. de Cavour partage entièrement les opinions énoncées par M. le comte Walewski et par M. le comte de Clarendon, et il pense qu'il importe au plus haut degré de suggérer des tempéraments qui, en apaisant les passions, rendraient moins difficile la marche régulière des choses dans les autres États de la Péninsule.

M. le baron Hubner dit, de son côté, que M. le premier plénipotentiaire de la Sardaigne a parlé seulement de l'occupation autrichienne et gardé le silence sur celle de la France; que les deux occupations ont cependant eu lieu à la même époque et dans le même but; qu'on ne saurait admettre l'argument que M. le comte de Cavour a tiré de la permanence de l'état de siége à Bologne; que, si un état exceptionnel est encore nécessaire dans cette ville, tandis qu'il a cessé depuis longtemps à Rome et à Ancône, cela semble tout au plus prouver que les dispositions des populations de Rome et d'Ancône sont plus satisfaisantes que celles de la ville de Bologne. Il rappelle qu'il n'y a pas seulement que les États romains en Italie qui soient occupés par des troupes étrangères; que les communes de Menton et de Roquebrune, faisant partie de la principauté de Monaco, sont depuis huit ans occupées par la Sardaigne, et que la seule différence qu'il y a entre les deux occupations, c'est que les Autrichiens et les Français ont été appelés par le souverain du pays, tandis que les troupes sardes ont pénétré sur le territoire du prince de Monaco, contrairement à ses vœux, et qu'elles s'y maintiennent malgré les réclamations du souverain de ce pays

Répondant à M. le baron Hubner, M. le comte de Cavour dit qu'il désire voir cesser l'occupation française aussi bien que l'occupation autrichienne, mais qu'il ne peut s'empêcher de considérer l'une comme bien autrement dangereuse que l'autre pour les États indépendants de l'Italie. Il ajoute qu'un faible corps d'armée, à une grande distance de la France, n'est menaçant pour personne, tandis qu'il est fort inquiétant de voir l'Autriche, appuyée sur Ferrare et sur Plaisance, dont elle étend les fortifications, contrairement à l'esprit, sinon à la lettre, des traités de Vienne, s'étendre le long de l'Adriatique jusqu'à Ancône.

M. le comte Walewski se félicite d'avoir engagé les plénipotentiaires à échanger leurs idées sur les questions qui ont été discutées. Il avait pensé qu'on aurait pu, utilement peut-être, se prononcer d'une manière plus complète sur quelques-uns des sujets qui ont fixé l'attention du congrès. Mais tel quel, dit-il, l'échange d'idées qui a eu lieu n'est pas sans utilité.

Mais le premier plénipotentiaire de la France établit qu'il en ressort en effet :

1° Que les plénipotentiaires de l'Autriche se sont associés au vœu exprimé par les plénipotentiaires de la France de voir les États pontificaux évacués par les troupes françaises et autrichiennes, aussitôt que faire se pourra, sans inconvénient pour la tranquillité du pays et la consolidation de l'autorité du saint-père.

2° Que la plupart des plénipotentiaires n'ont pas contesté l'efficacité qu'auraient des mesures de clémence prises d'une manière opportune par les gouvernements de la Péninsule italienne et surtout par celui des Deux-Siciles.

Mais il aurait fallu des actes là où les paroles allaient rester impuissantes. La séance du 8 avril 1856 ne fut donc qu'un coup de cloche dont le son se perdit dans les airs. On ne fit rien, et tout allait de mal en pis. Cependant la France, plus clairvoyante, plus impartiale, plus généreuse aussi, se préparait à prêter au Piémont l'appui de ses armes. Mais trois années devaient encore s'écouler avant l'heure des résolutions suprêmes, avant l'heure des actes décisifs et des hardis dénoûments.

IX

PHILOSOPHIE DE L'HISTOIRE

Le plus grand poëte de la France moderne, Alphonse de Lamartine, a dit que l'histoire ne se répète pas.

C'est une erreur ou une illusion.

L'histoire ne se répète pas par la reproduction matérielle de faits semblables ; mais elle se répète par l'analogie morale des événements, des hommes et des époques.

Dans la moderne Italie, on retrouve, avec des couleurs effacées et des rôles rapetissés, l'empire, la papauté, le royaume, et jusqu'à la délivrance de la Péninsule par les Francs de Charlemagne, avec cette différence que les Français de Napoléon III y sont allés à l'appel du royaume contre l'empire, et non à l'appel de la papauté contre le royaume et l'empire.

La prétention de Charles-Quint n'était-elle pas de continuer et de représenter la tradition impériale des Césars ?

La maison de Lorraine ne se dit-elle pas l'héritière directe et légitime des droits de Charles-Quint sur l'Italie ?

Ainsi l'Autriche, maîtresse de la Lombardie et de la Vénétie, étendant de proche en proche son influence sur toute la Péninsule, c'est la Rome impériale maîtresse du monde ; c'est le César d'Occident qui n'a plus qu'une portion du globe sous sa domination, c'est le César d'Orient qui conserve une sorte de suprématie dont l'exarque de Ravenne est la personnification vivante.

L'Autriche, en un mot, c'est le despotisme unitaire, c'est la centralisation violente des Césars, c'est, enfin, l'antagoniste acharnée du fédéralisme et de la liberté.

L'Autriche est quelque chose de pire encore ; elle est la conquête et l'invasion, non pas la conquête et l'invasion des Hérules d'Odoacre et des Goths de Théodoric, qui s'italianisent, mais la conquête et l'invasion des Longobards, qui oppriment, se superposent aux indigènes, sans s'absorber dans la race conquise.

L'Autriche, c'est, toutes proportions gardées, Tibère, doublé d'Alboïn.

Comment l'Italie peut-elle accepter volontairement dans ces conditions la domination de l'Autriche ; elle ne peut que la subir, jusqu'au jour où elle se sent assez forte ou assez secourue pour briser le despotisme centralisateur et chasser l'invasion oppressive de la maison de Lorraine.

Dans ces mêmes conditions, comment l'Autriche peut-elle espérer la tranquille possession d'une province italienne : elle ne peut conserver ses conquêtes dans la Péninsule que par la force, que par la terreur, que par la tyrannie.

Dans ce temps de progrès, de lumière et de civilisation, est-ce là une situation admissible et possible ?

L'Autriche tient encore des traditions impériales de l'époque des Césars de Byzance cette nécessité où se trouvaient les empereurs d'Orient d'être les adversaires de la papauté, quand la papauté se rencontrait comme obstacle, sur le chemin de leur suprématie.

En effet, la cour de Vienne cherche bien plus à dominer, en la protégeant, la cour de Rome, qu'elle ne songe à la servir, en la respectant.

De là, entre la cour de Vienne et la cour de Rome, sur un terrain étroit et pour un objet mesquin, la reproduction des anciennes rivalités du pape et de l'empereur, pendant l'ère byzantine et le moyen âge.

Seulement, ces rivalités d'autrefois avaient une autre grandeur, par le but comme par la cause, par le motif comme par le caractère.

Alors la papauté, se faisant le centre momentané des aspirations de l'Italie vers la liberté, favorisait les tendances fédéralistes des populations, afin de lutter avec leurs forces contre la suprématie de l'empereur.

Victorieux de l'empereur, le pape pensait à s'emparer de l'héritage du vaincu et à le remplacer dans sa domination universelle.

Le pape n'était donc pas, même à cette époque, l'allié sincère du fédéralisme et de la liberté ; il n'en était que l'allié de circonstance.

Mais enfin le pape luttait sur un vaste théâtre et pour un vaste résultat contre l'empereur, l'empêchant du moins de réaliser ses espérances de suprématie universelle, l'empêchant de devenir, pour les temps nouveaux, ce que les Césars avaient été pour les temps anciens.

Aujourd'hui la cour de Rome proteste quelquefois, boude parfois la cour de Vienne : mais c'est à raison de si petits intérêts, de si petites questions, que de tels détails ne valent pas qu'on s'y arrête.

Au fond, la cour de Vienne a renouvelé, en miniature, avec la cour de Rome, le pacte de Charlemagne avec l'Église.

Depuis longtemps déjà la papauté a déserté la cause du progrès et de la civilisation, la cause du fédéralisme et de la liberté, visant pour elle-même à l'ancienne suprématie des Césars, rajeunie et transformée.

Les rêves du pape se sont évanouis comme les rêves de l'empereur.

Ceux-ci sont descendus de la monarchie universelle à la possession territoriale d'une portion du nord de l'Italie.

Ceux-là sont également descendus de la république universelle à la possession territoriale d'une petite portion du centre de l'Italie.

Divisés d'intérêts sur des points de détail, le pape et l'empereur, cantonnés en Italie, chacun dans leur petit domaine, ne sont plus adversaires. Ils sont alliés par la communauté de vues qui les poussent l'un et l'autre dans les voies du despotisme et de la centralisation, les deux choses les plus inconciliables avec la tradition et avec le tempérament de l'Italie.

Impuissante d'ailleurs à servir comme à combattre le fédéralisme et la liberté, la papauté ne peut plus exercer d'action dans la Péninsule; elle ne peut plus y être qu'une difficulté pour les souverains catholiques forcés de compter avec elle, pour ne pas blesser les susceptibilités religieuses de leurs peuples.

La maison de Savoie d'aujourd'hui, c'est la papauté d'autrefois se mettant à la tête de l'insurrection romaine contre la royauté longobarde et l'empire byzantin, avec le secours des Francs de Charlemagne.

Mais ici les contrastes sont aussi grands que les analogies sont profondes.

La maison de Savoie a également deux adversaires : l'Autriche et le pape : mais elle ne représente plus le fédéralisme; elle ne personnifie que l'indépendance; elle ne combat plus la centralisation; elle ne repousse que la conquête.

La maison de Savoie court à un danger : elle vise à la domination, à la royauté unitaire. Cette ambition la perdra un jour, car un jour viendra où, l'œuvre de l'indépendance étant achevée, l'esprit du fédéralisme se réveillera.

Alors la maison de Savoie sera dans la Péninsule ce qu'y fut jadis la descendance d'Alboïn : la personnification du système de centralisation, aux prises avec le représentant de l'esprit de fédéralisme, la tradition restaurée du despotisme en lutte avec la tradition ressuscitée de la liberté.

En ce temps-là, un pape qui aura l'intelligence de son rôle, un pape qui comprendra son temps, un pape enfin qui ne visera qu'à la restauration de son influence morale, soulèvera l'Italie à sa voix, rien qu'en se mettant à la tête d'un mouvement fédéraliste contre le royaume relevé, avec la prétention de faire revivre, à son profit, la tradition universelle de l'ère césarienne.

La France est entrée dans la lutte de 1859 avec le désintéressement chevaleresque de son caractère, elle a été aussi héroïque et aussi vaillante que la France de Charlemagne par les armes; elle s'est montrée plus grande par les idées.

La maison de Savoie est entrée dans la même lutte avec une magnanimité que j'admire; mais je crains qu'elle n'y ait apporté des espérances qui m'effrayent, bien que je les conçoive.

La maison de Savoie oublie trop, méconnaît trop, peut-être, le caractère essentiellement fédéraliste de l'Italie.

Tout ce qui se heurte à cet écueil, tôt ou tard s'y brise.

Les rois, les papes, les empereurs, tous en ont fait la fatale épreuve : l'esprit de fédéralisme tuera toujours en Italie, avec le temps, toutes les centralisations souveraines, tous les despotismes unitaires.

Il ne faut plus en Italie que des Italiens.

Ceci est la question d'indépendance qui ne sera vidée que lorsque l'Autriche ne conservera plus un seul kilomètre et n'aura plus un seul soldat dans la Péninsule.

Mais il faut également que l'Italie monarchique soit une fédération d'États indépendants les uns des autres, unis seulement pour la défense et la prospérité commune, comme la Suisse républicaine, et ayant partout des institutions représentatives qui permettent aux libertés municipales de s'y épanouir dans toute leur plénitude.

Jusque-là l'Italie sera un foyer de révolutions, un ferment de troubles qui menaceront la paix de l'Europe.

L'avenir dira si je me trompe.

X

AGITATION DE LA DIPLOMATIE

J'ai laissé le récit des faits qui servent à démontrer l'importance et l'utilité de la campagne de 1859 au moment où le congrès de 1856 avait écouté, sans s'y arrêter, l'exposé de la situation de l'Italie, n'osant même pas aborder franchement cette question pour l'étudier à fond, encore moins pour la résoudre.

L'Autriche avait promptement mis sous ses pieds les représentations de la France, de l'Angleterre et de la Sardaigne. Au lieu de s'arrêter dans la voie de ses empiétements dans la Péninsule, elle avait repris avec plus de persévérance et d'autorité la poursuite de ses plans d'influence et de suprématie, surtout dans le rayon du nord de l'Italie et de l'Italie du centre.

Ainsi, en 1857, le cabinet de Vienne renouvelait avec le duché de Modène des conventions douanières d'une origine déjà ancienne qui achevaient de placer sous sa main cet État, où elle exerçait déjà une autorité prépondérante, en vertu des traités politiques et militaires qu'elle avait imposés à son souverain légitime.

Ces conventions avaient été tout d'abord communes aux deux duchés de Parme et de Modène. Elles ne furent renouvelées avec le second de ces duchés qu'avec des clauses qui étaient une infraction au traité de commerce et de navigation que l'Autriche avait fait avec la Sardaigne en 1851 et qui avait été signé à Vienne.

Déjà, entre l'Autriche et la Sardaigne, il y avait eu rupture de relations diplomatiques.

Cette rupture n'était que le préliminaire de l'état de guerre vers lequel ces deux puissances marchaient fatalement, poussées l'une et l'autre par la force mystérieuse d'un antagonisme inévitable. Elle était née d'ailleurs de divers prétextes, et plusieurs circonstances avaient contribué à la provoquer. Mais elle n'eut, en réalité, pour motif unique et pour vraie cause, que l'animosité qui animait l'une contre l'autre la cour de Vienne et la cour de Turin.

On verra, au surplus, par la lecture des pièces diplomatiques qui vont entrer dans ce chapitre quels furent ces prétextes, quelles furent ces circonstances que je ne note pas ici, afin d'éviter des redites inutiles.

Quoi qu'il en soit, la guerre des notes qui devait précéder la guerre des armes commence à l'occasion de ce renouvellement de l'union douanière précédemment conclue entre l'empire d'Autriche et le duché de Modène.

Ce fut le cabinet de Turin qui eut l'initiative de cette première lutte, prélude de dissentiments plus amers et plus graves.

Cette même année, M. le comte Camille de Cavour se rendait, pendant la saison des eaux, à Plombières, où il conférait avec l'Empereur des Français dans des entretiens dont l'Italie était le sujet unique. C'est alors que fut arrêté le mariage de Son Altesse Impériale le prince Napoléon avec son Altesse Royale la princesse Clotilde.

Les négociations relatives à cette union matrimoniale qui devait resserrer l'alliance de la France et de la Sardaigne, ainsi que l'amitié de la maison de Savoie avec la dynastie des Bonaparte, sont un chef-d'œuvre de discrétion.

Les cours d'Europe ne connurent les négociations qu'au moment même où le cousin de Napoléon III se rendait officiellement à Turin, accompagné de celui qui allait devenir le maréchal Niel, et qui était chargé de demander au roi de Sardaigne, au nom de l'empereur des Français, la main de sa fille aînée pour le fils du prince Jérôme. Cependant elles avaient duré six mois.

Dès la première ouverture que le prince Napoléon reçut de l'empereur des Français au sujet de ce mariage, il adhéra avec empressement à cette proposition, à la seule condition qu'il conduirait seul les négociations qui allaient avoir lieu à cette occasion entre la cour de France et la cour de Turin, et qu'il n'y aurait qu'une troisième personne admise, à l'exclusion de toute autre, dans la confidence de ce projet.

Le prince Napoléon voulait assurer ainsi le secret des démarches que M. Laroncière le Nourry allait être chargé de faire, car cette troisième personne, c'était lui. Il fut négociateur aussi habile que discret, car il était allé déjà deux fois à Turin qu'on n'avait encore annoncé aucun de ses voyages, et, pendant qu'il courait sur la route d'Italie, les journaux de Paris, abusés par de fausses informations, l'envoyaient tantôt en Prusse, tantôt en Russie.

Le 1er janvier 1859, le corps diplomatique se présenta, selon l'usage, au palais des Tuileries, où l'empereur des Français reçut ses hommages.

Son Excellence M. le baron de Hubner, ambassadeur de la cour d'Autriche à la cour de France, était au milieu de ses collègues.

A la grande surprise de l'illustre assistance, qui croyait à l'éternité de la paix, Napoléon III exprima franchement à M. de Hubner son regret du désaccord de vues qui existait entre le gouvernement français et le gouvernement autrichien sur plusieurs des questions à l'ordre du jour en Europe, indiquant en quelques mots, avec une netteté remarquable, que les relations de la cour de Paris et de la cour de Vienne souffraient beaucoup de ce désaccord, qui altérait profondément leur cordialité.

L'émotion fut grande au sein du corps diplomatique, grande en France, grande en Autriche, grande dans toute l'Europe.

Partout on entrevoyait déjà la guerre.

Puis on apprit le départ de Son Altesse Impériale le prince Napoléon pour Turin, on connut le motif de son voyage, on sut enfin qu'il allait devenir le gendre de Sa Majesté le roi de Sardaigne, et bientôt on le vit revenir à Paris avec la princesse Clotilde, qui retrouvait à la cour de France une seconde famille et une seconde patrie.

Alors on ne douta plus : on comprit que la guerre était inévitable, non parce qu'une union matrimoniale venait de s'accomplir entre la maison de Savoie et la dynastie des Bonaparte, mais parce qu'on devinait bien que cette union voilait une alliance politique, dont elle était la conséquence, bien qu'elle n'en fût pas l'origine.

En effet, ce n'est pas le mariage qui a fait l'alliance ; c'est l'alliance qui a fait le mariage.

L'Angleterre cependant s'inquiétait vivement de la perspective d'une guerre éclatant entre l'Autriche et la France, en faveur de l'indépendance italienne, sur le sol italien.

Cette perspective jetait le ministère britannique dans une grande perplexité et un cruel souci.

Le chef de ce ministère se nommait le comte de Derby ; il était l'âme du torysme moderne. Sa politique était donc favorable à l'Autriche et hostile à la France. S'il avait eu la faculté de suivre ses inspirations naturelles et d'écouter ses sentiments personnels, en se joignant à l'Autriche contre la France, cette occasion de guerre lui eût souri sans nul doute.

Mais l'Angleterre était là, mais l'opposition était là, avec tout un passé de sympathies constantes en faveur de l'indépendance italienne.

Le comte de Derby ne pouvait donc songer à entraîner son pays dans une guerre avec l'Autriche contre la France, lorsque la France allait combattre l'Autriche en faveur de l'indépendance italienne.

Le comte de Derby ne pouvait essayer qu'une chose, c'était d'empêcher cette guerre, afin de ravir à la France la gloire d'avoir délivré le nord de la Péninsule de l'oppression étrangère, en face de l'Angleterre inactive.

C'est en effet à ce parti que s'arrêta le ministère britannique, dont le comte de Derby était le chef officiel et véritable. Lord Cowley, ambassadeur d'Angleterre à la cour de France, fut appelé à Londres et envoyé à Vienne avec des instructions secrètes et verbales, mais sans mission définie, sans mandat précis, pour causer avec l'empereur d'Autriche de la situation, dans le but d'aviser aux moyens d'éviter le recours aux armes.

Cette mission officielle n'eut aucun résultat; lord Cowley revint à Paris, ne rapportant de sa double excursion diplomatique que le souvenir des banquets qu'on lui avait donnés et des fêtes qu'il avait reçues à la cour de Vienne.

Pendant que ce missionnaire de paix voyageait, la cour de Russie, d'accord avec la cour de France, émettait l'idée d'un congrès pour traiter et résoudre pacifiquement la question d'Italie.

Ce projet mettait à néant la médiation de l'Angleterre; c'était une sorte d'aggravation de l'échec moral que lord Cowley avait essuyé dans sa mission conciliatrice.

L'Angleterre ressentit vivement le coup qui était porté à son influence en Europe, mais elle eut l'air de n'y point prendre garde; elle adhéra à l'idée d'un congrès, déguisant mal le dépit qu'elle éprouvait que l'initiative de cette idée provint de la Russie.

L'Autriche et la Prusse adhérèrent, de leur côté, à l'exemple de la France et de l'Angleterre, à cette même pensée, qui ne devait être réalisée qu'après la campagne de 1859.

L'Autriche, en effet, ne se ralliait pas franchement à l'idée de discuter en congrès les affaires d'Italie; j'en vois la preuve dans les termes mêmes de la note par laquelle elle annonce son adhésion à la proposition de la Russie, et de celle dans laquelle elle fait connaître, avec plus de développement, ses vues au sujet du congrès projeté, à l'ambassadeur d'Angleterre à la cour de Vienne. Voici les extraits significatifs de ces deux pièces :

NOTE ADRESSÉE, LE 23 MARS 1859, PAR LE COMTE DE BUOL A M. DE BALABINE,
AMBASSADEUR DE RUSSIE A VIENNE,
EN RÉPONSE A LA PROPOSITION FAITE PAR LE CABINET DE SAINT-PÉTERSBOURG
POUR LA RÉUNION DU CONGRÈS.

L'empereur François-Joseph, appréciant à leur juste valeur les sentiments qui ont inspiré à Sa Majesté l'empereur de toutes les Russies l'ouverture qu'il lui a fait faire, et désirant prêter son concours à une œuvre qui devra sanctionner de nouveau les engagements consignés dans les traités et la totalité des droits qui en dérivent, accepte pour sa part la proposition en question.

Dans l'opinion du cabinet impérial, toute la difficulté réside dans le système politique que la Sardaigne a adopté dans ses relations extérieures. Mettre fin à cet état de choses qui alarme l'Europe et empêcher qu'il ne se reproduise, telle paraît être la tâche réservée aux puissances appelées au premier rang à maintenir l'ordre social.

En concluant, le soussigné croit devoir appuyer sur une dernière considération. Vouloir ouvrir des délibérations pacifiques en présence du cliquetis des armes et de préparatifs guerriers serait non-seulement matériellement dangereux, mais encore moralement impossible. Il est donc indispensable, de l'avis du cabinet impérial, avis qui sans nul doute sera partagé par les autres puissances, que, préalablement à toute conférence, la Sardaigne désarme.

Signé: Buol.

NOTE ADRESSÉE, LE 31 MARS 1859, PAR LE COMTE DE BUOL A LORD LOFTUS AMBASSADEUR D'ANGLETERRE A VIENNE AU SUJET DU PROGRAMME ARRÊTÉ PAR LE CABINET DE LONDRES POUR LES DÉLIBÉRATIONS DU CONGRÈS.

Le soussigné s'empresse d'accuser réception de la note que lord A. Loftus lui a fait l'honneur de lui adresser en date du 28 de ce mois, et qui contient les conditions auxquelles le gouvernement de Sa Majesté britannique est prêt à accepter la proposition d'un congrès des grandes puissances qui prendrait en considération les complications qui ont surgi en Italie.

Le gouvernement britannique ayant en outre exprimé le désir de voir le gouvernement impérial acquiescer à ces propositions, le soussigné a pris sur ce point les ordres de l'empereur, son auguste maître.

Il se trouve aujourd'hui autorisé à informer lord A. Loftus que le gouvernement impérial, appréciant hautement les motifs qui guident le cabinet et les sentiments de franche amitié qui l'animent à l'égard de l'Autriche, accepte les bases de discussions proposées par la note de Sa Seigneurie.

Un cinquième point de délibération qu'il a jugé à propos d'ajouter, celui d'une entente sur un désarmement simultané des grandes puissances, sera sans aucun doute accepté par toutes les puissances comme une nouvelle preuve des intentions pacifiques de l'Autriche.

Il résulte aussi d'une note de lord A. Loftus que, si le gouvernement impérial accepte, aux conditions ci-dessus mentionnées, la proposition d'un congrès, le gouvernement britannique invitera celui de la France d'une manière pressante à insister avec lui pour que la Sardaigne désarme immédiatement, et à lui donner une garantie collective de l'accomplissement de l'engagement pris envers lui.

Cette démarche, que le cabinet britannique propose de faire, de concert avec le gouvernement français, est d'autant plus conforme aux intérêts généraux, qu'il serait moralement impossible, ainsi que le gouvernement impérial l'a démontré par sa note adressée à M. de Balabine, en date du 23, de se livrer à des délibérations pacifiques au milieu du bruit des armes.

Le soussigné doit d'autant plus ardemment désirer que ces efforts produisent un résultat plein et entier, que l'Autriche ne pourrait se présenter au congrès tant que la Sardaigne n'aura pas complété son désarmement et n'aura pas procédé au licenciement de ses corps francs.

Signé : Buol.

La Russie avait eu l'initiative de l'idée d'un congrès.

L'Angleterre s'était donné le mérite de rédiger les propositions qui devaient servir de base aux délibérations de ce congrès.

La Prusse, la Russie et la France avaient accepté ces bases sans observation; mais l'Autriche n'y avait adhéré qu'en les annotant et en les retournant.

On devait déjà prévoir que le cabinet de Vienne ferait avorter, par ses réserves et ses prétentions, les ouvertures conciliatrices de la Russie.

La Sardaigne cependant se préoccupait, de son côté, de ces projets de congrès avec la légitime volonté d'y être admise pour y défendre contre l'Autriche les intérêts de l'Italie.

C'est ce qui résulte d'une dépêche adressée le 11 mars 1859 par le comte de Cavour, ministre des affaires étrangères et président des conseils de Sa Majesté le roi de Sardaigne, à l'ambassadeur du gouvernement sarde à Londres, M. le marquis d'Azeglio.

Tout ce mouvement de la diplomatie pour maintenir la paix devait fatalement échouer contre l'obstination de l'Autriche à s'écarter de toutes les voies de la conciliation pour en appeler à la force des armes.

La Sardaigne était enfin admise au congrès : on croyait avoir aplani toutes les difficultés préliminaires qui s'opposaient à la réunion du congrès, lorsque de nouvelles prétentions de l'Autriche rendirent enfin la guerre inévitable.

Avant de dire quelles furent ces difficultés, qui ont formé la dernière phase des négociations dont la campagne de 1859 a été précédée, je dois reproduire la note diplomatique suivante, note dont la lecture fera complétement pénétrer le lecteur au cœur même de la question pendante entre les deux cours de Sardaigne et d'Autriche.

MÉMORANDUM PRÉSENTÉ PAR LE GOUVERNEMENT SARDE A CELUI DE SA MAJESTÉ BRITANNIQUE.

Turin, 1er mars 1859.

Le gouvernement de Sa Majesté britannique, animé d'une bienveillante sollicitude pour le sort de l'Italie, dans le but d'éviter les causes qui pourraient amener de graves perturbations en Europe, a invité le gouvernement de Sa Majesté le roi de Sardaigne à lui faire connaître quels sont à son avis les griefs que les Italiens ont à faire valoir contre l'Autriche, soit à cause de sa domination sur les provinces qu'elle possède en vertu des traités, soit par suite de ses rapports avec les États de l'Italie centrale, dont la condition anormale est reconnue par tous les cabinets.

Pour répondre à cet appel d'une manière claire et précise, le cabinet de Turin croit nécessaire de traiter séparément les deux questions qui lui sont adressées, en s'expliquant d'abord sur les conditions de la Lombardie et de la Vénétie, ensuite sur les résultats de la politique autrichienne à l'égard de l'Italie centrale.

Quels qu'aient été les résultats de la cession en 1814 du royaume Lombard-Vénitien à l'Autriche, on ne saurait contester que sa possession par cette puissance soit conforme aux traités ; car dans ces traités on ne s'est guère préoccupé du sort des peuples dont ils disposaient. Nous n'aurions pas, en conséquence, soulevé une question qui ne saurait se résoudre sans une modification des traités existants, si le gouvernement britannique ne nous avait engagé à lui ouvrir toute notre pensée sur ce point aussi bien que sur les autres.

Nous reconnaissons que la domination de l'Autriche sur les pays situés entre le Tessin, le Pô et l'Adriatique est donc légale ; mais cela n'empêche pas qu'elle n'ait produit des conséquences déplorables et amené un état de choses qui n'a pas d'analogue dans l'histoire moderne.

Il est de fait que la domination autrichienne inspire une répugnance invincible à l'immense majorité des Italiens qui y sont soumis, que les seuls sentiments qu'ils ressentent pour ceux qui les gouvernent sont l'antipathie et la haine.

D'où cela provient-il ? Le mode de gouverner de l'Autriche y a contribué sans doute ; son pédantisme bureaucratique, les vexations de sa police, les impôts écrasants qu'elle a établis, son système de recrutement, plus dur qu'aucun autre en Europe, ses rigueurs et ses violences, même envers des femmes, ont exercé l'effet le plus fâcheux sur ses sujets italiens ; mais ce n'est pas là la cause principale des faits qui ont été indiqués.

L'histoire nous fournit maints exemples de gouvernements, pires que celui de l'Autriche, moins universellement détestés que le sien.

La véritable cause du mécontentement profond des Lombards-Vénitiens, c'est d'être gouvernés, dominés par l'étranger, par un peuple avec lequel ils n'ont aucune analogie, ni de race, ni de mœurs, ni de goût, ni de langue.

A mesure que le gouvernement autrichien a appliqué d'une manière plus complète le système de centralisation administrative, ces sentiments ont augmenté. Maintenant que ce système a atteint son apogée, que la centralisation en Autriche est devenue plus absolue qu'en France même, maintenant que toute action locale ayant été éteinte, le plus humble citoyen est en contact pour la moindre des choses avec des fonctionnaires publics qu'il n'aime ni ne respecte, la répugnance et l'antipathie pour le gouvernement sont devenues universelles.

Le progrès des lumières, la diffusion de l'instruction, que l'Autriche ne peut pas empêcher entièrement, ont contribué à rendre plus sensibles les populations à leur triste sort. Les Milanais et les Vénitiens qui reviennent dans leur pays après avoir visité les peuples qui jouissent d'un gouvernement national sentent plus vivement l'humiliation et le poids du joug étranger.

Pendant un certain temps, la conduite ferme et indépendante du gouvernement autrichien envers la cour de Rome tempéra les fâcheux effets de la domination étrangère. Les Lombards-Vénitiens se sentaient affranchis de l'empire que l'Église exerce, dans d'autres parties de la Péninsule, sur les actes de la vie civile, dans le sanctuaire même de la famille; c'était pour eux une compensation à laquelle ils attachaient une grande valeur.

Elle leur a été enlevée par le dernier concordat, qui, ainsi qu'il est notoire, assure au clergé une plus grande influence, de plus amples privilèges que dans aucun autre pays, même en Italie, les États du pape exceptés.

La destruction des sages principes introduits dans les rapports de l'État avec l'Église par Marie-Thérèse et Joseph II a achevé de faire perdre toute force morale au gouvernement autrichien dans l'esprit des Italiens.

Par suite des causes qui ont été exposées, les provinces lombardo-vénitiennes présentent le spectacle le plus triste, et qui, ainsi qu'il a été observé plus haut, n'a pas d'analogue dans l'histoire. C'est celui d'un peuple tout entier, qui a pris, vis-à-vis de ceux qui le gouvernent, une attitude ouvertement hostile, que ni les menaces ni les caresses ne domptent ou n'atténuent.

Il suffit de parcourir la Lombardie et la Vénétie pour se convaincre que les Autrichiens ne sont pas établis, mais campés dans ces provinces. Toutes les maisons, depuis la plus humble chaumière jusqu'au plus somptueux palais, sont fermées aux agents du gouvernement. Dans les lieux publics, aux théâtres, dans les cafés, dans les rues, il y a une séparation absolue entre eux et les habitants du pays, et on dirait une contrée qui a été envahie par une armée ennemie rendue odieuse par son insolence et sa morgue. Et cet état de choses n'est pas un fait transitoire, produit par des circonstances exceptionnelles, dont on peut prévoir le terme plus ou moins rapproché. Il dure et s'aggrave depuis un demi-siècle, et il est certain que si le mouvement civilisateur de l'Europe ne s'arrête pas, il ne fera qu'empirer.

Une telle condition n'est pas contraire aux traités, ainsi qu'on l'a déclaré plus haut, mais elle est contraire aux grands principes d'équité et de justice sur lesquels repose l'ordre social ; elle est en opposition avec le précepte que la civilisation moderne proclame, qu'il n'y a de gouvernement légitime que celui que les peuples acceptent, sinon avec reconnaissance, du moins avec résignation.

Maintenant, si on nous demande quel remède la diplomatie peut apporter à un tel état de choses, nous répondrons avec franchise que si l'on ne parvient pas à amener l'Autriche à modifier les traités, on n'aboutira pas à une solution définitive et viable ; il faudra se contenter de palliatifs. Il faut que l'Europe se résigne à assister impassible au douloureux spectacle que présentent la Lombardie et la Vénétie, jusqu'à ce que la révolution, qui couve sans cesse sous les cendres, dans ces contrées, profitant de circonstances favorables, brise violemment un joug que la conquête et la guerre leur ont imposé.

Ce spectacle, toutefois, deviendrait moins douloureux et l'état des

Lombards-Vénitiens plus tolérable, si l'Autriche se montrait fidèle aux promesses qu'elle adressait aux Italiens lorsqu'en 1814 elle les excitait à se soulever contre la domination française, et si, conformément à la proclamation du commandant en chef de ses armées, le général Bellegarde, elle établissait en deçà des Alpes, sinon un gouvernement, du moins une administration entièrement nationale, avec une armée indigène, cantonnée en Italie et commandée par des officiers italiens, et des institutions fondées sur le principe représentatif. Ce serait un palliatif, mais un palliatif qui pourrait faire prendre patience à des populations accoutumées à souffrir, et éloigner les dangers qui préoccupent à si juste titre l'opinion publique en Europe.

La diplomatie, en conseillant au cabinet de Vienne de suivre la voie qu'on vient d'indiquer, fera une œuvre prudente et méritoire, bien que nous ne puissions guère espérer qu'elle obtienne les résultats qu'on se propose. L'expérience de quarante-cinq années ne l'a que trop démontré. L'Autriche ne compte que sur la force pour maintenir sa domination en Italie.

Passant à la seconde question qui lui est adressée, les effets de la politique autrichienne sur l'Italie centrale, le gouvernement du roi se restreindra dans le cercle que les traités et le droit public européen tracent à la diplomatie ; placé sur ce terrain, il ne se bornera pas à signaler les actes illégaux de l'Autriche ; il invoquera à son tour les transactions européennes violées par l'Autriche et il demandera l'exécution des mesures nécessaires pour remédier aux maux qui ont été la conséquence de cette violation. C'est son droit, c'est son devoir.

Le traité de Vienne a fait à l'Autriche une large part en Italie. En y quadruplant à peu près le nombre de ses anciens sujets, en ajoutant au duché de Milan, qui lui appartenait avant la Révolution, la Valteline, les possessions du pape situées sur la rive gauche du Pô, et tous les États de la république de Venise, il a détruit l'équilibre qui existait dans le siècle dernier. Le Piémont, malgré l'annexion de Gênes, n'a plus été en état, comme autrefois, de former un contre-poids à l'empire, qui, maître du cours du Pô, de l'Adige, des principaux fleuves de l'Italie septentrionale, avait réussi à relier ses possessions italiennes avec ses États héréditaires. Il s'est trouvé en présence d'une puissance comptant plus de sujets en Italie que lui, et disposant de forces infiniment plus considérables que les siennes.

Toutefois, si l'Autriche s'était maintenue dans les limites que les traités lui assignaient, le reste de l'Italie aurait pu participer aux progrès qui se sont réalisés en Europe depuis la cessation des guerres de l'Empire et former avec le Piémont une barrière efficace aux influences étrangères dans la Péninsule.

Mais l'Autriche s'est efforcée, dès les premières années qui ont suivi la Restauration, par tous les moyens en son pouvoir, d'acquérir sur toute la Péninsule une influence prépondérante.

Se posant en défenseur de tous les gouvernements italiens, quelque mauvais qu'ils fussent, intervenant avec des forces irrésistibles toutes les fois qu'un peuple tâchait d'obtenir des améliorations et des réformes de son propre gouvernement, elle est parvenue à étendre sa domination morale bien au delà de ses frontières. Nous ne referons pas l'histoire des quarante dernières années; — elle est trop connue; — nous nous bornerons à constater l'état de choses actuel, dû à l'action persévérante de la politique autrichienne.

Les duchés de Parme, de Modène et de Toscane sont devenus de véritables fiefs de l'empire.

La domination de l'Autriche sur les deux premiers est constatée par la Convention du 24 décembre 1847. Cette Convention, en lui donnant le droit de les occuper avec ses troupes, non-seulement lorsque l'intérêt de Parme et de Modène le réclamait, mais encore toutes les fois que cela pourrait être utile à ses opérations militaires, rend l'Autriche maîtresse absolue de toute la frontière orientale de la Sardaigne, des Alpes à la Méditerranée. Et qu'on ne dise pas que c'est là une vaine menace, un danger imaginaire, car on a vu, il y a à peine trois ans, lorsque le congrès de Paris retentissait encore des protestations formulées par le Piémont et soutenues par l'Angleterre contre l'intervention étrangère en Italie, les troupes autrichiennes, sous un futile prétexte, occuper non-seulement Parme, mais les parties les plus reculées du duché, et camper sur le sommet des Apennins, d'où elles dominent le rivage de la mer appartenant à la Sardaigne.

L'Autriche se considère tellement comme maîtresse de faire ce qui lui convient dans les États de Parme, qu'au mépris des traités, qui ne lui donnent que le droit de tenir garnison dans la citadelle de Plaisance, elle a fait construire et arme en ce moment des forts détachés de l'enceinte de la ville, destinés à transformer Plaisance en un vaste camp retranché, capable de donner abri à une armée redoutable.

Le lien qui rattache la Toscane à l'Autriche, pour être moins apparent, n'est ni moins réel ni moins fort. On ignore si un traité secret existe entre les deux États; mais, ce qui est certain, c'est que d'un côté le gouvernement toscan sait qu'il peut compter, dans tous les temps et dans toutes les circonstances, sur l'appui armé de l'Autriche pour contenir ses peuples, et que, de l'autre, l'Autriche est certaine de pouvoir occuper la Toscane, si par hasard un intérêt stratégique lui conseillait de le faire.

Quant aux États romains, le mode de procéder de l'Autriche a été plus simple. Elle les a occupés toutes les fois que les troubles politiques lui ont fourni un prétexte pour le faire. Depuis 1831, elle a franchi trois fois le Pô et mis garnison dans les villes de la Romagne. La dernière occupation, plus complète que les précédentes, puisqu'elle s'étend jusqu'à Ancône, dure depuis dix ans. Bien que dans ce moment le gouvernement pontifical ait demandé la retraite des troupes étrangères, nous ne croyons pas que cette mesure puisse faire cesser les conditions anomales des États du saint-siège. La retraite de ces troupes, si elle n'est précédée de réformes radicales dans toutes les branches de l'administration, laissera le champ libre à la Révolution : on substituerait l'anarchie à l'occupation étrangère, pour recourir aussitôt et nécessairement à cette dernière.

Ainsi l'intervention de l'Autriche dans ce pays a un tel caractère de permanence, qu'on est autorisé à dire que ces provinces, devant appartenir à un État indépendant, sont passées de fait sous la domination autrichienne.

Une si grande extension de la puissance autrichienne en Italie, en dehors des stipulations des traités, constitue un danger grave pour le Piémont, contre lequel son gouvernement a le droit de protester. L'Autriche, maîtresse absolue du cours du Pô, de Pavie à l'Adriatique, créant sur nos frontières une place de guerre de premier ordre, libre d'occuper quand bon lui semble les montagnes qui devaient nous servir de remparts, nous menaçant de tous côtés, nous oblige à maintenir nos forces sur un pied ruineux, hors de proportion avec nos ressources financières.

On observera peut-être que la présence des troupes françaises à Rome neutralise les forces de l'Autriche et diminue les dangers du Piémont : rien n'est moins exact. Au point de vue politique, l'occupation de Rome par la France peut avoir une grande importance ; au point de vue militaire, elle n'en a aucune, surtout pour ce qui a rapport à la Sardaigne. Si, dans le cas d'une agression, nous devions faire appel à l'appui de la France, les troupes que cette puissance entretient en Provence et au pied des Alpes nous seraient d'un secours bien plus efficace que celles qui, isolées à Rome, ne pourraient guère agir en notre faveur qu'en venant s'embarquer à Civita-Vecchia.

Nous croyons, en conséquence, que la présence des Français à Rome, que nous désirons d'ailleurs vivement voir cesser, ne diminue en rien la valeur des réclamations que la Sardaigne élève contre la politique envahissante de l'Autriche

Si l'Autriche, faisant droit à ces justes réclamations, reconnaissait l'indépendance absolue des autres États de la Péninsule, les conditions de l'Italie centrale ne tarderaient pas à s'améliorer considérablement. Les gouvernements de ces contrées, n'étant plus soutenus par les armées autrichiennes, seraient nécessairement amenés à donner satisfaction aux vœux les plus légitimes des populations. Mais, dans l'intérêt de l'ordre et du principe d'autorité, afin que ces concessions inévitables ne leur soient pas arrachées à la suite de désordres et de mouvements populaires, il est nécessaire qu'en même temps que l'on proclamera le principe de la non-intervention de l'Autriche, les souverains de l'Italie centrale modifient profondément le système politique qu'ils suivent depuis si longtemps à l'ombre des baïonnettes étrangères.

Le cabinet de Turin est convaincu que tout danger de révolution serait évité dans les duchés de Parme et de Modène, s'ils étaient dotés d'institutions analogues à celles dont le Piémont jouit depuis onze ans. L'expérience de ce pays démontre qu'un système sagement libéral, appliqué avec bonne foi, peut fonctionner en Italie de la manière la plus satisfaisante, en assurant en même temps la tranquillité publique et le développement de la civilisation.

Quant à la Toscane, il juge nécessaire le rétablissement de la constitution de 1848, que le grand-duc a jurée, et qui a été révoquée juste au moment où, se fondant sur les institutions qu'elle consacrait, le grand-duc était restauré sur son trône renversé par un mouvement révolutionnaire.

Pour ce qui a rapport aux États du saint-siége, le cabinet de Turin ne saurait se dissimuler que la question présente de bien plus graves difficultés. La double qualité que revêt le souverain pontife, de chef de l'Église catholique et de prince temporel, rend presque impossible (dans ses États) l'établissement du système constitutionnel. Il ne saurait y consentir sans courir le danger de se trouver souvent en contradiction avec lui-même et d'être forcé d'opter entre ses devoirs comme pontife et ses devoirs comme souverain constitutionnel.

Néanmoins, en reconnaissant qu'il faut renoncer à l'idée d'assurer la tranquillité des États du pape au moyen d'institutions constitutionnelles, le cabinet de Turin pense qu'on se rapprocherait du même but en adoptant le projet que les plénipotentiaires de Sa Majesté le roi de Sardaigne au congrès de Paris ont développé dans la note du 27 mars 1856, adressée aux ministres de France et d'Angleterre. Ce projet, qui a reçu la pleine approbation de lord Clarendon, repose sur la séparation administrative complète des provinces de l'État romain situées entre l'Adriatique, le Pô et les Apennins, et le développement, chez elles, des institutions municipales et provinciales qui ont été établies en principe, sinon mises en pratique, par le pape lui-même à son retour de Gaëte. Ce projet devrait maintenant être complété par l'établissement à Rome d'une consulte nommée par les conseils provinciaux, à laquelle seraient soumises les questions relatives aux intérêts généraux de l'État.

Les idées qui viennent d'être exposées sont une réponse claire et précise à l'interpellation que le gouvernement de Sa Majesté Britannique a adressée au cabinet de Turin. En les résumant, il résulte qu'à son avis les dangers d'une guerre ou d'une révolution seraient conjurés et la question italienne temporairement assoupie aux conditions suivantes :

En obtenant de l'Autriche, non en vertu des traités, mais au nom des principes d'humanité et d'éternelle justice, un gouvernement national séparé, pour la Lombardie et la Vénétie;

En exigeant que, conformément à la lettre et à l'esprit du traité de Vienne, la domination de l'Autriche sur les États de l'Italie centrale cesse, et par conséquent que les forts détachés construits en dehors de l'enceinte de Plaisance soient détruits, que la convention du 24 décembre 1847 soit annulée, que l'occupation de la Romagne cesse, que le principe de la non-intervention soit proclamé et respecté;

En invitant les ducs de Modène et de Parme à doter leur pays d'institutions analogues à celles qui existent en Piémont, et le grand-duc de Toscane à rétablir la constitution qu'il avait librement consentie en 1848;

En obtenant du souverain pontife la séparation administrative des provinces en deçà des Apennins, conformément aux propositions communiquées en 1856 aux cabinets de Londres et de Paris.

Puisse l'Angleterre obtenir la réalisation de ces conditions ! L'Italie, soulagée et pacifiée, la bénira, et la Sardaigne, qui a tant de fois invoqué son concours et son aide en faveur de ses concitoyens malheureux, lui vouera une reconnaissance impérissable.

Le cabinet de Turin était dans le vrai ; il était dans le vrai lorsqu'il accusait l'Autriche de vouloir l'affaiblissement du Piémont pour ne plus rencontrer d'obstacle à sa domination en Italie.

En effet, que fit la cour de Vienne, lorsqu'elle se vit forcée dans ses derniers retranchements par les sollicitations de l'Europe ? elle mit à la réunion du congrès une dernière condition, complétement inadmissible : c'est que la Sardaigne y serait représentée, mais qu'auparavant elle désarmerait; qu'elle désarmerait seule, en face des forces imposantes que l'Autriche avait concentrées en Italie ; en un mot, c'est qu'elle se livrerait sans défense à son ennemie déclarée.

Cette prétention allait être le dernier mot de la comédie des négociations.

XI

LE ROLE DES NEUTRES

La campagne de 1859 fera-t-elle de la question italienne une question européenne?

La guerre qui est à la veille d'éclater entre la France et la Sardaigne, alliées pour la protection de l'indépendance des États de la Péninsule, et l'Autriche, qui menace cette indépendance, restera-t-elle une guerre locale ou deviendra-t-elle une guerre générale?

C'étaient là de graves questions que l'opinion publique s'adressait, même avant l'ouverture des hostilités.

Quelle attitude allait avoir l'Angleterre? que ferait l'Allemagne? que dirait la Prusse? que pensait la Russie? Tel était l'objet des préoccupations universelles depuis que la question d'Italie était entrée dans sa phase décisive.

Avant tout, il y avait à régler le rôle de la Suisse. Ce rôle était celui d'une neutralité absolue.

Les traités de 1814 et de 1815, qui ont formé depuis cette époque le droit public européen, garantissent cette neutralité, que l'article 92 de l'acte final du congrès de Vienne avait étendue aux provinces du Chablais et de Faucigny, et que l'article 3 du traité particulier, daté du 20 novembre 1815, signé à Paris entre la France et l'Angleterre, avait étendue de la même manière au territoire qui se trouve au nord d'une ligne à tirer depuis Ugine, y compris cette ville, au midi du lac d'Annecy, par Faverge, jusqu'à Lecherame, et de là au lac du Bourget, jusqu'au Rhône.

On voit que cette neutralité de la Suisse s'étend, en cas de guerre, entre les grandes puissances voisines, à une portion de la Savoie, appartenant au royaume de Sardaigne. C'est un surcroît de garantie que l'Europe de 1814 et de 1815 avait voulu donner à la Suisse. Des actes diplomatiques spéciaux, qui font cependant partie intégrante des traités constituant le droit public européen, ont régularisé cette situation de neutralité de la Suisse. Ces actes portent la date des 26 et 29 mars 1815. C'est d'abord celui qui détermine les conditions des cessions de territoire que le roi de

Sardaigne fit alors au canton de Genève, conditions au nombre desquelles figure la réunion aux domaines de la maison de Savoie des terres connues sous le nom de fiefs impériaux, et qui furent un moment incorporées à la république ligurienne. C'est ensuite le protocole joint à cet acte de cession.

La Confédération helvétique, se souvenant de ces actes et de ces garanties, se hâta d'en invoquer le bénéfice au profit de sa neutralité, dès qu'elle entrevit la possibilité d'une guerre entre l'Autriche, la Sardaigne et la France. Le conseil fédéral se réunit, et, à la suite de ses délibérations, il adressa un message à l'assemblée nationale, qui rendit, à la date du 1er mai, le décret suivant :

L'assemblée nationale de la Confédération helvétique :

« Vu le message et le projet de décret du conseil fédéral concernant la position de la Confédération vis-à-vis de la situation actuelle de l'Europe, décrète :

« 1. La déclaration donnée par le conseil fédéral que, dans la guerre qu'on prévoit entre deux puissances voisines, la Confédération restera neutre et défendra sa neutralité par tous les moyens à sa disposition, est solennellement confirmée par le présent décret, telle qu'elle a été donnée par la notification du 14 mars de cette année.

« 2. Sont également autorisées les levées de troupes ordonnées jusqu'ici par le conseil fédéral, ainsi que les dépenses qu'il a ordonnées provisoirement pour les préparatifs militaires. Il en est de même des conditions qui limitent la sortie des chevaux par l'augmentation du droit de sortie, tant que le conseil fédéral jugera cette mesure nécessaire.

« 3. Le conseil fédéral est autorisé à ordonner la mise sur pied des autres troupes nécessaires pour assurer la neutralité et faire respecter le territoire suisse, et de prendre les autres mesures de défense nécessaires.

« 4. Il est ouvert au conseil fédéral un crédit illimité pour faire face aux dépenses qui en résulteront. Il est, au besoin, autorisé à contracter des emprunts.

« 5. L'assemblée nationale procède immédiatement à la nomination d'un commandant en chef, ainsi que d'un chef de l'état-major général. Le conseil fédéral invitera le commandant en chef à prendre son service sitôt que la levée atteindra le chiffre de vingt mille hommes. Il rédigera les instructions du commandant en chef dans la limite de la déclaration confirmée par l'article 1er du présent acte, et recevra son serment conformément à la loi.

« 6. Le conseil fédéral devra rendre compte à l'assemblée, lors de sa prochaine réunion, de l'usage qu'il aura fait de ses pouvoirs. S'il survenait un danger imminent qui obligeât le conseil à ordonner une levée générale des troupes fédérales, l'assemblée nationale serait immédiatement convoquée de nouveau.

« 7. Le conseil fédéral est chargé de l'exécution du présent décret. »

Ce décret fut exécuté. On leva une armée, dont M. le général Dufour eut le commandement suprême. On fit des appels d'hommes ; on s'agita beaucoup, on parla plus encore : on eût dit la Suisse réellement menacée d'une invasion, tellement il se fit de bruit et de mouvement dans cette petite agglomération de républiques à laquelle personne ne songeait à ravir son innocente indépendance et sa candide vertu ; les événements le prouvèrent bien, car tout se borna à quelques saisies de barques autrichiennes et à quelques internements de soldats fugitifs.

Le président du conseil fédéral, cependant, fit gravement son devoir jusqu'au bout et, prenant au pied de la lettre la mission qu'il avait reçue de l'assemblée nationale, il adressa aux trois cours intéressées des communications diplomatiques ayant pour but d'assurer l'observation de neutralité de la Suisse, telle que les actes de 1814 et de 1815 l'avaient stipulée. L'Autriche et la France n'avaient à donner que de simples assurances générales, puisque rien ne leur faisait prévoir qu'elles fussent amenées à violer ces stipulations. C'est ce qu'elles firent par l'organe de leurs ministres des affaires étrangères. Il n'en était pas tout à fait de même pour la Sardaigne; ici la question se compliquait de la déclaration de neutralisation à faire pour une portion du territoire sarde et de la fixation des limites de ce territoire enclavé dans la Savoie. Aussi le président du conseil fédéral, M. Staempfli, adressa-t-il au cabinet de Turin une dépêche spéciale, à laquelle il reçut de M. le comte de Cavour la réponse suivante :

« Turin, 16 avril.

« Monsieur le ministre,

« M. le président de la Confédération helvétique, par une communication du 14 du mois dernier, que vous m'avez transmise par votre dépêche du 18, a bien voulu faire connaître officiellement au gouvernement du roi l'attitude que, dans les conjonctures actuelles, le conseil fédéral a cru devoir prendre.

« A cet effet, M. le président déclare que, si la paix de l'Europe venait à être troublée, la Confédération suisse défendra et maintiendra, par tous les moyens dont elle dispose, l'intégrité et la neutralité de son territoire, auxquelles elle a droit comme État indépendant, et qui lui ont été reconnues et garanties par les traités généraux.

« S'en référant ensuite aux dispositions spéciales contenues dans le protocole du 29 mars 1815, et aux actes diplomatiques postérieurs qui le confèrent, M. le président ajoute que, si les circonstances le réclamaient, et pour autant que la mesure serait nécessaire pour assurer et défendre la neutralité et l'intégrité de son territoire, la Confédération suisse serait disposée à faire usage du droit que les traités lui ont conféré d'occuper la partie neutralisée de la Savoie. A cet égard, le conseil fédéral, désirant s'entendre préalablement avec le gouvernement de Sa Majesté, propose que les points à régler soient discutés dans une conférence entre les délégués des deux États, et arrêtés par eux sous réserve de ratification.

« Je vous prie, monsieur le commandeur, de vouloir bien offrir à M. Staempfli les remercîments du gouvernement du roi, pour la communication qu'il vient de lui faire et pour l'esprit de conciliation qui l'a dictée.

« La Sardaigne étant décidée, quelles que soient les éventualités qui peuvent surgir, à respecter scrupuleusement l'indépendance et la neutralité de la Suisse, ne peut qu'apprécier hautement les principes que la Confédération a proclamés et les mesures qu'elle a prises pour les faire respecter.

« Le gouvernement du roi est également heureux de recevoir l'assurance formelle que la Confédération est prête à remplir, le cas échéant, les stipulations internationales qui se rapportent aux provinces neutralisées de la Savoie. Les stipulations dont il s'agit sont contenues dans le protocole du 29 mars 1815, que l'article XCI de l'acte final du congrès de Vienne considère comme partie intégrante de ce traité, en déclarant qu'il doit avoir la même force et valeur que s'il était textuellement inséré dans l'article précité. Le traité particulier du 16 mars 1816 entre la Sardaigne, la Confédération et le canton de Genève a confirmé cette déclaration du congrès de Vienne. Aucune contestation sérieuse ne saurait donc avoir lieu à cet égard, puisque la Sardaigne, aussi bien que la Confédération suisse, sont animées du même désir d'observer les traités et de respecter les droits réciproques des deux États.

« Cependant, comme il est nécessaire de fixer sur quelques points le sens, la portée et l'extension des droits et des obligations qui résultent du protocole de Vienne, afin de pouvoir établir un accord préalable entre les deux gouvernements sur les conditions d'une occupation éventuelle, Sa Majesté le roi, notre auguste maître, a daigné m'autoriser à accepter la proposition de discuter dans une conférence entre des délégués des deux États et d'arrêter par eux les points à régler, sous réserve de ratification.

« Veuillez, en conséquence, monsieur le commandeur, faire connaître cette détermination à M. le président de la Confédération, et lui faire déclarer que, quant au lieu de la conférence, nous lui laissons le choix entre Turin, Genève et Berne.

« Dans cet état de choses, je crois inutile de préciser ici l'interprétation exacte qui, à notre avis, ressort des stipulations de Vienne. Les questions qui en découlent doivent être débattues par les délégués, et, de son côté, le gouvernement du roi prêtera la main à toutes les facilités pour parvenir à un accord satisfaisant, tout en sauvegardant les droits légitimes de l'État.

« Je me plais à croire que nous trouverons dans le conseil fédéral le même empressement, que toutes les difficultés seront ainsi résolues de la manière la plus conforme aux intérêts permanents des deux pays.

« Je vous prie, monsieur le commandeur, de donner lecture et de laisser copie de cette dépêche à M. le président de la Confédération et d'agréer en même temps les assurances de ma considération distinguée. »

« *Signé* : Cavour. »

Le journal de Berne, qui a publié le premier cette note, annonçait que le conseil fédéral allait s'occuper de désigner le lieu où devrait se tenir la conférence chargée du règlement des conditions d'une occupation éventuelle des provinces sardes par les troupes fédérales. C'était bien un souci inutile. La Suisse me rappelle dans cette circonstance la mouche du coche. L'orage devait passer et a passé, en effet, tellement au-dessus de sa tête, qu'il n'en est rien éclaté sur elle.

La Suisse ne demandait qu'une chose : c'est qu'on la laissât tranquille.

Il n'en était pas ainsi de l'Angleterre. Son orgueil de grande puissance, le désir de ne pas laisser sa prépondérance décliner par sa passivité, tout la devait entraîner dans la lutte. Mais, ainsi que je l'ai démontré déjà, l'antagonisme qui existait entre les idées de la nation, favorable à l'Italie, et les sympathies du gouvernement, acquises à l'Autriche, la poussait à se réfugier dans une neutralité forcée comme dans un port d'où elle pouvait contempler la tempête sans en redouter les suites. Elle aurait pu intervenir, si elle eût été décidée à seconder l'action de la France en faveur de l'indépendance italienne, parce que dans cette voie le peuple aurait suivi le gouvernement avec joie. Mais, du moment où ses vœux étaient pour l'Autriche contre la France, et par conséquent contre la Sardaigne, son ancienne alliée, contre l'Italie sa vieille protégée, elle n'avait qu'à se condamner à l'inaction. C'est ce qu'elle fit, n'osant même pas invoquer, contre la France, le principe de non-intervention que le vicomte de Castelreag avait posé en 1821. Résigné à tout laisser faire, sans prendre aucune part à rien, le comte de Derby, que le vicomte de Palmerston devait remplacer au pouvoir, avant la fin de la campagne, fit signer à sa souveraine, la reine d'Angleterre, une déclaration de neutralité ainsi conçue :

« Par la reine,

PROCLAMATION.

« Victoria, reine :

« Attendu que nous sommes heureusement en paix avec tous les souverains, puissances et États ;

« Et attendu que, malgré tous nos efforts pour conserver la paix entre toutes les puissances souveraines et les États aujourd'hui en guerre, les hostilités ont malheureusement commencé entre Sa Majesté l'empereur d'Autriche, et Sa Majesté le roi de Sardaigne et Sa Majesté l'Empereur des Français, d'autre part ;

« Attendu que l'état de guerre existe aujourd'hui entre Sa Majesté l'empereur d'Autriche, d'une part, et Sa Majesté le roi de Sardaigne et Sa Majesté l'Empereur des Français, d'autre part, ainsi qu'entre leurs sujets respectifs et autres résidents, habitant leurs contrées, territoires ou possessions ;

« Attendu que nous nous trouvons en termes d'amitié et de bonnes relations avec tous et chacun de ces souverains, ainsi qu'avec leurs divers sujets et autres résidents habitant leurs contrées, territoires ou possessions ;

« Attendu qu'un grand nombre de nos loyaux sujets résident et se livrent au commerce, possèdent des biens et des établissements, et jouissent de divers droits et privilèges dans les États des susdits souverains, sous la protection de la foi des traités existant entre nous et chacun de ces souverains ;

« Attendu que, dans notre désir de conserver à nos sujets les bienfaits de la paix dont ils ont actuellement le bonheur de jouir, nous avons la ferme intention et résolution de nous abstenir de toute participation directe ou indirecte à la guerre qui existe malheureusement aujourd'hui entre lesdits souverains, leurs sujets et territoires, de rester en paix et de maintenir des relations pacifiques et amicales avec tous et chacun d'eux, et avec leurs sujets respectifs et autres habitants de leurs contrées, territoires et possessions, et de garder une stricte et impartiale neutralité pendant le cours desdites hostilités et de la guerre qui existent malheureusement entre eux,

« Nous avons, en conséquence, jugé à propos, sur l'avis de notre conseil privé, de publier la présente proclamation royale.

« Nous enjoignons donc rigoureusement et ordonnons, par les présentes, à tous nos affectionnés sujets, d'agir conformément à nos prescriptions, d'observer une stricte neutralité pendant la durée des susdites hostilités et guerre, et de s'abstenir de toute violation ou infraction, soit des lois et statuts du royaume en vigueur à cet égard, soit du droit des nations concernant le même point, attendu qu'au cas contraire ils en seraient responsables à leurs risques et périls.

« Et attendu que, d'après la teneur et en vertu d'un certain statut fait et rendu en la cinquante-neuvième année du règne de Sa Majesté le roi Georges III, intitulé : *Acte pour interdire le recrutement ou l'engagement des sujets de Sa Majesté à l'effet de servir à l'étranger, ainsi que l'armement ou l'équipement dans les États de Sa Majesté, et sans son autorisation, de vaisseaux destinés à un but de guerre*, il est, entre autres dispositions, déclaré et prescrit ce qui suit :

« Si un individu quelconque, dans quelque partie que ce soit du
« Royaume-Uni ou des possessions d'outre-mer de Sa Majesté, vient, sans
« avoir préalablement obtenu et reçu de Sa Majesté une permission et auto-
« risation à cet effet, ainsi qu'il a été dit plus haut, à équiper ou armer,
« ou s'il tente d'équiper, d'approvisionner, installer ou armer un navire ou
« bâtiment quelconque, ou s'il facilite les moyens de l'équiper, de l'appro-
« visionner, de l'installer ou de l'armer, ou s'il concourt, assiste ou participe
« sciemment à l'équipement, à l'approvisionnement, à l'installation ou à
« l'armement d'un navire ou bâtiment quelconque, afin qu'il en soit fait
« usage par quelque prince, État ou potentat étranger que ce soit, ou par
« quelque colonie, province ou portion de province ou de peuple étran-
« ger, ou par tels ou tels individus exerçant ou prétendant exercer des
« pouvoirs gouvernementaux quelconques sur le territoire ou à l'égard
« de quelque État, colonie, province ou portion de province ou peuple
« étranger ; et cela soit à titre de bâtiment de transport ou de gabarre,
« soit à l'effet de croiser ou de commettre des hostilités contre quelque
« prince, État ou potentat que ce soit, ou contre les sujets desdits
« prince, État ou potentat, ou contre les individus exerçant ou préten-
« dant exercer pouvoirs gouvernementaux dans quelque colonie, province
« ou portion de province ou de pays étrangers, ou contre les habitants
« de ces colonie, province ou portion de province ou de pays, à l'égard
« desquels Sa Majesté ne se trouverait pas actuellement en état de guerre.

« Pareillement, si un individu quelconque, soit dans le Royaume-Uni,
« soit dans les possessions de Sa Majesté, appartenant et soumis à Sa Ma-
« jesté, vient à émettre ou à délivrer une commission d'armement à un
« bâtiment ou navire, afin qu'ils soient employés ainsi qu'il vient d'être
« dit, l'individu qui aura commis cette infraction sera réputé coupable
« d'un délit grave (*milde demeanour*); et, dans le cas où il serait con-
« damné en raison d'informations ou de poursuites intentées à cette occa-
« sion, il sera puni d'amende et d'emprisonnement, ou de l'une ou l'autre
« de ces peines, à la discrétion de la cour qui l'aura condamné. De plus,
« tout bâtiment ou navire, avec ses agrès, ses apparaux et son équipe-
« ment, ainsi que les matières premières, armes, munitions et approvi-
« sionnements qui appartiendraient audit navire, ou seraient trouvés à
« son bord, seront confisqués.

« Il sera permis respectivement à tout officier des douanes de l'accise
« ou de la marine de Sa Majesté, qui sera autorisé par la loi à pratiquer
« des saisies pour cause de confiscation encourue en vertu des lois des
« douanes et de l'accise ou des lois qui régissent le commerce et la navi-
« gation, de saisir les susdits bâtiments et navires, dans les mêmes lieux
« et de la même manière que les officiers de douanes, de l'accise ou de la
« marine de Sa Majesté sont autorisés à pratiquer des saisies pour cause
« de confiscation encourue en vertu des lois de douane et d'accise ou qui
« régissent le commerce et la navigation; lesdits bâtiments et navires,
« avec leurs gréements, apparaux et équipement, et les matières pre-
« mières, armes, munitions et approvisionnements appartenant à ces na-
« vires, ou trouvés à leur bord, seront passibles des mêmes poursuites et
« condamnations, et devant les mêmes cours que le seraient les navires
« et bâtiments, et condamnés pour toute atteinte portée soit aux lois ren-
« dues pour protéger les revenus des douanes et de l'accise, soit aux lois
« qui régissent le commerce et la navigation. »

« Attendu que plus loin il est déclaré dans ledit acte « que, si un indi-
« vidu quelconque, dans quelque partie que ce soit du Royaume-Uni de la
« Grande-Bretagne et d'Irlande ou des possessions d'outre-mer de Sa Ma-
« jesté, n'ayant pas préalablement eu et obtenu, ainsi qu'il a été dit plus
« haut, l'autorisation et la permission de Sa Majesté à cet effet, vient, soit
« en augmentant le nombre des canons d'un navire, soit en remplaçant
« par d'autres canons ceux qui seraient déjà à son bord, soit en y ajoutant
« une installation de guerre quelconque, à accroître ou augmenter la force
« militaire de tout navire ou vaisseau de guerre, croiseur ou autre bâti-
« ment armé, ou à en procurer l'accroissement ou l'augmentation, ou à
« participer sciemment à cet accroissement ou augmentation, lorsque le-

« dit navire, à l'époque de son arrivée dans un port quelconque du
« Royaume-Uni ou des possessions de Sa Majesté, était un vaisseau de
« guerre, un croiseur ou bâtiment armé au service de quelque prince,
« État ou potentat étranger que ce soit, ou de tel ou tels individus exer-
« çant ou prétendant exercer des pouvoirs gouvernementaux dans le ter-
« ritoire ou à l'égard de quelque colonie, province ou portion de province
« ou de peuple appartenant aux sujets de quelque prince, État ou poten-
« tat que ce soit, ou des habitants de quelque colonie, province ou portion
« de province ou pays soumis, ou de tel ou tels individus exerçant ou
« prétendant exercer des pouvoirs gouvernementaux, l'individu qui aura
« commis cette infraction sera réputé coupable d'un délit grave; et, dan
« le cas où il serait condamné en raison d'informations ou de poursuites
« intentées à cette occasion, il sera puni d'amende et d'emprisonnement,
« ou de l'une ou l'autre de ces peines, à la discrétion de la cour qui l'aura
« condamné. »

« En cet état de choses, et afin qu'aucun de nos sujets ne s'expose in-
considérément aux peines imposées par ledit statut, nous interdisons rigoureusement par les présentes, à chacun et à tous individus, de commettre quelque acte, entreprise ou choses que ce soient en contravention
des dispositions de ce statut, sous peine d'encourir les diverses pénalités
portées par ledit statut, ainsi que notre souverain déplaisir.

« En outre, nous avertissons et requérons, par les présentes, nos affectionnés sujets et tous autres individus ayant droit à notre protection d'observer les devoirs de la neutralité à l'égard de chacun et de tous les souverains susdits, de leurs sujets et territoires, ainsi qu'à l'égard de toutes
les parties belligérantes quelconques avec lesquelles nous sommes en
paix; de respecter, à l'égard de tous et de chacun d'eux, l'exercice de ce
droit des puissances belligérantes dont nous et nos royaux prédécesseurs
avons toujours réclamé le privilège.

« Nous avertissons en outre, par les présentes, tous nos affectionnés
sujets et tous autres individus ayant droit à notre protection, que, si l'un
d'entre eux ose, au mépris de notre présente proclamation royale et de
notre souverain déplaisir, commettre des actes contraires à leurs devoirs
comme sujets d'un souverain neutre, dans une guerre existant entre
d'autres souverains, ou qui constituent une violation ou une infraction
au droit des nations à cet égard, et plus spécialement en rompant ou en
s'efforçant de rompre un blocus légalement et effectivement établi par
l'un quelconque desdits souverains ou en leur nom, en transportant des
officiers, ils le feront à leurs risques et périls, comme étant dans leur
tort, et qu'ils n'obtiendront de nous aucune protection contre la capture

des bâtiments ou les pénalités ci-dessus énoncées ; mais que, au contraire, ils encourront, par leur désobéissance, notre souverain déplaisir.

« Donné en notre cour, au palais de Buckingham, le 13 mai, l'an de Notre-Seigneur 1859, dans la vingt-deuxième année de notre règne.

« Dieu sauve la reine ! »

La Russie avait une situation moins difficile et moins compliquée ; l'abaissement de la maison d'Autriche souriait à ses rancunes de 1853, et l'accroissement de l'influence française en Italie ne l'inquiétait pas, tandis que le déplaisir de l'Angleterre ne pouvait que flatter ses sentiments de rivalité contre la dominatrice des mers.

Un seul point importait à la Russie : c'est que l'intervention inopportune et malencontreuse de la Prusse et de l'Allemagne au profit de l'Autriche ne vînt pas provoquer une croisade de la France sur le Rhin et une conflagration générale qui aurait pu favoriser une insurrection polonaise.

Aussi, dans une circulaire du 27 mai 1859, que le cabinet de Saint-Pétersbourg adresse à ses agents diplomatiques à l'étranger, le prince Gortschakoff, ministre des affaires étrangères de l'empereur Alexandre II ne laisse deviner qu'une seule préoccupation : celle de prévenir cette insurrection. Voici le texte de cette circulaire, qui dit tout le rôle de la Russie :

« Monsieur le comte,

« En présence des complications qui ont surgi en Italie, plusieurs grandes puissances de l'Europe ont cru devoir constater par des déclarations leur attitude immédiate et éventuelle.

« D'après les renseignements qui nous sont parvenus, le gouvernement de Sa Majesté britannique a fait connaître aux États de la Confédération que, dans son opinion, aucun acte hostile du gouvernement français, aucun traité obligatoire, ne justifieraient, de la part de l'Allemagne, une attaque contre la France, ni l'adoption prématurée d'une ligne de conduite qui pourrait amener une guerre européenne ; qu'en conséquence, si dans le moment actuel la Confédération provoquait une pareille guerre sans un *casus fœderis*, et généralisait sans cause suffisante une lutte qui devrait, autant que possible, rester *localisée*, le gouvernement de Sa Majesté Britannique maintiendrait une stricte neutralité et ne pourrait donner aucune assistance à l'Allemagne ni garantir, par l'interposition de ses forces navales, les côtes allemandes d'aucune attaque.

« De son côté, le cabinet des Tuileries a solennellement déclaré qu'il ne nourrit à l'égard de l'Allemagne aucun sentiment de nature à l'inquiéter ou lui porter ombrage, et qu'il n'est animé que du plus sincère désir de vivre en bonne intelligence avec la Confédération germanique, dont il est résolu à respecter partout les droits et les intérêts.

« Enfin le gouvernement prussien, en ordonnant la mise sur pied de guerre de son armée, a déclaré que cette mesure, purement défensive, avait pour objet de sauvegarder l'intégrité de l'Allemagne, de mettre ses intérêts à l'abri de toutes les éventualités, et de veiller au maintien de l'équilibre européen.

« Pour indiquer le jugement que Sa Majesté l'empereur porte sur les graves questions du moment, je pourrais me borner à me référer à ces déclarations : les principes qu'elles posent et les assurances qu'elles contiennent sont entièrement d'accord avec les vues de notre auguste maître.

« Toutefois, Sa Majesté ayant été amenée, dans ces derniers temps, à s'écarter de la réserve qu'elle s'était imposée depuis la guerre d'Orient, je crois utile d'entrer dans quelques détails à cet égard vis-à-vis des légations impériales.

« Le désir de l'empereur de concentrer exclusivement son attention sur les réformes essentielles entreprises dans l'intérieur de son empire a dû céder à la gravité des circonstances ; notre auguste maître n'a pas cru pouvoir rester spectateur impassible de complications qui menaçaient la paix générale.

« Pour résoudre ces complications, nous avons proposé un congrès européen ; l'idée en fut accueillie avec empressement par les grandes puissances.

« Ce congrès ne plaçait aucune d'elles en présence de l'inconnu ; le programme en avait été tracé d'avance sur les bases proposées par Sa Majesté britannique, et il reçut même plus tard une extension recherchée par le gouvernement autrichien.

« L'idée fondamentale qui avait présidé à cette combinaison n'apportait de préjudice à aucun intérêt essentiel.

« D'une part, l'état de possession territoriale respectif était maintenu en Italie; et d'autre part il pouvait sortir du congrès un résultat qui n'avait rien d'exorbitant ni d'inusité dans les relations internationales.

« Pour ce qui nous concerne, nous étions disposés à apporter à ces délibérations l'esprit le plus conciliant et les sentiments les plus équitables. Confiants dans l'appui qu'auraient rencontré nos efforts, nous pouvions espérer que le fléau de la guerre serait épargné à l'humanité.

« Cet espoir a été déçu. Au dernier moment et lorsque toutes les difficultés de détail paraissaient aplanies, le cabinet de Vienne a brusquement rompu les négociations en alléguant ce seul motif, que sa dignité ne lui permettait pas de siéger dans un congrès auquel seraient admises les cours italiennes, et par conséquent la Sardaigne.

« Je n'ai pas besoin de relever ici que, dans un congrès appelé à s'occuper des affaires de l'Italie, l'absence des cours italiennes eût été à la fois une faute de logique et un déni de justice, que leur participation découlait des principes arrêtés à Aix-la-Chapelle et qu'avaient consacrés les congrès de Leybach et de Vérone, convoqués par l'Autriche elle-même.

« Nous avons vivement et profondément regretté une détermination qui, d'un côté, prouvait qu'à Vienne l'intention qui nous avait dicté la proposition d'une réunion européenne n'avait pas été comprise, et, de l'autre, remettait aux hasards de la guerre des intérêts qui eussent trouvé une sauvegarde dans les bases mêmes du congrès proposé.

« Les pièces de cette négociation subiront un jour le jugement de la conscience publique.

« Nous ne redoutons dans aucun détail celui qu'elle portera sur la conduite tenue par le cabinet impérial. Alors il sera constaté jusqu'à l'évidence que, n'ayant en vue que d'accélérer une réunion d'où nous espérions voir sortir une solution pacifique, aucune difficulté de notre part, aucune obstination dans une opinion préconçue, ne sont venues y mettre obstacle. Nous devons ajouter en toute sincérité que, dans le cours de ces pourparlers, le gouvernement français a loyalement secondé les efforts des puissances désireuses comme nous d'assurer le maintien de la paix.

« Quoi qu'il en soit, en présence de l'insuccès de cette suprême tentative pour prévenir la guerre qui vient d'éclater, il nous restait une autre tâche à remplir, celle de chercher à en restreindre les calamités dans la mesure du possible.

« Sous ce rapport, j'ai déjà exprimé notre entière adhésion aux déclarations des puissances, qui tendent à ce but si essentiel aux intérêts généraux de l'Europe.

« En nous associant notamment à celle du gouvernement de Sa Majesté britannique, nous ne saurions dissimuler les regrets que nous éprouvons de l'agitation qui se manifeste dans toutes les parties de l'Allemagne.

« Nous craignons qu'elle n'ait sa source dans un malentendu analogue à celui qui a fait méconnaître à Vienne l'idée du congrès proposé par la Russie.

« Mais les malentendus qui enveloppent les destinées des peuples prennent un caractère de gravité qui impose le devoir de chercher à les éclaircir.

« Notre auguste maître ne veut pas qu'il en existe sur les vues qui l'animent dans les conjonctures actuelles.

« Quelques États de la Confédération germanique semblent se préoccuper d'une crainte d'avenir. Pour éviter un danger que nous croyons sans fondement, ils s'exposent à en faire naître de très-réels, et cela non-seulement en ne résistant pas à des passions dont le développement pourrait mettre en péril la sécurité et la force intérieure des gouvernements, mais encore en fournissant des griefs sérieux à un État voisin et puissant au moment où ils en reçoivent des déclarations rassurantes.

« Le gouvernement français a solennellement proclamé qu'il n'a aucune intention hostile à l'égard de l'Allemagne.

« Cette déclaration faite à la face de l'Europe a été accueillie avec un assentiment empressé par la majorité des grandes puissances. Or un pareil assentiment implique des obligations.

« C'est ainsi que nous avons compris le nôtre.

« Lorsqu'un concours malheureux de circonstances aboutit à une rupture hostile, le seul moyen d'accélérer le retour de la paix et de diminuer les maux de la guerre est de la renfermer sur le terrain où s'entrechoquent les intérêts qui l'ont fait naître.

« Dans les conjonctures actuelles, le cabinet de Berlin a pris pour devise de son attitude la défense de l'intégrité de l'Allemagne et le maintien de l'équilibre européen.

« Nous sommes au même degré intéressés à la conservation de cet équilibre, et sous ce rapport notre vigilance ne le cédera à celle de personne. Quant à l'intégrité de l'Allemagne, le caractère élevé et chevaleresque du prince qui s'en est proclamé le gardien, et dont la puissance est à la hauteur de cette tâche, devrait, ce nous semble, dispenser de toute autre garantie. Nous croyons presque inutile de rappeler, l'histoire en main, que cet intérêt n'a pas été non plus indifférent à la Russie, et qu'elle n'a pas reculé devant des sacrifices, quand il s'est agi de le sauvegarder d'un péril réel.

« Mais le renouvellement de ces sacrifices ne serait pas justifié aux yeux de Sa Majesté l'empereur s'il était provoqué par une situation amenée volontairement et violemment malgré les exhortations amicales qu'il prodigue et les preuves dont il les appuie.

« Notre désir, comme celui de la majorité des grandes puissances, est aujourd'hui de localiser la guerre, parce qu'elle a surgi de circonstances locales, et que c'est le seul moyen d'accélérer le retour de la paix. La marche que suivent quelques États de la Confédération germanique tend au contraire à généraliser la lutte en lui donnant un caractère et des proportions qui échappent à toute prévision humaine, et qui, dans tous les cas, accumuleraient des ruines et feraient verser des torrents de sang.

« Nous pouvons d'autant moins comprendre cette tendance, que, indépendamment des garanties qu'offrent à l'Allemagne les déclarations positives du gouvernement français, acceptées par les grandes puissances, et la force même des choses, les États allemands s'écarteraient par là de la base fondamentale qui les relie entre eux.

« La Confédération germanique est une combinaison purement et exclusivement défensive ; c'est à ce titre qu'elle est entrée dans le droit public européen sur la base des traités auxquels la Russie a apposé sa signature.

« Or aucun acte hostile n'a été commis par la France vis-à-vis de la Confédération, et aucun traité obligatoire n'existe pour celle-ci qui motiverait une attaque contre cette puissance.

« Si, par conséquent, la Confédération se portait à des actes hostiles envers la France, sur des données conjecturales et contre lesquelles elle a obtenu plus d'une garantie, elle aurait faussé le but de son institution et méconnu l'esprit des traités qui ont consacré son existence.

« Nous conservons pleinement l'espoir que la sagesse des gouvernements fédéraux écartera des déterminations qui tourneraient à leur propre préjudice et ne contribueraient pas à fortifier leur assiette intérieure.

« Si, ce qu'à Dieu ne plaise, il devait en être autrement, nous aurions en tout cas rempli un devoir de franche et sincère amitié. Quelle que soit l'issue des complications actuelles, l'empereur notre auguste maître, parfaitement libre dans son action, ne s'inspirera que des intérêts de son pays et de la dignité de sa couronne dans les déterminations que Sa Majesté sera appelée à prendre.

« Saint-Pétersbourg, 15/27 mai 1859.

« Prince GORTSCHAKOFF. »

La Confédération germanique présentait un aspect plus animé ; ce fut une explosion presque générale et très-exagérée de sentiments hostiles à la France, sous le faux prétexte que Napoléon III songeait à conquérir les provinces rhénanes et à reculer les frontières de l'empire jusqu'au Rhin et à l'Escaut. La Belgique elle-même suivit moralement cette impulsion, qui partait de Vienne, d'où elle se répandait dans toute l'Europe centrale. La diète de Francfort fut saisie de divers projets, qui tous tendaient à la mise sur le pied de guerre de tous les États de la Confédération germanique. Le régent, qui gouvernait la Prusse au nom du roi son frère, fut enfin investi du commandement suprême et de la direction militaire de toutes les forces allemandes. Le Hanovre, la Saxe, la Bavière, se faisaient surtout remarquer par le langage belliqueux de leurs souverains et l'activité guerrière de leurs gouvernements. La Prusse avait mis plus de lenteur et plus d'habileté dans sa conduite ; elle avait paru résister d'abord à l'entraînement général; mais, quand elle fut sûre que les nombreux armements que la Diète se décidait à décréter seraient une force mise entre ses mains avec une autorité absolue, avec une vraie dictature, on vit son chef monter à la hauteur des petits rois, ses satellites, par le ton de ses harangues ; on eût dit, à l'entendre, qu'il allait se mettre à la tête d'une croisade de l'indépendance allemande contre un nouveau conquérant, et qu'il allait tirer l'épée pour la liberté du monde menacée. Toute cette belle ardeur devait s'évanouir en fumée ; cependant elle ne sera pas sans influence sur la précipitation avec laquelle la paix sera conclue ; elle a donc exercé une sorte d'action décisive sur la marche politique des événements, et, par conséquent, elle acquiert, à ce titre, une importance plus sérieuse et plus réelle que la passivité de l'Angleterre et l'indifférence de la Russie. Je crois donc devoir accorder plus de place aux documents divers qui, émanés de la Prusse, caractérisent son rôle, son attitude, sa pensée.

Ainsi le gouvernement prussien se préoccupe d'abord de la nécessité de s'assurer les fonds nécessaires pour pourvoir à toutes les dépenses qui pourraient entraîner les armements qu'il se proposait de faire, dans le cas où il croirait utile d'intervenir, les armes à la main, dans la lutte qui s'engageait en Italie entre la France et l'Autriche. A cet effet, il présente aux chambres législatives, dès le mois d'avril, des demandes de fonds en justifiant ces demandes par la publication d'un mémoire dont voici la partie politique et historique :

« La position et l'état de l'Italie, qui ont fait le sujet des dernières négociations diplomatiques et ont donné naissance à la guerre qui vient d'éclater, avaient déjà, à plusieurs reprises pendant ces dix dernières années, attiré l'attention des cabinets européens. Au congrès de Paris, notamment, cette question fut discutée avec beaucoup de chaleur, et la France et la Sardaigne intercédèrent alors pour qu'on la prît en considération. Cependant on se contenta, en fin de compte, de constater les diverses opinions émises.

« Plus tard, il y eut encore entre l'Autriche et la France des négociations sur la question italienne, mais elles avaient un caractère purement confidentiel, et par cela même les autres puissances européennes ne purent y prendre part. La situation tendue qui existait depuis plusieurs années entre le gouvernement autrichien et le gouvernement sarde ne dépassa pas d'abord le cercle d'une question *spécialement* italienne. Les relations amicales que le gouvernement était en position d'entretenir avec les deux puissances se manifestèrent immédiatement par cette circonstance, que, lorsque la cour de Vienne interrompit ses rapports diplomatiques directs avec celle de Turin, notre envoyé dans cette dernière ville fut chargé de protéger les sujets autrichiens. Le gouvernement, de son côté, a utilisé, autant que possible, sa position pour amener un rapprochement réciproque entre les deux cours, en expliquant les malentendus qui les divisaient; malheureusement il n'a pu y réussir.

« La situation prit un nouveau caractère lorsque les divergences existant entre l'Autriche et la France sur la manière d'apprécier les affaires italiennes en vinrent au point où la France se vit obligée de peser d'un tel poids dans la balance en faveur de la Sardaigne, que l'Autriche crut que sa puissance en Italie était menacée.

« Du moment où, de cette manière, le différend italien menaçait de prendre les proportions d'une complication européenne, il rentrait dans ces questions que, depuis l'établissement du droit européen actuel (1815), dans l'intérêt de ce droit et des rapports qu'il a créés entre les puissances, les cinq grandes puissances considèrent comme devant être résolues par elles *en commun*. Le gouvernement a regardé comme un devoir sacré de maintenir encore aujourd'hui ce principe traditionnel auquel l'Europe doit d'avoir été préservée, pendant près de quarante ans, du fléau d'une guerre entre les grandes puissances. C'est dans ce sens qu'elle prit part aux négociations des puissances qui avaient pour but de défendre la situation, entre la France et la Sardaigne d'une part, et l'Autriche de l'autre, et d'aplanir par voie d'accommodement amiable les différends existant entre ces États.

« Partant de ce point de vue, non-seulement le gouvernement s'est rallié avec empressement à la proposition faite par la Russie de réunir un congrès des cinq grandes puissances, mais encore il a également accepté les bases proposées par l'Angleterre (les quatre points) pour les délibérations de ce congrès, et il a cru d'autant moins pouvoir les rejeter, que l'on y prenait expressément pour point de départ le maintien des traités de 1815 et des possessions territoriales consacrées par ces traités. Aussi bien n'est-ce pas contre cette base *matérielle* qu'est venue échouer la réalisation du congrès, car les cinq puissances s'étaient déclarées toutes d'accord sur ce point. Ce qui le fit manquer, ce sont deux questions préalables, questions plutôt de forme, savoir l'ordre dans lequel se ferait le désarmement des puissances en présence et la participation des États italiens, notamment de la Sardaigne, aux délibérations du congrès.

« Dans les efforts que le gouvernement a faits pour résoudre ces deux questions préalables, sa position ne pouvait avoir encore qu'un caractère purement médiateur.

« Mais plus les tentatives faites de divers côtés pour concilier les prétentions opposées demeuraient sans résultat, plus se produisait pour la Prusse la nécessité de prendre aussi les mesures que réclame impérieusement en pareil cas notre propre sûreté, lorsque nous sommes menacés de graves complications et que tous les États voisins arment autour de nous. Le gouvernement, ayant l'espoir fondé que la paix serait maintenue, a différé quelque temps de prendre ces mesures, dont il avait compris de bonne heure la nécessité éventuelle ; mais, la situation devenant de plus en plus grave, il crut ne pas pouvoir différer davantage. En exécutant les résolutions qu'il avait prises, le premier objet de ses préoccupations devait être la sûreté de l'Allemagne. C'est dans ce sens qu'il a ordonné, dans la seconde quinzaine du mois dernier, la *marschbereitschaft* pour cette partie de l'armée qui forme le contingent fédéral de la Prusse, et qu'il soumit en même temps à la Diète la proposition décrétée à l'unanimité de mettre également en état de *marschbereitschaft* tous les contingents fédéraux.

« En faisant cette démarche, la Prusse n'a pas quitté la position qu'elle a prise jusqu'ici. Il était évident que cette démarche n'avait qu'un caractère purement défensif, et ne se proposait d'autre but que la sûreté de notre propre pays et de l'Allemagne.

« Aussi les résolutions prises et exécutées par lui n'empêchèrent-elles pas le gouvernement de prendre part de la manière la plus pressante à la dernière tentative de médiation faite par l'Angleterre et reposant sur les conditions suivantes : désarmement général dont l'exécution serait réglée par les commissaires des cinq grandes puissances et de la Sardaigne ; invitation adressée à tous les États italiens d'assister au congrès projeté, selon le précédent posé au congrès de Laybach.

« Les cabinets de Berlin, de Londres, de Saint-Pétersbourg et de Paris s'étant mis d'accord sur ces bases, et l'adhésion de la Sardaigne ayant été obtenue par les représentants de l'Angleterre et de la France, on vit renaître au dernier moment l'heureux espoir que le congrès pourrait avoir lieu. Mais bientôt cet espoir s'évanouit, et avec lui toute perspective de maintenir la paix.

« L'Autriche avait, il est vrai, peu de temps auparavant, fait savoir très-confidentiellement à Londres et à Berlin qu'elle ne pouvait plus conserver aucun espoir dans les négociations suivies jusqu'alors, et qu'en conséquence elle avait l'intention d'adresser directement à la Sardaigne un ultimatum par lequel elle lui demanderait son désarmement immédiat.

« Cependant la Prusse et l'Angleterre avaient dissuadé la cour de Vienne de la manière la plus pressante, dans son propre intérêt comme dans l'intérêt de l'Europe, de faire une démarche dont on ne pouvait attendre d'autre conséquence que la guerre. Ces deux puissances comptaient fermement que leurs représentations seraient accueillies, puisque la proposition ci-dessus mentionnée de l'Angleterre, savoir, un désarmement général avant le congrès et l'admission de tous les États italiens selon le précédent du congrès de Laybach, puisque, disons-nous, cette proposition avait été acceptée par toutes les autres puissances intéressées et n'avait plus besoin que du consentement de l'Autriche. On dut donc être très-vivement surpris de voir l'Autriche, en présence de cette situation favorable à la réunion du congrès, refuser son assentiment à la proposition de l'Angleterre, et, même dans ces circonstances, envoyer effectivement sans délai l'ultimatum qu'elle se proposait d'adresser au Piémont.

« Le différend, tel qu'il avait existé jusqu'alors, entrait par là dans une nouvelle phase. La Prusse s'est crue obligée de faire connaître à Vienne qu'elle regrettait et désapprouvait la démarche faite par l'Autriche dans de telles circonstances ; l'Angleterre et la Russie ont protesté contre le procédé de l'Autriche ; enfin la France a déclaré que, si l'Autriche envahissait le Piémont, elle y verrait pour elle un cas de guerre, et, sur la demande de la Sardaigne, elle a envoyé une armée auxiliaire pour défendre l'État italien, son ami et son allié. Dès lors la guerre a commencé entre l'Autriche d'une part, la France et la Sardaigne de l'autre.

« En présence de ces faits graves et des éventualités qui peuvent en résulter, le gouvernement a dû soumettre à un examen nouveau, complet et consciencieux, sa propre position et ses devoirs envers la Prusse et envers l'Allemagne.

« Il n'a trouvé aucun motif pour prendre une autre direction que celle-ci, savoir : maintenir fermement la position qu'il a observée jusqu'ici, en ayant égard au changement des circonstances. Pour le moment, il n'y a plus lieu, ni pour la Prusse, ni pour les autres puissances, d'agir directement comme médiatrices ; mais néanmoins la Prusse s'efforcera toujours d'accomplir la mission qu'elle s'est donnée, et, de même qu'elle a fait précédemment tous ses efforts pour maintenir la paix, elle fera maintenant tous ses efforts pour la rétablir.

« Mais, de même que jusqu'à ces derniers temps elle n'en a cherché les moyens que sur le terrain des négociations diplomatiques, de même, maintenant que la question politique du jour est entrée dans sa phase actuelle, elle ne pourra se dispenser, jusqu'à ce qu'elle ait atteint son but, d'appuyer son action diplomatique par une attitude armée. Partant de ce point de vue, le gouvernement, en présence de la tournure nouvelle qu'ont prise les choses, a étendu aux six autres corps d'armée la mesure de la *marschbereitschaft*, ordonnée dans le principe pour le seul contingent fédéral de la Prusse. Mais, afin de pouvoir maintenir cette position et de lui donner une extension proportionnée aux circonstances, afin de mettre notre marine en état de défendre nos côtes, le gouvernement demande avec confiance à la Chambre de lui accorder les crédits nécessaires à cet effet.

« Et ces crédits, il ne les demande que pour les employer uniquement aux besoins de l'armée ; il ne désire les obtenir que pour pouvoir maintenir une position qui le mette à même de remplir la double mission que doit se proposer la Prusse dans la situation actuelle de l'Europe : d'abord et avant tout veiller à la protection et à la sûreté de l'Allemagne, et ensuite au maintien des intérêts nationaux, et, en particulier, de l'équilibre européen, pour autant que ce dernier pourrait être mis en question par le cours des événements. »

Le pays, le gouvernement, la chambre, étaient d'accord pour se mettre en mesure de soutenir ultérieurement l'Autriche. Aussi les fonds demandés furent-ils votés avec empressement. Le sentiment de la Prusse était du reste celui de toute l'Allemagne, et toute l'Allemagne applaudit lorsqu'entre les deux batailles de Magenta et de Solferino le cabinet de Berlin ordonna la mobilisation d'une grande partie de l'armée.

Le régent de Prusse avait alors la prétention d'imposer sa médiation par la force. C'est ce qui résulte du texte d'une circulaire adressée par son ministre des affaires étrangères aux agents diplomatiques de la Prusse auprès des cours allemandes.

Voici ce texte qui rappelle une précédente communication ayant le même but et le même caractère :

« Berlin, le 24 juin 1859.

« M....,

« Vous aurez déjà compris, par les indications qui accompagnaient ma communication du 14 de ce mois sur la mobilisation d'une partie de l'armée prussienne, que le gouvernement ne songe pas à s'écarter de sa ligne politique, qui vous est connue, et que les mesures militaires plus étendues qu'il prend actuellement ne peuvent tout d'abord avoir d'autre but que de donner à une action diplomatique ultérieure, dans le sens de cette politique, la vigueur nécessaire.

« Nous pouvons voir dès à présent qu'il n'existe à cet égard aucun malentendu dans les cabinets des grandes puissances.

« En effet, un malentendu serait presque impossible. La Prusse n'a jamais abandonné sa position de puissance médiatrice. Son principal effort, depuis l'explosion de la guerre, a été bien plutôt de garantir cette position en refusant de donner l'assurance de sa neutralité, en évitant de prendre d'aucun côté aucun engagement, et en restant de la sorte complétement impartiale et libre pour agir en médiatrice.

« Atteindre ce but, si important au point de vue de notre propre intérêt et de celui de l'Allemagne, n'était pas chose facile en présence de l'agitation qui régnait dans beaucoup d'États allemands.

« Nous avons à peine besoin de rappeler ici qu'en cela la direction de notre politique différait de celle d'un grand nombre de gouvernements allemands, et que notamment l'Autriche n'en était pas satisfaite.

« Mais, quelque profonds que fussent les regrets avec lesquels nous nous apercevions de la diversité des tendances, nous devions nous maintenir fermement dans la ligne qui nous semblait juste. Ce n'était pas seulement l'intérêt politique prussien qui l'exigeait, mais aussi la sollicitude la plus loyale pour le bien-être de la patrie commune, et enfin la sérieuse volonté de défendre en temps utile et dans la mesure de nos forces les intérêts de l'Autriche. Ce temps n'était pas encore venu, et il fallait d'abord laisser à l'Autriche, comme grande puissance, le soin de défendre dans la guerre qu'elle avait entreprise ses possessions légitimes sur un terrain avantageux pour elle, et qui n'intéressait pas la Confédération.

« En conséquence, nos efforts tendirent avant tout à éviter que la Confédération ne fût prématurément engagée dans la guerre, et nous avions d'autant plus le droit d'agir ainsi, qu'après l'examen le plus consciencieux des conventions fédérales nous n'avions trouvé jusqu'alors aucune raison valable, aucun motif qui pût justifier une guerre fédérale.

« Mais si en même temps nous prenions toutes les mesures ayant pour but la sécurité de l'Allemagne, placée entre les deux grandes puissances belligérantes, et si, avec notre coopération, les organes de la Confédération faisaient incessamment des préparatifs de défense, il nous incombait le nouveau devoir de veiller à ce que ces préparatifs, en présence de la ligne différente de la nôtre suivie par nos confédérés, et qui ne manquait pas de défenseurs à la Diète, de veiller, disons-nous, à ce que ces préparatifs ne se changeassent pas tout à coup en moyens d'attaque et ne compromissent ainsi gravement notre propre position et celle de la Confédération. De plus, et à notre vif regret, il y avait des indices annonçant qu'on se préparait dans le camp opposé au nôtre à se concerter, et la gravité de la situation devait nous faire craindre que l'on n'en vînt de la sorte à augmenter de plus en plus les tendances de dissolution de la Confédération.

« Nous ne parlerons pas ici des difficultés que nous ont causées les affaires allemandes dans nos relations avec les cabinets des grandes puissances.

« Pour prévenir maintenant les dangers dont les circonstances que nous venons d'indiquer menacent la patrie commune, afin de répondre avant tout par la plus grande confiance à la méfiance qu'on a témoignée pour la Prusse et pour ses intentions, Son Altesse Royale le prince-régent a résolu d'envoyer le général de Willisen en mission à Vienne.

« Quelques explications sur cette mission et son résultat suffiront pour permettre aux gouvernements allemands de voir le fond de notre politique.

« Il s'agissait pour nous d'abord d'obtenir des explications de l'Autriche sur le but qu'elle poursuivait dans la guerre qu'elle avait commencée, et, dans le cas où nous nous serions entendus avec elle, de déterminer d'un commun accord dans quelles éventualités et à quel moment la Prusse interviendrait par une tentative de médiation entre les belligérants, et à quel moment, si cette tentative échouait, elle devrait passer à une action plus étendue.

« Les intentions du gouvernement à cet égard dépendaient naturellement de certaines suppositions quant à la manière d'être de l'Autriche.

« On s'aperçut dès le début, après s'être communiqué ses vues réciproques, qu'on n'était pas d'accord sur le but de la guerre, et qu'il ne fallait pas songer à établir une entente sur cette base. En conséquence le gouvernement prussien dut se réserver de décider lui-même dans quelles éventualités et à quel moment il passerait à l'action. Au désir manifesté par le cabinet de Vienne que la Prusse envoyât aussi une mission spéciale à Saint-Pétersbourg pour obtenir que la Russie restât neutre, le prince-régent s'est empressé de souscrire, mais il n'a pu y donner suite. Un autre désir du même cabinet, exprimé en même temps, savoir la concentration d'une armée d'observation sur le Rhin, à laquelle devaient prendre part aussi des troupes autrichiennes, a dû être repoussé, par la raison bien claire qu'à ce moment cette mesure prise dans cette forme eût attiré sans plus tarder la guerre sur l'Allemagne.

« Dans le cours des ouvertures réciproques que se sont faites les deux gouvernements, le nôtre a répété d'une manière catégorique l'assurance que l'intention de la Prusse était d'agir pour le maintien des possessions autrichiennes en Italie, et qu'on se conduirait en conséquence dès que ces possessions seraient sérieusement menacées.

« Malgré maintes divergences d'appréciation, nous eûmes alors la satisfaction de voir qu'on était près de bien juger la différence des points de vue réciproques, et qu'il allait y avoir un rapprochement plein de confiance. Comment aurait-il pu en être autrement, puisque les avances de la Prusse ne lui étaient inspirées que par des sentiments d'amitié loyale et désintéressée? A la fin de la mission du général de Willisen, qui avait conduit à cet heureux résultat, le cabinet de Vienne exprima le désir que cette intention de la Prusse, c'est-à-dire la promesse de notre concours pour atteindre le but indiqué, fût exprimée, pour plus de certitude, sous forme obligatoire au moyen d'un échange de notes. Accéder à ce désir eût été équivalent à une garantie de la Lombardie.

« En présence d'éventualités aussi vagues, c'eût été de la part de la Prusse prendre un engagement qu'elle n'aurait pu tenir. Et même nous devions repousser tout engagement formel qui aurait pu altérer notre position de puissance médiatrice.

« En conséquence, dans la dépêche adressée le 14 juillet au baron de Werther, dépêche qui avait pour but de terminer la mission du général Willisen et d'en résumer les événements, nous nous bornâmes à répéter d'une manière sommaire quelles étaient nos intentions relativement à l'intérêt de l'Autriche, comme elles avaient été manifestées en plusieurs conversations dans le cours de la mission, et nous exprimâmes l'espoir qu'on payerait notre confiance de retour et qu'on nous rendrait possible l'accomplissement de ces intentions, en faisant ce que nous supposions, notamment par rapport à la conduite de l'Autriche à la Diète.

« Jusqu'ici nous n'avons aucun motif de croire que les rapports de confiance heureusement établis entre les deux cabinets puissent être menacés par un refus indispensable pour nous, et qui d'ailleurs n'a rien changé à nos sentiments ni à nos intentions. Nous croyons au contraire pouvoir espérer fermement qu'il n'en sera rien.

« Indépendamment des négociations que nous venons d'exposer, après la bataille de Magenta, lorsque les événements prenaient sur le théâtre de la guerre d'Italie des proportions toujours plus grandes, nous avons décrété la mobilisation de la plus grande partie de l'armée prussienne, et avec cela nous nous proposons encore, comme nous l'avons déjà indiqué dans la circulaire du 14 juin, de faire des démarches concordantes auprès de la Diète. Nous avons été ainsi au delà du désir ci-dessus mentionné de l'Autriche demandant la concentration sur le Rhin d'une armée d'observation.

« Ce qui nous a déterminé à décréter la mobilisation, c'est la nécessité d'avoir sous la main une armée considérable prête à entrer en campagne, parce que le moment de la médiation pouvait venir bientôt, et, avec notre organisation militaire, nous ne pouvions avoir cette armée sous la main sans lever la landwehr. Cette mesure, en liant dans une proportion considérable les forces militaires de la France, facilite beaucoup aussi la position de l'Autriche ; mais en même temps elle impose au pays des sacrifices si énormes, qu'ils ne peuvent être justifiés que par une politique indépendante et s'inspirant de l'intérêt particulier de l'État.

« Heureusement, dans le cas présent, l'intérêt politique de la Prusse est complétement identique à celui de l'Allemagne, et c'est d'autant plus important, que l'Allemagne ne peut manquer de ressentir les conséquences de notre action politique dans la question européenne pendante.

« Nous ferons assurément tout au monde pour éloigner la guerre aussi longtemps que possible de la Confédération.

« Mais, d'un autre côté, bien que nous ayons des raisons de croire que notre tentative de médiation ne sera pas sans réagir sur les cabinets des grandes puissances, nous ne pouvons nous dissimuler qu'en suivant la politique que nous indiquons la Prusse ne puisse cependant se mettre dans le cas d'avoir la guerre avec la France. Cette guerre étant faite exclusivement sur le territoire fédéral, et, dans l'éventualité que nous avons en vue, ayant essentiellement pour but de défendre les droits et les intérêts allemands, la Confédération ne pourrait se dispenser d'y prendre part, et c'est pourquoi nous regardons comme notre devoir particulier de provoquer en temps utile les mesures qui peuvent mettre les quatre corps fédéraux extra-prussiens et extra-autrichiens à même de se joindre aux armées prussiennes, prêtes à combattre pour la cause commune.

« Nous espérons, par ces ouvertures, qui donnent l'explication complète de nos rapports avec l'Autriche, de notre politique et de notre position à la Diète, avoir rempli, autant que possible, les désirs de nos confédérés.

« Appuyés sur une forte concentration militaire, nous avons l'intention, en nous efforçant de maintenir les possessions autrichiennes en Italie, de mettre en avant au moment voulu, près des grands cabinets, la question de la paix et d'offrir notre médiation.

« Donnez communication confidentielle et verbale de cette dépêche, et veuillez me faire savoir au plus tôt l'impression qu'elle aura produite.

« *Signé :* De Schleinitz. »

Une circulaire identique fut adressée aux ambassadeurs de Prusse auprès des cours d'Angleterre et de Russie. Cette circulaire était accompagnée d'une lettre confidentielle uniquement destinée à ces deux diplomates.

Les prétentions du régent de Prusse étaient évidentes : il voulait imposer à la fois sa protection intéressée à l'Autriche et sa médiation armée à la France. La paix de Villafranca déjouera les plans astucieux d'une politique cauteleuse qui, ne sachant rien faire à propos, parle toujours et n'agit jamais.

XII

NAPOLÉON Ier EN ITALIE

Ce n'est pas d'aujourd'hui, on le sait, que l'Italie est pour la France un champ de bataille illustré par l'éclat de ses triomphes : les soldats de la République, du Consulat et de l'Empire s'y sont couverts de gloire, et, avant Napoléon III, l'homme du siècle, Napoléon Ier, l'avait remplie du bruit de sa renommée.

Dès 1794, le nord de la Péninsule devenait le théâtre d'éclatantes victoires remportées par l'armée française sur une armée austro-sarde, car alors la Sardaigne était l'alliée de l'Autriche.

L'armée austro-sarde était réfugiée en Piémont ; au mois d'avril, sa droite se prolongeait sur les hauteurs en avant et au delà du Petit-Saint-Bernard ; sa gauche s'étendait sur le Tanaro ; son centre était à Saint-Dalmazzo, en avant de Côme. Impatiente de commencer la campagne, la cour de Turin activait avec ardeur les levées d'hommes qui devaient augmenter les cadres de cette armée.

Dans le comté de Nice, le général Dumerbion, commandant en chef de l'armée française, dite armée d'Italie, s'occupait également d'incorporer à ses anciennes troupes celles qui lui étaient envoyées de Toulon, dont le siége était terminé. Au même moment, le Comité de salut public décidait que les soldats de la République tenteraient la conquête d'Oneglia, refuge des corsaires alliés, qui, de ce point, interceptaient toute communication entre Marseille et Gênes. Oneglia était du reste la seule place par laquelle la cour de Turin pouvait encore maintenir ses relations soit avec l'île de Sardaigne, soit avec la flotte anglaise qui croisait dans les mers de Toscane.

Ce fut Masséna qui reçut du général Dumerbion l'ordre de diriger l'expédition contre la place d'Oneglia. Une forte division ayant traversé d'autorité le territoire de la république de Gênes, parut, le 7 avril, devant cette place, où elle entra après avoir emporté le poste de Sainte-Agathe, où les Piémontais s'étaient fortifiés, et où ils furent foudroyés par l'artillerie française, que nos soldats avaient su conduire à travers des rochers escarpés et d'effrayants précipices jusqu'à une hauteur dominant les positions de l'ennemi.

C'était le prélude d'une série de triomphes. Le général Masséna s'empara successivement de Loano, de Ponte di Nave sur le Tanaro, d'Ormea et de Garessio.

Ces opérations de détail que les Français accomplissaient dans le Piémont présageaient une attaque générale sur toute la ligne sarde, depuis le Faucigny jusqu'au comté de Nice. Ainsi, sur l'ordre du général Dumas, commandant en chef de l'armée des Alpes, le général Bordelanne s'emparait, dans les derniers jours d'avril, du mont Valaisan et du Petit-Saint-Bernard.

L'armée d'Italie poursuivait, de son côté, le cours de ses succès. Un collègue du général Masséna, le général Macquart, qui commandait le centre de cette armée, occupait Saorgio, point important situé dans les montagnes, sur la grande route de Nice à Turin, par le col de Tende. Un autre corps de troupes prit les postes de Rocabigliera et de Saint-Martin. Enfin le général Masséna, qui commandait l'aile droite, et le général Macquart, ayant réuni leurs efforts et combiné leurs mouvements, délogèrent les Piémontais des hauteurs qui dominent l'embranchement des cols du Tende. Cette affaire prit le nom de combat de la Briga. Au même moment, l'armée des Alpes s'emparait successivement du mont Cenis, du poste des barricades, en avant de Barcelonnette, et de la vallée de la Stura, se mettant ainsi presque en communication avec l'armée d'Italie, dont l'extrême gauche était au-dessus du petit village d'Isola, vers San Dalmatio-Salvatico.

L'armée des Alpes et l'armée d'Italie étaient composées de vaillantes troupes, mais elles se trouvaient trop faibles en nombre pour agir avec une grande vigueur et une efficacité réelle ; elles remportèrent une série de petits succès qui laissèrent à peu près les affaires politiques et militaires dans la même situation.

La campagne de 1794 se termina pourtant par un coup d'éclat : le général en chef de l'armée d'Italie s'empara de Cairo, où il trouva d'immenses magasins de vivres et de fourrages, et que le général autrichien Wallis essaya en vain de défendre. Vaincu, il alla prendre position à Acqui, où il devait hiverner.

Cependant la campagne de 1794 n'avait eu pour but et pour résultat que de garder ou d'enlever quelques postes sur la ligne qui s'étend de la frontière de Savoie à la rivière de Gênes. La France se bornait alors à la défensive ; elle fit de même pendant la campagne de 1795.

La situation des deux armées, dites armée des Alpes et armée d'Italie, était devenue très-dangereuse ; les cours de Vienne et de Turin, d'accord avec la cour de Naples, s'apprêtaient à les faire attaquer par des forces considérables, pendant que l'Angleterre entretenait dans la Méditerranée une escadre qui contrecarrait leurs opérations dans la rivière de Gênes.

Le Comité de salut public ne pouvait ni renforcer ni ravitailler ces deux armées, qui pourtant remplissaient l'importante mission de couvrir tout un côté des frontières de France. Dans son impuissance matérielle, il eut pourtant l'heureuse idée de les réunir en une seule armée, dont Kellermann eut le commandement suprême.

L'ancienne armée des Alpes resta néanmoins sous la direction spéciale du général Moulin, qui parvint à garder, avec quinze mille hommes, une ligne qui allait du mont Saint-Bernard au camp de Tournoux, et que trente mille Piémontais essayaient de rompre.

L'ancienne armée d'Italie, qui était dans un complet dénûment, avait également en face d'elle des forces beaucoup plus nombreuses. Elle ne comptait guère que trente mille hommes ; l'ennemi en avait sur ce point environ cent vingt mille, savoir : soixante-dix mille Piémontais, quarante-cinq mille Autrichiens, et cinq mille Napolitains.

Voici comment l'ancienne armée des Alpes se trouvait disposée au moment de l'ouverture de la campagne.

La division de droite, commandée par le général Vaubois, était placée au camp de Tournoux, et occupait par sa droite la vallée de Fours, s'étendant jusqu'à San Dalmatio, où elle se liait avec l'ancienne armée d'Italie et assurait leurs communications mutuelles.

La vallée de l'Arche était gardée par les principales forces du camp de Tournoux, qui lui-même se trouvait dans un excellent état de défense. Garni de vingt pièces de canon, il était protégé par des hauteurs que le général Moulin avait fait occuper en même temps que le bois de Sylve : cette même division de droite s'étendait jusqu'à Queyras par son extrême gauche.

La division du centre, qui se liait à celle de droite par les cols de Roux et de Servier, occupait le mont Genèvre, et s'étendait par sa gauche sur les cols de la Roue et de Fréjus, vers le mont Cenis, où commençait la division de gauche, qui tenait le mont Cenis, la vallée de Tignes, le Saint-Bernard et l'Allée-Blanche, où se terminait l'extrémité de gauche des deux armées.

L'ancienne armée d'Italie occupait des positions très-hasardées.

La division de droite, commandée par les généraux Masséna et Serrurier, s'appuyait par sa droite, à Vado, et occupait les hauteurs en avant; en s'étendant par celle de San Giacomo, Corbua, Pantaleone, Melogno,

Bardinetto, San Bernado et le plateau de la Planète où une redoute fut construite; elle descendait ensuite sur Garessio, en dedans de la ligne, sur le Tanaro, vers Intrapa, en avant d'Ormea, et remontait sur les cols de Linferno et de Terme, de Viosena et de Carlino.

Commandée par le général Macquart, la division du centre, s'appuyait au mont Saint-Bernard, et tenait les cols de Tanarello et de Toxe; son centre occupait le col de Mende, et sa gauche celui de Sabion.

La division de gauche, aux ordres du général Garnier, couvrait les cols de Rauss et de Finestra, en passant par San Martino de Lantosca, près des sources de la Vesubia : San Dalmatio, Tibiano, San Salvador, Isola, sur la rivière de Tinca, et San Stephano, à l'extrémité gauche de toute l'armée.

Réunie à l'armée napolitaine, la plus grande partie de l'armée autrichienne occupait en face de la droite des Français un camp établi en avant de Cairo, où se trouvait le quartier général du feld-maréchal Dewins, commandant en chef des troupes ennemies. Les Piémontais, aux ordres du général Colli, étaient campés en avant de Ceva et s'étendaient jusqu'aux environs de Coni où se déployait toute leur cavalerie. L'ennemi occupait les vallées de la Stura, de Suse, d'Oulx et d'Aoste, le bourg de San Dalmatio et les hauteurs vis-à-vis du col de Tende.

L'ancienne armée des Alpes s'empara du col de Monte, livra deux combats heureux, un à Argentera l'autre dans la vallée d'Oulx, et prit ses quartiers d'hiver, après avoir réussi à fermer à l'ennemi les portes de la France. L'armée d'Italie devait termier la campagne de 1795 par la brillante affaire de Loano.

Cette armée avait préludé à cette importante victoire par deux succès remportés sur l'ennemi, l'un à Garessio, le 25 septembre; l'autre à Borghetto, le 2 octobre; puis elle s'était trouvée renforcée par les troupes que le général Schœrer amenait d'Espagne en Italie. Le général Schœrer prit alors, à la place du général Kellermann, le commandement suprême des troupes françaises. Ce fut lui qui livra, les 23 et 24 novembre, la bataille de Loano où se produisit un incident pareil à celui de Solferino : un orage affreux, mêlé de grêlons, vint couvrir d'une nuit obscure les deux armées et arrêter la poursuite des Français. Seulement l'armée ennemie s'appelait à Loano l'armée austro-sarde, tandis qu'à Solferino c'était une armée franco-sarde qui combattait l'Autriche. Trente-deux mille Français sans cavalerie, sans souliers, sans habits, sans pain, battirent dans ces deux journées soixante mille ennemis. Ce triomphe leur ouvrait enfin la Lombardie, comme la victoire de Magenta devait le faire à soixante-cinq années d'intervalle.

Après les journées de novembre, l'armée française prit ses quartiers d'hiver dans les villes de Salines, d'Oneglia, de Savone, dans les environs d'Alexandrie, sur le territoire de Gênes, et dans tout le Montferrat.

Les Autrichiens, du côté des Alpes, s'étendirent sur les montagnes, depuis le col de Suse jusqu'au lieu d'Aoste. Les Piémontais occupaient l'espace qui se trouve entre Laccani et Ivrée. Pavie devint le centre des troupes qui arrivaient d'Allemagne pour renforcer l'armée ennemie. Celles qui furent envoyées de France à l'armée d'Italie se réunirent à Finale.

L'année 1796 était née. On vit alors l'Autriche, s'agitant dans toute l'Italie, fortifier la coalition des souverains de la Péninsule contre la France, y faire rester le roi de Piémont avec soixante mille hommes, y faire entrer le roi de Naples également avec soixante mille hommes, et le pape Pie VI remercier l'empereur d'Allemagne de ses efforts pour venger la mort de Louis XVI en lui envoyant une médaille d'or à l'effigie de saint Pierre et de saint Paul, qu'il appelait les deux vaillants soldats du Christ, les donnant pour exemple aux princes coalisés.

Les ducs de Parme et de Modène étaient avec l'empereur et avec le pape; le duc de Toscane gardait une sorte de neutralité; les patriciens des républiques de Gênes et de Venise penchaient du côté de l'Autriche, en haine de la Révolution. Enfin Beaulieu remplaçait Dewins dans le commandement supérieur des forces ennemies qui s'élevaient à cent cinquante mille hommes.

Mais Bonaparte allait se révéler; Bonaparte était à lui seul toute une armée.

Général de brigade depuis 1793, âgé seulement de vingt-six ans, Bonaparte n'avait servi jusqu'alors que dans l'arme de l'artillerie, arme dans laquelle il était entré à la sortie de l'école militaire. Le siége de Toulon, où il était employé, lui ayant fourni l'occasion de se signaler, il avait obtenu le grade d'officier général dont il était investi depuis trois ans, lorsque Barras lui fit confier le commandement de l'armée d'Italie, dont le quartier général était à Nice. Bonaparte y arriva le 20 mars 1796. Cette date caractéristique devait se retrouver dans sa destinée.

Bonaparte commandait à trente mille Français; Beaulieu avait sous ses ordres soixante mille Austro-Sardes.

Les peuples d'Italie détestaient et redoutaient les Français que les prêtres et les moines lui représentaient comme un ramas de brigands sans foi ni Dieu, sans mœurs et sans lois, sans conscience ni frein. Ils étaient disposés à se ranger du côté des princes contre ceux qu'ils regardaient comme des athées et des barbares. Il fallait vaincre ou mourir.

Bonaparte allait les conduire à la gloire à travers une voie sacrée d'éclatants triomphes. Les premiers allaient se nommer Montenotte, Millesino et Dego. En voici le récit d'après les documents officiels :

« Après avoir pourvu aux besoins de l'armée les plus indispensables et pris connaissance de l'état de ses troupes et des positions de l'ennemi, Bonaparte réunit la principale masse de ses forces vers le mont San Giacomo, depuis Altare jusqu'à Montenotte. Le général piémontais Colli proposa au général Beaulieu de rassembler le gros de l'armée alliée vers les sources de la Bormida, pour attaquer les hauteurs de San Giacomo et d'Altare, afin de culbuter la gauche des Français et de couper les communications de leur droite. Mais, informé qu'une division de l'armée française, aux ordres du général Laharpe, s'avançait de Voltri sur Gênes, dans le dessein présumé d'occuper la ville, et que l'avant-garde de cette division était déjà parvenue à San Pietro d'Arena, un des faubourgs de Gênes, le général Beaulieu rejeta l'avis de Colli, prit la résolution de porter sa gauche, qu'il renforça à cet effet, sur Gênes, pour communiquer avec l'escadre anglaise qui croisait devant le port, et empêcher les Français de se saisir d'un point aussi important.

« Au 5 avril, l'armée de Beaulieu occupait les positions suivantes : le passage de la Bochetta était gardé par six bataillons aux ordres du général Pittony, et cette brigade poussait des patrouilles sur Campo-Marone et Gênes. Le général Sebottendorf, avec une division considérable, était à Adorno, sur la rivière d'Orba. Le général Argenteau, commandant la droite des Autrichiens, était à Sassello, occupant Dego, et communiquant avec la gauche du général Colli, aux ordres du général Provera. Ce dernier général gardait la position intermédiaire de Millesimo et les hauteurs de Cossaria, qui dominent et séparent les deux vallées de la Bormida. Le reste du corps de Colli gardait les vallées du Belbo et du Tanaro, ayant sa position principale au camp retranché de Ceva. Des postes établis à Bagnasco et à Murialto observaient les sources de la Corsaglia, de l'Erro et de la Sesia.

« Il est facile de remarquer que cette ligne, étendue et coupée par des montagnes difficiles, étant occupée à ses deux extrémités par des forces trop considérables, le centre, où se trouvaient les généraux Argenteau et Provera, trop faible et trop disséminé, n'était pas en proportion avec les troupes réunies que commandaient les généraux Laharpe, Masséna et Augereau, entre San Giacomo, Cadibona et Savone. Ce fut cependant avec une telle disposition de ses troupes que le général Beaulieu se proposa d'attaquer les Français.

« Le 10 avril, jour fixé pour commencer les opérations, Beaulieu mit en mouvement son aile gauche, forte de onze bataillons divisés en deux colonnes. Le général Pittony, à la tête de la première, marcha par Cornegliano sur Voltri ; le général Sebottendorf se dirigea sur le même point avec la deuxième colonne partant d'Ovada, par Campo-Freddo et Mascone. Ces troupes pouvaient former un total de dix mille hommes.

« Le général Cervoni, de la division Laharpe, fut attaqué dans les positions qu'il gardait, à Voltri et dans les environs, avec trois mille hommes. Il en fut débusqué par des forces trop supérieures aux siennes. Canonné sur sa droite par les chaloupes anglaises et tourné par sa gauche, ce général vint rejoindre le général Laharpe à la Madona de Savone. Deux bataillons, disposés par le général en chef sur les hauteurs de Varaggio, protégèrent le mouvement de la brigade Cervoni. L'occupation de Voltri donnait au général Beaulieu l'avantage de rétablir ses communications avec la mer, en coupant celles des Français avec Gênes ; mais ce succès, prévu par Bonaparte, n'eut pas, pour le général ennemi, le résultat qu'il en espérait.

« C'était sur la gauche des Français, ou sur leur centre par San Giacomo, que l'armée alliée aurait dû être portée. Tandis que Beaulieu, à la tête de sa gauche, se rapprochait ainsi des bords de la mer, Bonaparte, habile à profiter de cette faute, prit la résolution, ainsi qu'on l'a dit, de diriger vers le centre de l'ennemi la masse de ses forces réunies, depuis Altare jusqu'à Montenotte.

« Le général Beaulieu s'était rendu à Voltri, pour conférer avec l'amiral Nelson sur les opérations ultérieures ; mais à peine était-il arrivé, que le canon se fit entendre fortement sur le centre de l'armée alliée.

« Le général français avait senti la nécessité de frapper un coup décisif, dès l'ouverture de la campagne, et c'était là le motif qui lui avait fait réunir une masse considérable sur le centre de sa ligne. Beaulieu reconnut alors la faute qu'il avait commise en affaiblissant cette partie de l'armée coalisée. Déjà même le peu de force qu'il avait rencontré à Voltri, en opposition à son attaque, lui avait fait connaître qu'un grand effort aurait lieu, de la part des Français, dans les montagnes, et que le mouvement présumé sur Gênes n'était pas aussi sérieux qu'il l'avait d'abord pensé. Il s'empressa donc de faire marcher des troupes sur le point d'attaque et de s'y rendre lui-même ; mais il était trop tard.

« D'après les instructions du général Beaulieu, le général Argenteau, à la tête de douze mille hommes, s'était mis en marche le jour même où le général en chef autrichien entrait dans Voltri pour attaquer les positions qu'occupait la gauche de la division Laharpe sur les hauteurs de Montenotte et de Monte-Legino ; une partie des troupes alliées resta en réserve dans la vallée et couvrit Dego; le colonel Lezeni eut ordre de rester à Sassello, pour se lier avec l'aile gauche qui avait attaqué Voltri.

« Le général Argenteau commença son attaque le 11 avril à quatre heures du matin, et il réussit à enlever assez rapidement les positions d'avant-garde de l'armée française. La brigade du général Rocavina parut, à une heure après midi, devant la redoute de Monte-Legino, que commandait le colonel Rampon, et qui était le dernier retranchement de cette ligne à emporter.

« Animés par leurs premiers avantages, les Autrichiens s'avancent avec confiance pour franchir cet obstacle opposé à leur marche victorieuse. Le colonel Rampon avait sous ses ordres un bataillon de la vingt et unième demi-brigade de ligne et les trois compagnies de grenadiers de la cent dix-septième, formant un total d'environ douze cents hommes. A l'aspect de ses nombreux ennemis et par un de ces élans qui caractérisent une âme forte et créée pour les grandes actions, Rampon fait prêter à ses braves le serment de mourir dans la redoute, avant d'y laisser pénétrer les attaquants. Lorsque, après avoir renversé de longues files d'Autrichiens, ces guerriers, dignes de leur intrépide colonel, voient l'ennemi arriver jusqu'au pied du retranchement, ils s'exaltent alors d'un nouvel enthousiasme et répètent unanimement, d'une voix éclatante et solennelle : *Mourons tous dans ce poste !*

« Déjà les munitions s'épuisent ; mais ces munitions ne sont pas indispensables. N'ont-ils pas encore leurs baïonnettes ? Ils se serrent en masse et présentent un front menaçant. Le rempart de fer qu'ils opposent devient plus formidable que des retranchements dont les boulets et les balles défendent l'approche. Vainement la brigade Rocavina donne-t-elle successivement tout entière, avec l'avantage d'un feu de mousqueterie incessamment nourri ; les rangs des Français se serrent de plus en plus, et le vide que causent les nombreuses files abattues disparaît à l'instant. Que de braves accomplissent leur serment ! Le général Argenteau a paru lui-même pour animer, encourager ses soldats ; mais les baïonnettes françaises, teintes du sang autrichien, ont repoussé la plus impétueuse agression. L'attaque se prolonge jusque dans la nuit avancée. Convaincu enfin de l'inutilité de ses efforts, effrayé du nombre des soldats qu'il a perdus, Argenteau donne ordre au général Rocavina de cesser une tentative désastreuse et prend position en arrière de la redoute.

« Pendant le reste de la nuit, le général autrichien appela à lui ses réserves laissées, comme on l'a vu, dans la vallée et plaça un régiment du

L'ITALIE CONFÉDÉRÉE 217

côté de Ferraria, afin de couvrir son flanc droit. Son intention était de recommencer l'attaque de la redoute le lendemain.

« Tandis que le colonel Rampon et sa troupe se couvraient ainsi d'une gloire immortelle, pendant la nuit du 11 au 12, Bonaparte prenait des mesures efficaces pour rendre nulles les nouvelles entreprises de l'ennemi. La division Laharpe, quittant sa position de Madona de Savone, vint se placer derrière la redoute de Monte-Legino. Celle d'Augereau reçut l'ordre de descendre dans la vallée de la Bormida et de se diriger sur Cairo par Monte-Freddo et Carcare. Le général Masséna dut occuper les hauteurs d'Altare. Le général Laharpe devait attaquer de front les troupes d'Argenteau au point du jour, tandis que Bonaparte, accompagné du général Berthier, son chef d'état-major, marchant avec le centre et une partie de la gauche par Altare et Carcare, chercherait à déborder Argenteau sur sa droite, afin d'accabler ainsi le centre isolé de l'armée alliée, avant que le général Beaulieu pût lui porter secours.

« Le 12, une heure avant le lever du soleil, le général Laharpe ayant à son avant-garde les généreux défenseurs de la redoute de Monte-Legino, attaqua le général Argenteau dans la position qu'il avait prise devant cette même redoute. Le but du général en chef, en ordonnant ce mouvement à Laharpe, était de donner le change au général autrichien et de le retenir dans sa position, pendant la marche que faisaient le centre et une partie de la gauche de l'armée française sur le flanc droit de la division alliée. En effet, Argenteau, croyant n'avoir affaire qu'à la seule division Laharpe, se défendit avec d'autant plus de vigueur, qu'il avait à se venger de l'échec essuyé la veille devant la célèbre redoute. Les troupes sous ses ordres, animées du même esprit, se battirent avec une intrépidité égale à celle de leurs adversaires. Le combat se soutenait sur ce point avec des chances balancées, lorsque le général Masséna, qui s'était mis en marche avec les dix-huitième et soixante-quinzième demi-brigades, par la crête des Apennins, vint attaquer les Autrichiens dans le poste essentiel de Bric de Menau. Le général en chef soutenait ce mouvement avec le reste de la division ; la marche de Masséna se fit avec tant de précision, et son attaque fut si impétueuse, que l'ennemi fut culbuté à l'instant sur ce point à Castellazzo. Traversant ensuite avec rapidité le vallon de Ferraria, Masséna se porta sur Montenotte *inferiore*, sur les flancs et sur les derrières du corps d'Argenteau. Tous les postes qui les couvraient furent enlevés au pas de charge ; la ligne ennemie fut abordée. Pendant ce temps, la division du général Laharpe, formée en colonne, attaquait le Monte-Prato, et celle du général Augereau, qui s'était rabattue de Cairo où elle s'était trouvée trop isolée, sur Carcare, marchait de ce dernier endroit sur Monte-Freddo.

« Attaqué ainsi sur tant de points à la fois, il devenait impossible au général autrichien de résister à un mouvement aussi bien combiné ; sa défaite était infaillible. Cependant ses troupes, qui étaient d'élite, se défendirent avec un grand courage contre les attaques faites sur leur front ; mais, quand Argenteau fut informé de la position critique où se trouvait le régiment de Terzy, qu'il avait placé, on le sait, du côté de Ferraria, par la marche que venait de faire sur ce point le général Masséna, il se crut dans la nécessité d'opérer un changement de front, pour secourir ce régiment. Il marcha donc par sa droite, en laissant seulement deux mille hommes sous les ordres du colonel Nesslinger, sur les hauteurs, pour contenir la division Laharpe, pendant qu'il dégagerait lui-même le régiment de Terzy. Toutefois ce mouvement, exécuté avec toute la rapidité possible, devint inutile. Masséna avait écrasé le régiment autrichien au Bric de Menau et à Castellazzo ; le ravin de Ferraria était dépassé par ce général, dont les troupes débouchaient déjà par Montenotte *inferiore*. Les deux généraux se trouvèrent en présence ; la lutte ne fut pas longue en raison de l'inégalité des forces, et Masséna culbuta, dès le premier choc, les troupes d'Argenteau, parmi lesquelles le désordre s'introduisit d'abord. Ce dernier général et Rocavina voulurent en vain arrêter les fuyards ; ils furent blessés l'un et l'autre, et cet événement acheva la déroute. Masséna les mena l'épée dans les reins jusqu'à Paretto et à Olego. Le colonel Nesslinger, défait de son côté par le général Laharpe, ne put lui-même opérer sa retraite qu'avec la plus grande peine et une perte très-considérable. Quinze cents morts, deux mille cinq cents prisonniers, dont soixante officiers, furent les résultats de cette journée. Plusieurs drapeaux tombèrent au pouvoir des Français, et de tout le corps d'Argenteau il n'arriva à Ponte-Ivrea qu'environ neuf cents hommes, le surplus ayant été tué, pris ou dispersé. Le succès eût été encore bien plus complet, si la cavalerie française eût pris part au combat ; mais Bonaparte avait été dans la nécessité de la laisser dans les cantonnements le long de la côte, tant à cause de la pénurie des fourrages que de la nature du terrain, qui permettait bien difficilement l'emploi de cette arme.

« La victoire remportée par une partie de l'armée française, à Montenotte, rendait la position de cette dernière beaucoup plus favorable : elle occupait tous les pendants des Alpes qui versent leurs eaux dans la Méditerranée ; cependant la crête de ces montagnes était toujours au pouvoir des alliés. Bonaparte avait, il est vrai, défait presque complétement le centre de leur armée ; mais il eût perdu le fruit de cet avantage, s'il avait laissé Beaulieu le maître de se lier par sa droite à la gauche de l'armée piémontaise, commandée par Colli. Le succès du combat de Montenotte appelait donc de nouveaux triomphes ; et maintenant la tâche du général français était d'isoler les deux parties de l'armée alliée, et de tenir l'une en échec tandis qu'il battrait l'autre : ce fut ce qu'il entreprit.

« Il ne fallait point perdre de temps pour ôter au général autrichien le loisir de se reconnaître et de rétablir de l'ensemble dans ses dispositions. Aussi dès le soir même de la journée de Montenotte, le général Laharpe reçut l'ordre de se porter sur Sassello, à l'effet d'y inquiéter les huit bataillons qui gardaient cette position, puis de se rabattre de suite sur la Bormida, afin de se rapprocher de Cairo. Le général en chef se dirigea, toujours avec le centre et la gauche, sur la route de Dego. Le quartier général fut établi à Carcare. Masséna, après avoir gravi les hauteurs qui dominent Cairo et Dego, prit position au-dessus du premier de ces villages avec les 25e légère, 55e et 84e de ligne. La chapelle Sainte-Marguerite fut occupée par la 1re demi-brigade légère, sous les ordres du général Joubert ; et le général Ménard, avec les 18e et 75e, garda les hauteurs de Biestro au-dessus de Cossaria. Le général Augereau bivouaqua en avant de Carcare, avec les 69e et 39e demi-brigades. Le général Serrurier se trouvait toujours à Garessio. La cavalerie attendait, dans ses cantonnements sur la côte, le moment où l'armée déboucherait des sommets de l'Apennin sur le versant du Piémont, pour prendre part aux succès et les rendre encore plus décisifs. On voit que le mouvement de l'armée française, après l'affaire de Montenotte, plaçait l'armée sur les pendants des Apennins qu versent leurs eaux dans le fleuve du Pô. Ainsi le passage si difficile des Alpes et les versants de la Méditerranée se trouvaient franchis.

« Déjà Bonaparte voyait la fortune sourire à son génie, et son début dans la carrière du commandement avait été une victoire. En tirant de la journée de Montenotte tous les avantages dont elle était susceptible, il prouvait qu'au défaut d'une longue expérience, il avait fait une étude approfondie de la science militaire. L'armée alliée avait perdu ses communications. Un grand espace, occupé maintenant par les Français, séparait la droite du général Beaulieu d'avec sa gauche. Encore une victoire semblable à celle de Montenotte, et les champs de l'Italie allaient s'ouvrir aux républicains, tout prêts à s'y précipiter. Les dernières mesures prises par le général victorieux assuraient, pour ainsi dire, ce dernier succès ; et, pour l'obtenir, Bonaparte n'avait plus qu'à combattre.

« Cependant la victoire de Montenotte, en exaltant le courage des soldats français, n'avait point amélioré leur situation physique. Les mêmes besoins se faisaient sentir dans toute l'armée d'une manière effrayante : elle manquait également de vivres et d'habillements. La misère la plus décourageante était le partage universel des compagnons de Bonaparte; et, quel que fût l'ascendant que déjà ce général avait su prendre sur les troupes sous ses ordres, il ne put cependant les empêcher de lui adresser des plaintes, et de faire entendre des murmures après qu'il eut vaincu par leur secours. Dans une grande revue que le général en chef passa dans les nouvelles positions occupées par l'armée, les soldats, devenus audacieux par le besoin, demandèrent impérieusement du pain et des habits, menaçant de cesser de servir, s'ils continuaient à en manquer. Dans l'impossibilité où se trouvait Bonaparte de satisfaire à ces justes représentations, tout autre général que lui eût peut-être été embarrassé pour se délivrer de ces plaintes importunes ; mais, au lieu d'y répondre, il dit, montrant aux troupes mutinées, du haut des monts qu'ils occupaient, les plaines du Piémont et du Milanais : « Soldats! voici les champs de la fertile Italie : l'abondance est devant vous, sachez la conquérir; sachez vaincre, et la victoire vous fournira demain tout ce qui vous manque aujourd'hui. » Ces paroles enflamment d'une nouvelle ardeur tous les soldats républicains; ils ont oublié leurs misères et leurs fatigues; tous ont résolu de vaincre en effet pour retrouver l'abondance ; et Bonaparte, en prouvant qu'il connaît le grand principe, le principe autrefois suivi par les Romains, que la guerre doit nourrir la guerre, vient de se préparer de nouvelles chances de succès; il a montré à ses soldats que leur bien-être à la guerre ne dépend que d'eux-mêmes.

« Mais, tandis que Bonaparte s'était hâté de mettre à profit ses avantages et introduisait dans le cœur de ses guerriers un nouveau motif de courage, le général Beaulieu prenait précipitamment les dispositions que l'urgence des dangers qu'il courait lui faisait juger nécessaires. A peine avait-il été instruit des revers éprouvés par le général Argenteau, qu'il s'était rendu au quartier général d'Acqui, où il était arrivé le 12 avril. Convaincu plus que jamais du tort qu'il avait eu de porter sa gauche sur la rivière de Gênes, il la fit replier sur l'Orba. En même temps, il donna ordre au général Wukassowich de marcher par le revers de Monte-Faiale avec trois bataillons, pour se réunir aux huit bataillons postés vers Sassello, et qu'il savait être tenus en échec par le général Laharpe. Ces onze bataillons, une fois réunis, devaient, conjointement avec lui, se diriger sur Dego. Beaulieu espérait par ce moyen rétablir d'une solide manière ses communications avec la droite de l'armée combinée. En effet, le corps du général Provera, quoique étrangement compromis par le voisinage des Français, se trouvait toujours auprès de Cossaria. Ce corps, qui n'avait point été entamé dans la journée du 11, servait encore à lier les débris du général Argenteau avec l'armée du général Colli, qui, au premier bruit de l'attaque des Français, avait assez habilement fait avancer quelques bataillons sur Monte-Zemoto et Cencio, et avait porté une division sur la gauche vers Paroldo ; mais toutes ces mesures précipitées devaient encore être rendues superflues par la brusque attaque que méditait de son côté le général français.

« Le 13 avril, à la pointe du jour, la division du général Augereau força les gorges de Millesimo, tandis que les brigades des généraux Joubert et Ménard, après avoir chassé l'ennemi de toutes les positions environnantes, enveloppaient, par une manœuvre hardie, un corps de quinze cents grenadiers autrichiens, commandé par le général Provera en personne. Dignes émules de leurs vainqueurs, ces braves soldats veulent imiter l'héroïsme des défenseurs de la redoute de Montenotte ; loin de se soumettre à la sommation que les généraux Joubert et Ménard leur font de se rendre, Provera, à la tête de ses grenadiers, se jette sur les Français, s'ouvre à travers leurs rangs un passage avec la baïonnette, se retire en bon ordre sur le sommet de la montagne de Cossaria, et se retranche dans les ruines d'un vieux château, dont la position escarpée était presque inabordable.

« Le général Augereau fit avancer son artillerie, afin de battre ce vieux château et de forcer l'ennemi à ne pas songer à se défendre davantage. On se canonna sans résultat pendant plusieurs heures ; enfin Bonaparte, ennuyé de voir sa marche arrêtée par une poignée d'hommes, fit sommer le général Provera de se rendre. Ce dernier lui fit alors demander une entrevue par un parlementaire ; mais, une canonnade s'étant fait entendre à la droite de l'armée, du côté de Cencio, elle obligea le général en chef à s'y transporter. La négociation entamée par le général autrichien continua avec le général Augereau ; mais celui-ci, qui voyait que la nuit s'avançait et que Provera, en parlementant, ne cherchait qu'à gagner du temps, rompit tout à coup l'entrevue et se prépara à tenter une seconde attaque contre le château de Cossaria.

« Augereau divisa ses troupes en quatre colonnes, et les fit marcher contre les Autrichiens. Le général Joubert, qui conduisait la première, escalada, avec sept hommes, les ruines de Cossaria. Resté seul de ses compagnons, il descendit, reçut à la tête un coup de feu, et tomba au pied des retranchements ennemis ; le faux bruit de sa mort se répandit parmi ses soldats, et ils rétrogradèrent.

« Les trois autres colonnes ne furent pas plus heureuses : la seconde marchait en silence vers le point où elle devait attaquer, elle avait même atteint le pied des retranchements, lorsque le général Banel, qui la commandait, est tué par la décharge d'un obusier. Le même sort était réservé à l'adjudant général Quénin, qui marchait à la tête de la troisième colonne ; déjà il gravissait avec les siens la colline de Cossaria, quand, atteint d'une balle, il tombe mort. Ces trois funestes évènements ébranlèrent le moral du soldat. La nuit approchait, et le général Augereau, n'espérant plus réussir dans son attaque, donna ordre de cesser le combat. Mais, craignant en même temps que le général Provera ne profitât de cette circonstance pour se faire jour l'épée à la main, il fit réunir ses bataillons, et leur fit établir autour du château de Cossaria des épaulements en tonneaux et des batteries d'obusiers à demi-portée de fusil de son adversaire. La division entière bivaqua ainsi sur le terrain.

« Cependant Beaulieu, de plus en plus inquiet sur sa position hasardée, s'occupait avec activité du soin de la rendre meilleure. Les dispositions nouvelles qu'il avait ordonnées à son quartier général d'Acqui, où il était toujours, n'avaient pas absolument atteint le but qu'il se proposait, et une bonne partie de sa gauche se trouvait encore disséminée jusque sur l'Orba. Pour diminuer autant qu'il était possible les dangers que lui faisait courir l'active prévoyance de son jeune rival, Beaulieu avait envoyé des renforts considérables au général Argenteau, à Dego, et lui avait prescrit de se maintenir jusqu'à la dernière extrémité dans cette position importante. Mais les forces autrichiennes, éparpillées confusément sur une ligne trop étendue, étaient toujours dans l'impossibilité d'opposer à la masse des Français une résistance suffisante ; elles occupaient les positions suivantes : quatre bataillons étaient à Dego, quatre à Sassello, deux à Mioglio, trois à Paretto, Malvicino et Acqui, trois en marche avec Wukassowich par le Monte-Faiale sur Sassello ; enfin trois bataillons de la gauche s'approchèrent de Monte-Alto, afin de soutenir le général Argenteau à Dego. Ces trois bataillons avaient ordre de rester en réserve à une forte marche du village qu'ils devaient secourir. Les avant-postes du général Colli étaient toujours sur le Monte-Zemoto, et son corps de bataille, formé en deux divisions, n'avait point quitté ses retranchements sous Ceva et Paroldo. Toutes ces forces sardes n'avaient à ce moment devant elles que la seule division française du général Serrurier.

« Les mouvements opérés par l'armée d'Italie ayant donné au général Argenteau la crainte de se voir vigoureusement attaqué dans sa position de Dego, les trois bataillons cantonnés à Monte-Alto, et un autre bataillon détaché de Paretto, reçurent de lui l'ordre de venir le joindre pour le renforcer ; et le général Wukassowich fut chargé de s'avancer avec cinq autres bataillons de Sassello, par Ponte-Ivrea, sur le flanc droit des Français.

« Le 14 avril, à la pointe du jour, les troupes sardes qui gardaient la vallée de la Bormida et les hauteurs de Censio s'avancèrent pour tenter de dégager le général Provera. Plusieurs régiments ennemis, dont faisait partie celui de Belgiojoso, se portèrent de même sur le centre de Bonaparte. Mais cette attaque fut vigoureusement repoussée par les 18e et 75e demi-brigades, formant la brigade du général Ménard. Celui-ci reçut alors de Bonaparte l'ordre précis de se replier sur la droite de l'armée, afin de renforcer l'attaque que la division du général Laharpe devait exécuter sur les troupes que le général Argenteau avait rassemblées à Dego.

« Tandis que le général Bonaparte faisait ces dispositions pour l'attaque de gauche de l'ennemi, le général Provera, vivement pressé par Augereau, ayant épuisé toutes ses munitions et manquant de vivres, se vit enfin forcé de se soumettre à la nécessité, et se rendit prisonnier avec les quinze cents hommes qu'il commandait à Cossaria. Il était une heure après midi, et déjà le général Masséna, chargé d'appuyer les opérations de Laharpe, s'avançait avec rapidité pour déborder la gauche de l'armée ennemie dans le village de Dego. Les troupes légères de Bonaparte poussaient, dans le même moment, des reconnaissances jusqu'au chemin de Dego à Spigno. La division du général Laharpe, qui déjà était parvenue au village de Cagna, après avoir traversé la vallée de la Bormida, reçut l'ordre de se mettre en marche sur trois colonnes serrées en masse ; celle de gauche, commandée par le général Causse, passa la Bormida sous un feu meurtrier, ayant de l'eau jusqu'au milieu du corps, et attaqua l'aile gauche de l'ennemi par la droite, dans le dessein de la séparer du reste de sa ligne ; le général Cervoni, à la tête de la seconde colonne, traversa aussi la Bormida sous la protection d'une batterie française, et attaqua de front la même aile gauche de l'ennemi ; enfin la troisième colonne, commandée par l'adjudant général Boyer, tourna le ravin qui couvrait la ligne ennemie, et dut manœuvrer pour lui couper sa retraite.

« Tous ces mouvements, secondés par l'intrépidité des troupes et les talents des différents généraux, atteignirent le but qu'en attendait le général Bonaparte. Les Autrichiens opposèrent néanmoins une vigoureuse résistance aux efforts combinés des Français. Les bataillons que le général Argenteau commandait en personne à Dego, et qui attendaient les renforts appelés par ce général, tinrent ferme dans leur position et ne furent culbutés qu'à l'instant même où les secours paraissaient sur les hauteurs en arrière de la ville. Ce fut en vain que le général Argenteau, après avoir réuni ses fuyards aux troupes fraîches qui lui arrivaient, voulut s'efforcer de rétablir le combat. Dans ce moment même accourait sur son flanc gauche la division du général Masséna. Le corps d'Argenteau, attaqué ainsi de front et de flanc, fut mis dans une déroute complète. Cinq bataillons mirent bas les armes : vingt pièces de canon furent enlevées. La division Laharpe s'attacha à la poursuite des vaincus, et ce général, se portant lui-même à la tête de quelques escadrons, les sabra pendant plus de trois lieues sur la route de Spigno. Cette ardeur extrême, qui l'emportait ainsi loin du gros de l'armée, fut la cause d'un revers momentané dont nous allons parler plus bas. Les débris des troupes d'Argenteau se dispersèrent jusqu'à Monte-Alto et Acqui.

« Tandis que deux divisions françaises culbutaient de cette manière la gauche de l'armée ennemie, Augereau avait de son côté remporté de précieux avantages. Bonaparte, qui ne négligeait aucun moyen de rendre une victoire décisive, n'avait pas plutôt appris que la division de ce général devenait disponible par la capitulation de Provera, qu'il lui avait envoyé l'ordre d'appuyer à gauche, et de s'emparer des hauteurs importantes de Monte-Zemoto, afin de déterminer d'autant mieux l'isolement total de l'armée piémontaise, qui se reployait sur le Tanaro et dans son camp retranché de Ceva, d'avec les restes de celle de Beaulieu, qui se retirait par Acqui et la vallée de l'Orba.

« Augereau exécuta avec la plus grande ponctualité le mouvement qui lui était prescrit, dans la journée du 15; mais, au moment où la nouvelle en parvenait au général en chef, ce dernier fut également informé d'un événement fâcheux qui venait de se passer à la droite de l'armée. Nous avons dit que, le 14, le général Wukassowich avait eu ordre de se mettre en route avec les trois bataillons qu'il commandait, et de se réunir aux huit qui défendaient Sassello, afin de venir ensuite se lier à la gauche du général Argenteau par Ponte-Ivrea. Wukassowich s'était en effet mis en marche le 16 au matin; mais, arrêté par les difficultés qu'offrait sur la route la nature du terrain, il lui fut impossible d'exécuter assez tôt son mouvement; et, quand il parut à la vue de Dego, ses tirailleurs lui apprirent que ce village, évacué par les Autrichiens, venait d'être occupé par les Français. Retourner sur ses pas sans avoir combattu parut au général Wukassowich un parti peu honorable, et sur-le-champ il prit celui d'attaquer la division du général Laharpe, qui, s'étant avancée à la poursuite d'Argenteau sur la route de Spigno, était loin de s'attendre à se voir assaillie du côté de Sassello. Cette division, qui avait bivouaqué sur le terrain où elle s'était arrêtée, se livrait avec sécurité au repos que ses fatigues de la veille lui rendaient si nécessaire, lorsque les bataillons de Wukassowich se jetèrent avec impétuosité et à l'improviste sur ses postes avancés, les culbutèrent et répandirent la terreur dans le gros même de la division. Ce sentiment devint si général, que les soldats de Laharpe ont oublié en un moment qu'ils sont vainqueurs, et ne pensent plus qu'à fuir pour éviter un danger que la peur leur rend encore plus redoutable. Wukassowich profite habilement de ce découragement subit des Français; il vole à leur poursuite, et telle est la rapidité de sa marche, qu'il parvient à Dego et s'en empare avant même que les troupes surprises aient songé à défendre la ville. Mais Bonaparte, instruit promptement de cet événement, fait battre la générale. Le camp tout entier est bientôt sur pied, et le général Masséna, que sa position rapprochait davantage de Dego, marche de suite sur ce village pour en chasser l'ennemi. Les troupes de Wukassowich, animées par leurs succès, opposèrent une forte résistance à l'attaque des Français. Masséna, qui faisait engager ses régiments à mesure qu'ils arrivaient, est repoussé trois fois. Le général Causse, venant de rallier la 99e demi-brigade, chargeait les ennemis et était près de les atteindre à la baïonnette, lorsqu'il tomba blessé à mort. Quelques instants après, apercevant le général Bonaparte, qui s'efforçait lui-même de rétablir le combat par sa présence, Causse le fait appeler, et lui demande : « Dego « est-il pris? — Les positions sont à nous, reprend le général. — Dans ce « cas, ajoute le brave Causse, vive la République! je meurs content. »

« L'affaire cependant n'était point encore décidée. Mais Bonaparte, habile à saisir le moment pour en tirer parti, avait cherché, par sa réponse affirmative, à inspirer la confiance du succès aux troupes qui l'écoutaient. Il était une heure après midi, et, menant lui-même au combat la 99e demi-brigade, il fait former en colonne la 89e commandée par le général Victor, tandis que par ses ordres l'adjudant général Lanusse, ayant réussi à rallier la 8e légère, se précipite à sa tête sur la gauche de l'ennemi. Un instant la troupe de Lanusse chancelle; mais, témoin du succès de l'attaque dirigée par le général en chef et excitée par l'intrépidité de son commandant, elle fond sur l'ennemi, le culbute et entre dans Dego en même temps que Bonaparte. Le corps du général Wukassowich, mis en déroute par ce mouvement vigoureux et combiné, se sauva à Acqui. L'adjudant général Vignolles, chargé par le général en chef de poursuivre les fuyards avec un escadron du 25e régiment de chasseurs à cheval, atteignit la colonne ennemie, et parvint jusqu'à sa tête en sabrant de droite et de gauche. Là, il délivra un grand nombre de prisonniers que cette colonne emmenait, notamment le chef de brigade Vauquet, de la 32e demi-brigade de ligne. L'adjudant général Vignolles ramena au quartier général de Cairo dix-huit cents prisonniers, qui, réunis à ceux déjà faits dans les heures précédentes de la même journée, portèrent leur nombre à cinq mille. On reprit aussi dans cette affaire treize pièces de canon qui étaient tombées, au commencement de l'action, au pouvoir des Autrichiens. On ramassa, sur le champ de bataille et dans les montagnes environnantes qui se lient à la position de Dego, une énorme quantité de fusils. Ce même jour, signalé par la prise et la reprise de Dego, et par l'occupation de Monte-Zemoto par le général Augereau, le général Rusca, après un combat valeureusement soutenu, où il avait fait cent prisonniers et pris deux canons, s'était emparé des hauteurs de San Giovanni, situées au-dessus de Murialto, et qui dominent les vallées du Tanaro et de la Bormida. Ces deux derniers avantages établissaient une communication intermédiaire avec la réserve aux ordres du général Serrurier, laquelle avait elle-même commencé à prendre part aux opérations, en occupant sur la gauche du Tanaro, et presque sous Ceva, les postes de Batifole, Bagnasco et Nocetto, et se trouvait par là en mesure de se lier à la gauche d'Augereau.

« Les combats de Dego, de Monte-Zemoto et de San Giovanni avaient occasionné aux vainqueurs une perte très-faible en comparaison de celle des vaincus. Cependant les Français eurent à regretter le général Causse et les chefs de brigade Dupuis et Rondeau : ce dernier avait été surnommé *le Brave* par ses camarades.

« Les résultats matériels des deux journées de Millesimo et de Dego furent la prise de vingt-deux pièces de canon, quinze drapeaux, deux mille cinq cents hommes tués, neuf mille prisonniers, parmi lesquels un lieutenant général, environ trente colonels ou lieutenants-colonels, des officiers d'artillerie et du génie.

« La reprise de Dego donnait à Bonaparte l'assurance de ne plus avoir de craintes pour sa droite, de la part du général Beaulieu, qui maintenant se retirait sur Tortone, laissant aux Français la libre possession du territoire de Gênes, et l'avantage bien plus précieux encore de le forcer à s'éloigner plus que jamais de l'armée piémontaise. Ce mouvement rétrograde du général Beaulieu, dont l'objet était, suivant ses propres assertions, de faciliter la jonction des troupes pontificales et napolitaines, avait donc l'inconvénient de laisser dans la position la plus critique les troupes du général Colli, dont le camp retranché sous Ceva se trouvait comme borné par le Tanaro, qui n'était pas guéable et dont tous les ponts avaient été coupés. L'éloignement précipité de Beaulieu exposait conséquemment le général Colli à se voir bientôt sur les bras l'armée entière d'Italie. En effet, depuis le combat de Dego, Bonaparte parut avoir tout oublié, pour ne plus s'occuper que de l'armée piémontaise. Le soir même de cette journée, il poussa jusque sous Ceva une forte reconnaissance, dont le résultat fut d'enlever à l'ennemi quelques positions qui rendaient moins dangereuse l'attaque projetée du camp piémontais. La conduite de Beaulieu, dans cette circonstance, fut remarquée avec aigreur par le général

Colli. Il communiqua son mécontentement au roi de Sardaigne, et ces semences de division entre les cours d'Autriche et de Turin contribuèrent, autant que la défaite de l'armée piémontaise, à engager cette dernière puissance à faire la paix avec la République française. »

En effet, le général Beaulieu avait emmené précipitamment les troupes autrichiennes, par les routes d'Acqui et de Gavi, jusque sous les murs de Tortone. Cette retraite hâtive avait laissé isolée l'armée sarde, dont le général Colli dirigeait les opérations spéciales. Il fallait réduire, détruire ce corps de troupes pour détacher la cour de Turin de la cour de Vienne. C'est ce que fit Bonaparte en douze jours et avec deux combats, ceux de Vico et de Mondovi, combats qui furent suivis d'un armistice entre l'armée sarde et l'armée française. Bonaparte courait à pas de géant à la conquête de la Lombardie.

Le 28 avril, le général français accordait la suspension d'armes que le roi de Piémont lui avait fait demander. Les conditions de cette suspension furent signées à Cherasco. Le 15 mai, un traité de paix définitif était signé à Paris entre la Sardaigne et la France. Ce traité assurait à celle-ci la libre possession de la Savoie et du territoire de Nice.

Le général Beaulieu cependant avait continué son mouvement de retraite vers la Lombardie, poursuivi par le général Bonaparte, qui fit passer le Pô à ses troupes auprès de Plaisance, où il accordait, le 9 mai, un armistice au duc de Parme. Cet armistice avait été précédé d'un nouveau succès de l'armée française qui avait vaincu à Fombio l'armée autrichienne. Il fut le prélude d'un traité de paix définitif qui fut conclu à Paris entre l'Infant et le Directoire.

Beaulieu fuyait toujours; il marchait alors sur l'Adda, que l'armée française devait franchir au pont de Lodi, qui allait donner son nom à une nouvelle victoire de Bonaparte.

Échappées au désastre de Fombio, les troupes autrichiennes se fortifièrent sur l'Adda dans un camp retranché qui se prolongeait depuis la grande route de Lodi jusqu'au confluent de cette rivière avec le Pô, au-dessous de Pizzighettone.

C'est à Lodi, qui était le point le plus fortifié de l'Adda, que Bonaparte résolut, en brusquant une attaque, de passer cette rivière. Le pont qui allait servir à cette opération avait cent toises de longueur; il était défendu par dix mille hommes, commandés par le général Sebbotendorff.

Les divisions des généraux Augereau et Masséna, qui s'étaient mises les premières en mouvement, arrivèrent sans obstacle auprès de la ville de Lodi. Le général de brigade Dallemagne, qui commandait l'avant-garde, attaqua le bataillon de Nadasty, lui fit repasser l'Adda et s'empara d'un de ses canons. Les autres divisions de l'armée étaient arrivées ; Bonaparte se porta à la tête du pont que les Autrichiens venaient de repasser, et voulut en faire lui-même la reconnaissance. Par son ordre, sous ses yeux, malgré une grêle de mitraille épouvantable, une batterie, composée des canons de la division Masséna, est aussitôt établie, afin de répondre à celle des Autrichiens. En même temps, il ordonne au général Masséna de former tous les bataillons de grenadiers en colonne serrée en masse, et de la conduire à l'attaque du pont, tandis qu'il la ferait soutenir par le reste de sa division et celle du général Augereau. Les tambours battent à la charge, et la redoutable colonne de grenadiers, dont le deuxième bataillon de carabiniers forme la tête, s'élance au débouché du pont, aux cris accoutumés de *Vive la République!* Trente pièces de canon étaient en batterie de l'autre côté ; la mitraille, qui vomit la mort dans les rangs des grenadiers, fait un instant hésiter ces braves : ils s'arrêtent. Un moment d'incertitude de plus, sur un pont extrêmement étroit, allait tout perdre.... Mais les généraux français ont reconnu toute l'imminence du danger ; Berthier, Masséna, Cervoni, Dallemagne, le chef de brigade Lannes et le chef de bataillon Dupas ont déjà volé pour se mettre à la tête de leurs soldats, et les rappeler à leur courage habituel. La voix de l'honneur est entendue : les grenadiers s'élancent de nouveau sur les traces de leurs généraux ; ils courent plutôt qu'ils ne marchent au combat. En un moment ils ont traversé le pont, culbuté la première ligne de l'ennemi, enlevé ses pièces et dispersé ses bataillons. Les généraux Augereau, Rusca et Bayrand, qui avaient suivi la colonne à la tête de leurs divisions, achèvent de décider la victoire. Les Autrichiens fuient de toutes parts, abandonnant leur artillerie, leurs caissons et leurs bagages.

C'en était fait du corps d'armée tout entier du général Sebottendorf, si la cavalerie française avait passé le pont de Lodi en même temps que l'infanterie, pour se mettre sur-le-champ à la poursuite des vaincus ; mais, comme Bonaparte ne s'attendait pas à réussir aussi promptement dans son entreprise, il avait donné l'ordre au général Beaumont, qui la commandait, d'aller passer l'Adda à un gué près de Mozzanica, pour attaquer en flanc. Le gué était peu praticable, et le général Beaumont, retardé dans son opération beaucoup plus que le général en chef ne l'avait calculé, n'avait pu arriver assez tôt pour qu'on eût la facilité de détruire en entier le corps de Sebottendorf ; celui-ci, profitant de cette circonstance, avait eu le temps de rallier son infanterie vers Fontena. Les Français, malgré dix lieues de marches forcées et le combat qui venait d'avoir lieu, se portaient encore sur lui ; mais, protégé par ses nombreux escadrons, le général Sebottendorf résista facilement à des troupes harassées de fatigue ;

MANTOUE SES FORTIFICATIONS ET SES BATTERIES — PAR A. VUILLEMIN

malgré tout le zèle et le dévouement de ces dernières, il opéra sa retraite sur la Benzona, avec plus d'ordre et de bonheur qu'il ne pouvait en attendre de la part de soldats ainsi vaincus et culbutés. A l'entrée de la nuit, les Autrichiens continuèrent leur mouvement rétrograde jusqu'à Crema.

La victoire de Lodi força les Autrichiens d'aller attendre des renforts dans les marais de Mantoue, et d'abandonner Milan à l'armée française. Bonaparte fit, le 15 mai, son entrée solennelle dans la capitale de la Lombardie.

Le succès de la campagne était assuré. Le duc de Modène fut contraint de suivre l'exemple du duc de Parme, en sollicitant à son tour, d'abord un armistice, puis un traité. L'armistice fut signé le 20 mai, pendant une halte de Bonaparte, qui, passant le Mincio, triomphait à Borghetto, s'emparait de Peschiera et de Vérone, et ne s'arrêtait que devant Mantoue, dont il commençait le siège. C'était la dernière ville qui restât à l'empereur d'Allemagne sur le territoire de l'Italie.

Cette place était vigoureusement attaquée, et commençait à ne plus se défendre que faiblement, lorsque Bonaparte apprit qu'une nouvelle armée autrichienne, commandée par le général Wurmser, descendait du haut des montagnes du Tyrol vers la plaine. Aussitôt il lève un siége qui allait finir avec gloire pour courir à la rencontre de l'ennemi chercher une gloire encore plus éclatante, et livrer successivement les combats de Salo, de Lonato et de Castiglione, dont voici le récit authentique :

« Voici la position de l'armée française au 20 juillet :

« La division Serrurier, composée des 1re, 19e, 45e et 69e demi-brigades de ligne, et 12e légère ; des cinquième, sixième et septième bataillons de grenadiers ; du 8e régiment de dragons, 7e de hussards ; de trois cent quatre-vingt-dix artilleurs et sapeurs, répartis en trois brigades, sous les ordres des généraux Pelletier, Serviez et Dallemagne, occupait, autour de Mantoue, les postes de Saint-Antoine, de Saint-Georges, de Cerese et de la Favorite. Toutes ces troupes formaient un total de dix mille hommes.

« Le général Augereau, après une expédition dans les États romains, était venu prendre position sur le bas Adige, et occupait Legnago et Ronco. Sa division, forte de cinq mille hommes, se composait des 4e et 51e demi-brigades de ligne, du 10e régiment de chasseurs à cheval ; les généraux Beyrand, Robert et Gardenne, commandaient ces troupes, sous Augereau.

« La division du général Masséna, forte de quinze mille hommes, était répartie depuis Vérone jusqu'au-dessus de Rivoli. Elle se composait : 1° de la brigade du général Joubert, formée par les 4e et 11e demi-brigades d'infanterie légère : la première campait à la Corona, la seconde à Preabocco ; 2° de la brigade du général Valette, formée par les 18e et 22e demi-brigades d'infanterie légère, postées à Pazzone, la Corona et Bussolengo; 3° de la brigade du général Rampon, qui avait la 27° demi-brigade légère à Vérone, et la 11ᵉ de ligne à Bussolengo ; 4° de la brigade du général Victor, la 18ᵉ de ligne à Sego, et la 32ᵉ à Vérone. Les généraux Pigeon et Guillaume étaient également à Vérone, avec le cinquième bataillon des Alpes, le 15ᵉ régiment de dragons et le 25ᵉ de chasseurs.

« Le général Sauret occupait avec sa division, qui n'était que de quatre mille cinq cents hommes à peu près, les villages de Gavardo, Gazzano, Termini et Salo. Les généraux Guyeux et Rusca commandaient, sous les ordres de Sauret, la 11ᵉ demi-brigade de ligne, les 27ᵉ et 29ᵉ légères, le troisième bataillon des Allobroges.

« Les généraux Kilmaine et Despinois commandaient les troupes de réserve, et avaient sous leurs ordres les généraux de brigade Cervoni et Bertin. Cervoni était en route, pour rejoindre l'armée, avec le 85ᵉ régiment de ligne ; Bertin, qui commandait les 5ᵉ et 39ᵉ régiments de ligne, était campé à Peschiera et Zevio. Le total de ces forces réunies pouvait monter à plus de sept mille hommes.

« La réserve de cavalerie, sous les ordres du général Kilmaine seul, était composée des 5ᵉ, 8ᵉ et 20ᵉ régiments de dragons, et des 22ᵉ et 24ᵉ régiments de chasseurs, et 1ᵉʳ de hussards. Elle était cantonnée à Valeggio, et formait une force de quinze cents hommes de cavalerie.

« Ces forces réunies, qui faisaient toute la force disponible de l'armée d'Italie, pouvaient monter à quarante-quatre mille combattants. Le surplus, composé des divisions des généraux Sahuget, Ménard, Nacquart et Vaubois, était dispersé dans les pays conquis, et servait à former les garnisons de Ceva, Coni, Alexandrie, Tortone, Livourne, Milan, Pavie.

« Il est donc naturel que le maréchal Wurmser, réunissant sous ses ordres l'élite des armées autrichiennes, eût osé concevoir l'espérance d'écraser cette faible armée, dont une bonne partie était encore occupée au siège de Mantoue. Afin de réussir dans cette grande entreprise, qui devait rendre l'Italie à l'empereur d'Allemagne, ou tout au moins débloquer Mantoue, le général autrichien résolut de commencer par faire des démonstrations, par la gauche de son armée, sur Legnago et Vérone, de porter le gros de ses troupes par la route qui conduit du Tyrol sur le Monte-Baldo, et sa droite par celle qui conduit à Gavardo et à Brescia.

« Les premières tentatives du général autrichien parurent répondre à ses espérances. Le 29 juillet, l'armée impériale se mit en mouvement. L'aile gauche, commandée par le général Davidowich, descendit la rive gauche de l'Adige, par Ala et Peri, sur Dolce, tandis qu'une colonne, aux ordres du général Messaros, se dirigeait sur Vérone. Le centre, conduit par le maréchal Wurmser en personne, se porta entre l'Adige et le lac de

Garda, sur les positions du Monte-Baldo. Le général Mélas, avec l'aile droite, se porta sur Lumini, par le revers du même Monte-Baldo. Enfin, un corps d'armée, séparé de dix ou douze lieues de celui du maréchal, et composé de vingt-huit bataillons et de dix-huit escadrons avec vingt-quatre pièces de gros calibre, outre l'artillerie des régiments, descendit, sous les ordres du général Quasdanowich, la rive droite du lac de Garda, par Riva et Salo, afin de traverser ensuite les montagnes de Gavardo et se diriger sur Brescia. Si l'on a bien fait attention aux positions occupées par la division du général Masséna, on verra qu'en manœuvrant ainsi que nous venons de l'indiquer, le maréchal Wurmser montrait surtout l'intention de l'accabler. Masséna, réduit à des forces de beaucoup inférieures en nombre, avait en vain couvert sa ligne de quelques retranchements faits à la hâte. Il se trouvait dans l'impossibilité de résister.

« En effet, à trois heures du matin, ce général se trouva tout à coup attaqué par la masse énorme de la gauche et du centre de l'armée autrichienne. Son avant-garde, commandée par le général Joubert, qui occupait les positions retranchées de Brentino et de la Corona, entre la montagne de ce dernier nom et l'Adige, essaya longtemps de soutenir, par des prodiges de valeur, l'attaque disproportionnée à laquelle elle était exposée. Pressée de front, et menacée de se voir déborder sur les flancs par les troupes du général Sebottendorf, cette brave avant-garde céda à regret ses positions et se vit obligée de se retirer sur Rivoli. Cependant le général Joubert ne quitta le champ de bataille que lorsque, affaibli par des pertes nombreuses, il ne pouvait plus combattre sans témérité, sans s'exposer à voir ses troupes enveloppées. La 11e demi-brigade légère éprouva une perte énorme.

« Pendant que le général Sebottendorf forçait ainsi les retranchements de Brentino et de la Corona, le général Davidowich jetait un pont sur l'Adige, à Dolce, et se portait sur la rive droite avec la meilleure partie de ses troupes, afin de seconder l'attaque du général Sebottendorf. Dans le même moment, les généraux Mitrowsky et Messaros poussaient leurs troupes, le premier sur la Chiusa, et le second sur Vérone. Instruit de l'échec essuyé par son avant-garde, menacé par des divisions entières qui manœuvraient toutes pour le déborder, le général Masséna reconnut qu'il serait imprudent de vouloir résister plus longtemps, et qu'il compromettrait le salut de sa division, et, par suite, celui de l'armée entière, s'il attendait l'ennemi. Il se replia sur Piavesano, entre Rivoli et Castel-Nuovo. Très-heureusement pour lui, il ne fut point troublé dans ce mouvement rétrograde par les Autrichiens; car, si le maréchal Wurmser eût imité dans ses manœuvres la rapidité de son rival, il pouvait devancer

Masséna dans sa retraite, s'emparer du défilé d'Osteria, seule route qui restât au général français pour gagner Rivoli; la majeure partie de cette division, enveloppée par de nombreux bataillons, eût été obligée de mettre bas les armes, ou de se faire exterminer pour s'ouvrir un passage

« Le 29 juillet, également, et pendant que le général Masséna évitait ainsi, par une retraite heureusement exécutée, les dangers dont il était menacé, le général Quasdanowich avait opéré son mouvement sur Salo. La division du général Sauret défendait ce poste important, qui couvrait la gauche de l'armée française. Nous avons fait connaître la faiblesse numérique de cette division. Cependant, quoiqu'il eût affaire à des forces plus que quadruples, qu'une nombreuse cavalerie rendait encore plus redoutables, le général Sauret osa résister à cette masse accablante. Les Autrichiens eurent besoin de faire les plus grands efforts pour vaincre l'opiniâtreté de ces braves Français résolus à défendre leur poste jusqu'à la dernière extrémité. Mais, après un combat qui dura plus de deux heures, et où le général de brigade Rusca fut dangereusement blessé, le général de division Sauret, voyant que l'ennemi faisait incessamment des progrès, ordonna la retraite, et les Autrichiens occupèrent Salo. Le général Guyeux, coupé avec un bataillon de la 15ᵉ légère, se jeta dans un grand bâtiment, s'y renferma, et s'y défendit avec une rare bravoure contre les forces ennemies. Sauret, poursuivi vivement par Quasdanowich, se trouva dans l'impossibilité de porter du secours à la ville de Brescia. Une partie du corps d'armée de Quasdanowich, s'étant déjà dirigée de ce côté, s'en empara, et fit prisonniers quatre compagnies d'infanterie, un escadron du 15ᵉ de chasseurs, deux généraux et quelques officiers supérieurs, qui étaient malades dans cette ville. Le général Sauret continua sa retraite jusqu'à Dezenzano, où il s'arrêta. Des courriers envoyés par les généraux Masséna et Sauret au général en chef lui apprirent en même temps et le mouvement opéré par le maréchal Wurmser, et le résultat de sa première attaque contre l'armée française.

« Il n'y avait pas un moment à perdre, et Bonaparte sentit que ce mouvement rapide des Autrichiens, avec des forces aussi nombreuses et qui débordaient son armée, exigeait un plan hardi et qui embrassât tout l'ensemble des opérations ennemies. C'était surtout dans une circonstance aussi difficile que son génie entreprenant avait besoin de devancer l'expérience et de s'aider de toutes les conceptions que peut inspirer une brillante théorie. En méditant sur la marche des colonnes ennemies, il vit le point sur lequel il lui importait de rassembler les forces françaises. Il reconnut que, s'il n'était pas en mesure de s'opposer en même temps à la marche des corps qui le menaçaient si instamment, il y avait néanmoins possibilité de les attaquer et de les battre séparément. En effet, en rétrogradant avec célérité sur le Mincio, position centrale dont il était le maître, il lui était loisible d'envelopper le corps du général Quasdanowich, descendu, comme nous venons de le rapporter, par la rive droite du lac de Garda sur Salo et de là sur Brescia; après avoir battu, pris ou dispersé ces troupes, il revenait ensuite sur le Mincio attaquer le centre et la gauche de l'armée de Wurmser, et rejetait ce dernier dans le Tyrol. Mais, pour l'exécution de ce grand mouvement stratégique, il fallait à l'instant lever le siége de Mantoue et repasser le Mincio ; c'est ce qui fit que Bonaparte prit la résolution d'abandonner le siége d'une place qui allait se rendre.

« L'impossibilité du transport de toute l'artillerie qu'il y avait rassemblée et qui provenait des arsenaux ennemis le décida à y laisser cet attirail dont la perte au surplus ne pouvait pas entrer en parallèle avec le danger auquel l'armée se trouvait exposée.

« Immédiatement après avoir reçu la nouvelle des attaques faites par les généraux Davidowich et Quasdanowich sur les divisions Masséna et Sauret, Bonaparte avait envoyé au général Augereau, qui se portait à la rencontre de la colonne du général Messaros sur Vérone, l'ordre de faire sa retraite sur Roverbella, de rompre les ponts de Porto-Legnago, de brûler ses affûts de position, d'enlever de ses magasins tout ce qu'il pourrait emporter et d'attendre dans ce même village de Roverbella une destination ultérieure.

« Augereau exécuta ponctuellement cet ordre et trouva à son arrivée à Rovervella la plus grande confusion. Le village était encombré par les équipages des administrations de l'armée que la marche de l'ennemi avait frappées d'une terreur panique. Le général parvint à rétablir l'ordre et à faire déblayer les rues pour le passage des troupes qui s'établirent en avant du village.

« C'était le 30 juillet. Bonaparte arriva à trois heures de l'après-midi à Roverbella, descendit chez Augereau et lui fit part de la situation des deux armées. Augereau fut d'avis de réunir sans délai toutes les forces disponibles, et il ajouta que, puisque l'ennemi venait de s'emparer de San Marco et de Brescia (Bonaparte venait d'en recevoir la nouvelle), il fallait sans balancer marcher pour l'en chasser et rétablir les communications avec Milan ; il s'offrit pour cette expédition. Bonaparte, qui avait conçu les mêmes idées, dit à Augereau qu'il allait faire lever sur-le-champ le siége de Mantoue. Le bouillant général de division voulut combattre cette dernière résolution ; mais il ne parvint pas à convaincre le général en chef, dont le plan était déjà formé.

« Cependant l'armée se rassemblait sur le Mincio. Masséna vint à Castel-Nuovo, la réserve et la cavalerie à Villafranca. Les troupes du général Serrurier quittèrent leurs positions devant Mantoue ; et, pour couvrir les communications directes avec Crémone, Pizzighettone et Plaisance, ces mêmes troupes vinrent occuper Pozzolo, à l'exception de la brigade postée sur la rive gauche du Mincio pendant le siége et qui vint renforcer la division Augereau à Roverbella.

La division Quasdanowich s'était avancée de Brescia sur la rivière de Chiese à Ponte-San-Marco. La brigade du général Ocskay se dirigea sur Lonato et les deux autres sur Monte-Chiaro. De son côté, l'armée française continua son mouvement, pendant la nuit du 30, en deçà du Mincio sur la rive droite.

« Le général Sauret reçut, le 31 juillet, l'ordre de marcher sur Salo pour délivrer le général Guyeux renfermé, comme on l'a vu, avec un seul bataillon dans un bâtiment qu'il défendait avec la plus étonnante bravoure. Pendant ce temps, le général Dallemagne devait attaquer le général Ocskay dans Lonato et le chasser de cette ville à quelque prix que ce fût. Le général Sauret réussit dans son entreprise, repoussa les troupes ennemies de Salo, leur prit deux drapeaux, deux pièces de canon, fit deux cents prisonniers. Le général Guyeux et son bataillon venaient de se couvrir de gloire. Ils avaient combattu quarante-huit heures sans vivres et sans un moment de relâche.

« Le général Ocskay prévint l'attaque du général Dallemagne. Il sortit de Lonato et engagea un combat des plus opiniâtres et des plus meurtriers. L'avantage, longtemps indécis, resta enfin aux Français. Les Autrichiens furent défaits, laissèrent un grand nombre de morts et de blessés sur le champ de bataille et six cents prisonniers entre les mains des vainqueurs. Ce fut dans ce combat de Lonato que la 32e demi-brigade, si renommée parmi les braves, mérita ce que le général en chef dit d'elle dans le rapport qu'il adressa au Directoire : « J'étais tranquille, la « 32e était là. »

« La retraite des Autrichiens de Lonato permit à la division Masséna de prendre position en ce dernier endroit et à Ponte-San-Marco.

« Le 1er août, Augereau se porta à marche forcée sur Brescia, toujours en combattant depuis le passage de la Chiese, et ce général chargea lui-même, à la tête de quatre cents chevaux, la queue de la colonne ennemie au moment où celle-ci évacuait la ville. La retraite se fit avec tant de précipitation de la part des Autrichiens, que les Français purent retrouver leurs magasins et les malades qui y étaient restés dans la ville lors de son occupation par les troupes du général Quasdanowich.

« Ce dernier, après le mouvement du général Sauret sur Salo et l'issue du combat de Lonato, n'avait point jugé prudent de s'exposer à perdre sa communication par Riva, et s'était replié de Monte-Chiaro, où il se trouvait avec deux brigades de sa division, sur Gavardo. En faisant réoccuper Salo, Augereau fit occuper Monte-Chiaro.

« Cependant le maréchal Wurmser, après la réussite de son attaque sur la division Masséna à la Corona, s'était avancé avec lenteur et précaution sur Mantoue. Il entra dans cette place le 31 juillet, aux vives acclamations de la garnison et des habitants, qui saluaient en lui un libérateur. Le 1er août, le maréchal fit prendre des positions sur le Mincio, et envoya les généraux Bayalistch et Weindorfen former le blocus de Peschiera. Il porta le général Messaros sur le Mincio inférieur, et fit suivre par la garnison de Mantoue la retraite de la division Serrurier sur Bogoforte et Marcaria. Mais, au lieu de presser vigoureusement l'armée française dans la position hasardeuse où elle se trouvait, Wurmser, glorieux d'avoir réussi à dégager Mantoue, et regardant cette opération comme un grand triomphe, s'amusa à faire entrer dans la place, avec un grand appareil, tout l'équipage de siège et les approvisionnements que les Français avaient abandonnés dans leurs ouvrages et dans leurs positions. Il pensait que le mouvement du général Quasdanowich suffirait seul pour forcer les Français à une retraite précipitée. Mais son erreur fut de courte durée : car dans la nuit même du 1er août, il apprit que toutes les forces françaises s'étaient portées sur la Chiese, à la rencontre du corps autrichien, et que ce dernier venait d'être battu à Salo, à Lonato et à Brescia. Wurmser reconnut alors la nécessité de se rapprocher du général Quasdanowich, et marcha le 2 sur Goito, en poussant ses avant-gardes sur Castiglione.

« Le général Valette gardait ce dernier poste avec dix-huit cents hommes. Il avait reçu de Bonaparte l'ordre de se défendre jusqu'à la dernière extrémité, afin de retarder le plus longtemps possible la marche du maréchal Wurmser. Le général en chef français avait bien prévu que son adversaire ne tarderait pas à le suivre dans sa propre marche sur Quasdanowich. A la vue des avant-gardes autrichiennes, les troupes du général Valette le forcèrent d'évacuer, contre sa propre volonté, Castiglione ; ce qu'il fit avec une partie de son monde, et vint à Monte-Chiaro. Cette retraite inattendue jeta l'alarme et l'épouvante permi les troupes du général Augereau, qui venaient d'occuper ce poste. Le général Augereau arrivait alors dans Monte-Chiaro. Il était resté à Brescia, après le départ de sa division, pour ordonner quelques dispositions relatives aux subsistances et aux munitions. Après avoir accablé le général Valette de reproches sur son étrange conduite, Augereau donna l'ordre au général Robert de rallier les troupes fugitives et de les ramener à Monte-Chiaro. Cependant les détachements abandonnés dans Castiglione avaient fait face à l'ennemi. Ils réussirent à opérer leur retraite en bon ordre sur Ponte-San-Marco, où ils se réunirent à la division Masséna.

« Vers quatre heures de l'après-midi, le général Bonaparte arriva à Monte-Chiaro. Il venait d'apprendre que Valette avait abandonné Castiglione, et cette dernière circonstance le faisait hésiter dans la continuation de son plan d'attaque. Il communiqua à Augereau le dessein d'effectuer sa retraite sur le Pô. Mais ce dernier général combattit fortement ce projet, en s'appuyant surtout de la bonne disposition des troupes sous ses ordres; disposition qui, sans doute, était commune aux autres divisions de l'armée. Bonaparte voulut s'assurer de ce que lui disait Augereau, et annonça l'intention de passer en revue la division de ce général. Les officiers généraux et supérieurs de cette même division vinrent, à ce moment, présenter leurs hommages au général en chef : « Venez dans nos camps, « dirent ces braves à Bonaparte; vous jugerez de l'esprit qui anime les sol- « dats que nous commandons. — Savez-vous, mes amis, reprit le général en « chef, que vous avez devant vous vingt-cinq mille hommes des vieilles ban- « des autrichiennes, commandés par Wurmser ? — Qu'importe ! s'écrièrent « à l'instant et d'une voix unanime les vainqueurs de Lodi. Général, nous « n'avons jamais compté nos ennemis; reposez-vous sur nous. Aux Pyrénées « nous avons vaincu les ennemis de la France, nous saurons encore les « vaincre en Italie! » Bonaparte se rendit au camp devant Monte-Chiaro. Les troupes d'Augereau étaient rangées en bataille sur le front de bandière, les armes en faisceaux. A la vue du général en chef, elles l'accueillirent aux cris de *Vive la République! Vivent nos braves généraux! A l'ennemi! Point de retraite!* Quelques soldats s'élancent hors des rangs, et, montrant à Bonaparte les hauteurs de Castiglione, lui dirent : « C'est là « que nous jurons de remporter la victoire ou de périr tous! » Ces expressions du plus noble enthousiasme fixèrent l'irrésolution du général en chef, qui, se tournant vers Augereau, lui dit avec une émotion visible : « Oui, je dois croire qu'avec des braves comme ceux-là on ne peut pas « être vaincu! »

« Cependant Bonaparte avait suspendu sur-le-champ le général Valette de ses fonctions en l'envoyant sur les derrières de l'armée. Cet officier général avait déjà montré fort peu de courage à l'attaque de la Corona, et, tandis qu'il abandonnait Castiglione, le général Sauret avait été de nouveau attaqué dans Salo par les troupes du général Quasdanowich, qui s'était replié, ainsi qu'on l'a vu, de Monte-Chiaro sur Gavardo, dans la crainte de voir sa communication coupée sur Riva, situé à l'extrémité du lac de Garda. Le général fut forcé d'abandonner Salo à des troupes bien plus nombreuses que les siennes ; mais le général Guyeux reçut l'ordre d'aller reprendre ce poste important avec des renforts qu'on lui donna.

« Bonaparte, après avoir passé en revue les troupes de la division Augereau, fit ses dispositions pour attaquer le maréchal Wurmser. En envoyant l'intrépide général Guyeux sur Salo, le général en chef avait eu pour but de contenir le général Quasdanowich, pendant l'action que lui-même allait engager. Le 3 août, à la pointe du jour ; l'armée française se mit en mouvement. Le général Masséna se trouvait au centre, à Calcinato et San Marco ; il marcha sur Lonato. La division Augereau formait la droite à Monte-Chiaro ; elle se porta sur Castiglione. La gauche était formée par les troupes du général Guyeux, qui marchait sur Salo.

« En apprenant ce dernier mouvement, qui s'était effectué dans la soirée du 2, le général Quasdanowich craignait encore pour ses communications, et détacha, dans la nuit, le prince de Reuss, avec sa brigade, pour chercher le général Guyeux et le combattre ; lui-même se mit en mouvement, le 3 au matin, pour essayer de donner la main au maréchal Wurmser, par Lonato, et la brigade Ocskay s'avança sur cette dernière ville. Le général Ott devait marcher sur Dezenzano, et le prince de Reuss, n'ayant point rencontré le général Guyeux, se rabattit plus tard sur la route de Lonato.

« Le général Ocskay, en se portant sur Lonato, rencontra l'avant-garde du général Masséna, qui prenait la même direction. Le général Pigeon, commandant ces troupes, les engagea un peu trop fortement ; il fut fait prisonnier avec un certain nombre de soldats. La 18e légère éprouva une perte considérable, et trois pièces d'artillerie légère restèrent entre les mains des Autrichiens. Fort heureusement cette troupe d'avant-garde, dans sa retraite, vint se placer derrière un canal et quelques éminences qui empêchèrent l'ennemi de suivre son avantage. Bonaparte, qui s'était porté en tête de la division Masséna, arriva bientôt sur ce point. Il fit former les 18e et 32e demi-brigades de ligne en colonnes serrées par bataillons, en les faisant soutenir par le 15e régiment de dragons. Les deux colonnes s'avancèrent au pas de charge sur les Autrichiens, qui, fiers de leur premier succès, s'étendaient dans la plaine pour envelopper les deux braves demi-brigades. Ce dernier mouvement ne pouvait effrayer Bonaparte, dont le coup d'œil exercé embrassait les forces auxquelles il avait affaire, il jugea que les Autrichiens s'affaiblissaient beaucoup en se prolongeant ainsi, et qu'il leur serait difficile de résister au choc des deux masses qui s'avançaient contre eux. En même temps, faisant déployer les

4ᵉ et 18ᵉ d'infanterie légère à droite et à gauche de ces deux colonnes d'attaque, il les fit tirailler pour contenir les deux ailes ennemies. Les 18ᵉ et 32ᵉ de ligne continuèrent rapidement leur marche sur le centre, et Bonaparte, par surcroît de précaution, fit marcher en réserve la 11ᵉ demi-brigade de ligne et le 25ᵉ régiment de chasseurs. Ainsi que l'avait prévu le général français, les troupes autrichiennes ne purent résister à cette attaque si fortement combinée : Lonato fut enlevé ; le 15ᵉ régiment de dragons chargea les hulans du général Ocskay, et reprit les trois pièces d'artillerie légère perdues au commencement de l'action. Toute la colonne fut dispersée ; une grande partie, déjà prévenue par la gauche, fut rejetée sur le lac de Garda et sur Desenzano. Cependant, comme les fuyards, en longeant les bords du lac de Garda du côté de Peschiera, auraient pu gagner le Mincio, ou bien, remontant du côté de Salo, inquiéter les derrières du général Guyeux, ou enfin chercher à se réunir aux troupes de Quasdanowich, Bonaparte reconnut qu'il était essentiel de les prévenir à Desenzano, et dirigea sur ce point son premier aide de camp Junot, avec la compagnie des guides à cheval de l'armée, en la faisant soutenir, à quelque distance, par le 15ᵉ régiment de dragons et la 4ᵉ demi-brigade légère. Arrivé près de Desenzano, l'aide de camp Junot atteignit le régiment de hulans que commandait le colonel Bender, et, faisant un détour sur la droite, il vint charger de front ce régiment, dont il blessa le colonel. Entouré bientôt par un gros de hulans, Junot, sans se déconcerter, en tua six de sa main ; mais il fut culbuté dans un fossé, après avoir reçu cinq coups de sabre assez profonds. Il courait risque d'être fait prisonnier, lorsque, fort heureusement, les guides, qui s'étaient ralliés, et le 15ᵉ de dragons, accourus en toute hâte, vinrent le dégager. Les Autrichiens, à leur tour, serrés de près, ayant en tête la colonne de Junot et en queue les 18ᵉ et 22ᵉ qui marchaient également sur Desenzano, auraient été forcés de mettre bas les armes, sans l'arrivée de la brigade du prince de Reuss, qui, n'ayant point rencontré le général Guyeux, se rabattait sur la brigade Ocskay, comme nous l'avons indiqué plus haut. Le prince de Reuss dégagea cette partie de la brigade Ocskay, et ces troupes prirent le parti de se retirer vers Salo. Les Français continuèrent de les poursuivre : Salo venant d'être occupé par la colonne du général Guyeux, l'ennemi se trouva une seconde fois entre deux feux, et éprouva une perte considérable. Dans sa marche sur Salo, le général Guyeux avait poussé devant lui la colonne du général Ott, et celle-ci était venue reprendre son camp de Gavardo. Ainsi les troupes de Quasdanowich se trouvaient paralysées. Une partie errait dispersée dans les montagnes, jusqu'à ce que les événements du lendemain vinssent décider de son sort.

« Après avoir retracé les mouvements de la gauche et du centre, retournons à la droite de l'armée française.

« Tandis que le général en chef rétablissait le combat à l'avant-garde du général Masséna, Augereau marchait avec ses braves sur Castiglione ; il replia les avant-postes de l'ennemi, mais il trouva la division du général Liptay postée assez avantageusement à droite et à gauche de la ville.

« Augereau donna au général Beyrand l'ordre d'attaquer les hauteurs à la droite de Castiglione, avec la 4ᵉ demi-brigade de ligne et la 17ᵉ légère. Le général Verdier, à la tête des grenadiers réunis, attaqua le château de Castiglione. Deux bataillons de la 69ᵉ, sous le commandement du général Pelletier, menacèrent la droite de l'ennemi. Augereau avait fait partir, dans la nuit, le général Robert, avec la 51ᵉ de ligne, pour tourner le flanc gauche des Autrichiens ; et ce général s'était embusqué sur les derrières pour soutenir ce mouvement général ; un bataillon de la 69ᵉ, la 45ᵉ demi-brigade et le 22ᵉ régiment de chasseurs s'avancèrent dans la plaine. Pendant ce temps la réserve, aux ordres du général Kilmaine, était en marche pour se réunir à la division Augereau.

« Le combat s'engagea très-vivement de part et d'autre ; les Autrichiens firent une glorieuse résistance ; mais les troupes d'Augereau avaient juré de vaincre, et l'ennemi fut enfin obligé de céder aux plus généreux efforts. Le général Liptay, s'apercevant, dans sa marche rétrograde, de l'infériorité des troupes qui le poursuivaient, reforma sur-le-champ les siennes, qui revinrent à la charge pour être repoussées une seconde fois ; elles vinrent tomber sous le feu de la 51ᵉ demi-brigade embusquée, comme nous venons de le dire, sur les derrières. Cette rencontre inattendue augmenta le désordre parmi les Autrichiens et les pertes qu'ils venaient d'éprouver.

« Augereau, maître du village, attaqua ensuite le pont de Castiglione avec une partie de sa réserve renforcée d'un bataillon de la 4ᵉ légère, que Bonaparte avait détaché de Lonato. Cependant la tête de colonne des autres troupes du maréchal Wurmser arrivait par Guidizzolo, et le général Liptay, ayant reçu quelques renforts, cherchait à se maintenir dans une position où il allait être rejoint par des troupes nombreuses. Il fit une manœuvre pour gagner les Français par leur droite ; Augereau, qui s'aperçut de ce mouvement, fit déployer dans la plaine les 4ᵉ et 51ᵉ de ligne et la 17ᵉ légère ; à cet instant la réserve du général Kilmaine débouchait ; Augereau la plaça pour soutenir sa ligne. Il fit garder les hauteurs par le général Pelletier qui, indépendamment de la 69ᵉ demi-brigade, eut sous ses ordres l'autre partie de la réserve qu'Augereau n'avait pas employée à l'attaque du pont de Castiglione : c'étaient la 45° demi-brigade de ligne et un escadron du 22° de chasseurs.

« Le combat, déjà engagé au pont de Castiglione, devint général sur la ligne. Les Autrichiens, encouragés par l'espérance d'être promptement appuyés par les troupes qu'amenait le maréchal Wurmser, soutinrent, avec la plus grande vigueur, le choc des soldats d'Augereau animés par les succès qu'ils venaient de remporter, et qui, croyant avoir affaire au gros de l'armée autrichienne, n'en combattaient pas avec moins d'intrépidité. Mais le pont de Castiglione fut forcé, et la division Liptay, qui formait l'avant-garde de Wurmser, fut obligée de se replier sur le corps d'armée.

« Un combat aussi opiniâtre coûta aux Français la perte du général Beyrand et celle des chefs de brigade Pourailler, de la 4°, Bourgon, du 1er de hussards, et Marnet, du 22° de chasseurs; ces officiers supérieurs furent tués sur le champ de bataille.

« Ainsi, Bonaparte avançait heureusement dans l'exécution de son vaste plan, et les combats de Lonato et de Castiglione étaient les premiers gages des succès qu'il pouvait en espérer. Les Autrichiens venaient de perdre, dans ces deux affaires, quatre mille hommes tués, blessés et faits prisonniers, et vingt pièces de canon.

« Toutefois le sort de l'Italie n'était pas encore décidé, et les Autrichiens avaient des forces trop considérables pour que Bonaparte n'eût point calculé toutes les chances. Il était facile de prévoir que, tirant de Mantoue tout ce qui se trouvait disponible en troupes, et ne se regardant point comme vaincu, le maréchal Wurmser, à la tête de près de vingt-cinq mille hommes de bonnes troupes, allait faire les plus grands efforts pour se porter en avant, et essayer de donner la main à Quasdanowich. Cette observation ne pouvait échapper à un général comme Bonaparte : aussi prit-il la résolution de se débarrasser complétement du corps de Quasdanowich, afin de rassembler toute l'armée française, pour se porter ensuite sur Wurmser, et forcer ce dernier à repasser le Mincio.

« Le général en chef avait ordonné au général Despinois de réunir à Brescia toutes les troupes qu'il avait pu tirer de la Lombardie, d'en former une petite division, de se porter, avec ce faible corps, par les montagnes sur la Chiese, à l'effet de tourner la droite des troupes de Quasdanowich, campées à Gavardo, et, par cette manœuvre qui menaçait l'ennemi d'être coupé du Tyrol, de la forcer à se retirer dans ce pays. L'adjudant général Herbin conduisit, en conséquence, une petite colonne sur le mont San Osetto, qui domine Gavardo, y trouva deux bataillons autrichiens, qu'il culbuta, et s'empara de ce poste avantageux. Le général Dallemagne, à la tête d'un bataillon de la 11° demi-brigade, pénétra jusqu'au village de Gavardo, en poussant tout ce qui se trouvait sur son passage; mais, n'ayant point été soutenu par le reste de la division, il fut entouré par des forces supérieures, et ne parvint qu'avec beaucoup d'efforts à se faire jour. Bonaparte, instruit de ce contre-temps, envoya à Salo le général Saint-Hilaire, pour appuyer, de concert avec le général Guyeux, le mouvement des troupes de Despinois et dégager le général Dallemagne. Le général Saint-Hilaire réussit complétement dans sa mission. Le général autrichien, qui ne s'attendait, sans doute, à être vigoureusement attaqué que du côté de Lonato, faillit être enlevé dans son camp de Gavardo. Après un engagement assez vif, les Français occupèrent ce dernier village. Quasdanowich, se voyant alors sérieusement menacé par le San Osetto et par Salo, ne crut pas devoir résister plus longtemps sur un point compromis. Ses troupes étant d'ailleurs exténuées par les fatigues et les marches multipliées dans un pays difficile et où les ressources étaient épuisées, il crut devoir profiter de l'issue qui se présentait par les vallées qui conduisent au lac d'Idro, pour se retirer sur Riva, en laissant le prince de Reuss en arrière-garde, vers Rocca d'Anfo, sur les bords de ce même lac d'Idro.

« Sur ces entrefaites, Wurmser avait recueilli son avant-garde, hâtait l'arrivée de sa réserve, et pressait l'envoi des renforts qui devaient venir de Mantoue. De son côté, Bonaparte s'était rendu à Lonato, pour s'occuper des dispositions de la bataille générale qu'il se proposait de livrer le lendemain. Tout à coup on lui annonce un parlementaire, qui se présente pour le sommer de se rendre : on l'instruit, en même temps, qu'en effet des avant-gardes ennemies s'approchaient de la ville, et que la route de Brescia était déjà interceptée à Ponte-San-Marco. Le parlementaire, introduit auprès de Bonaparte, lui dit que, Lonato étant cerné de tous côtés, il ne restait d'autre parti à prendre, pour les Français qui se trouvaient dans la ville, que de mettre bas les armes et de se rendre à discrétion. Le général en chef n'avait avec lui dans Lonato que mille hommes : la situation était éminemment critique : bientôt revenu d'un premier moment de surprise, sa présence d'esprit le tira habilement de ce pas dangereux. Il calcula, avec la promptitude de l'éclair, que la troupe qui se présentait ainsi par la route de Brescia ne pouvait être autre qu'un débris de celle qui avait été battue la veille, poussé sur Desenzano et sur le lac de Garda. Il jugea qu'après avoir erré pour chercher à rejoindre le général Quasdanowich, cette colonne, trouvant les passages fermés par les troupes des généraux Guyeux et Despinois, essayait de gagner l'armée du maréchal Wurmser en passant par Lonato. Ces lumineuses réflexions conduisirent Bonaparte à demander au parlementaire, avec un mélange de colère et de dignité, par quel motif il osait venir ainsi sommer un général en chef vainqueur, au milieu de son quartier général, et entouré de son armée. « Allez, ajouta-t-il, allez dire au général qui vous a envoyé, que, s'il a prétendu faire une insulte à l'armée française, je suis ici pour la venger : qu'il est lui-même mon prisonnier, ainsi que ses soldats : je sais que sa troupe n'est qu'une des colonnes coupées par des divisions de mon armée qui occupent Salo et la route de Brescia à Trente. Dites-lui que, si, dans huit minutes, il n'a pas mis bas les armes, et si une seule amorce est brûlée, je le fais fusiller, lui et ses gens. » Puis, s'adressant aux officiers qui avaient amené le parlementaire : « Qu'on enlève le bandeau qui couvre les yeux de monsieur ! » et continuant de parler à ce dernier : « Voyez le général Bonaparte, au milieu de son état-major et de l'armée républicaine. Rapportez à votre général qu'il lui est loisible de faire une bonne capture. » L'officier retourna vers le chef qui l'avait envoyé, et Bonaparte ordonna sur-le-champ au général Berthier de faire avancer les grenadiers qui gardaient le quartier général, ce qu'il y avait de guides et d'autres troupes dans Lonato, et quelques pièces d'artillerie. Le chef de la colonne ennemie, fort surpris d'apprendre que Bonaparte et son état-major se trouvaient dans Lonato, demanda à son tour à capituler. « Non, répondit Bonaparte avec une fierté qu'augmentait encore la démarche de l'ennemi, je ne puis capituler avec des hommes qui sont mes prisonniers. » L'Autrichien insistait : alors Bonaparte ordonne une démonstration d'attaque. Le commandant ennemi n'en attendit point les effets, et se rendit sans conditions. Trois bataillons autrichiens, forts d'à peu près trois mille hommes, vingt hulans, mirent bas les armes, en livrant trois drapeaux et quatre pièces de canon.

« L'évènement épisodique qu'on vient de lire n'était point de nature à ralentir les dispositions du général en chef pour la journée du lendemain. Il arriva enfin, ce jour trop tardif aux désirs impatients de Bonaparte et de ses braves, et qui allait décider du sort des deux armées française et autrichienne. Le bruit de ce qui venait de se passer à Lonato s'était répandu, dans la soirée et dans la nuit du 4 au 5 août, dans les différents camps français. La fortune du général en chef, échappant à un danger imminent par la force de son génie, promettait aux officiers et aux soldats une victoire assurée ; elle avait servi de texte aux entretiens de ces guerriers jusqu'au moment où ils prirent leurs armes pour combattre : leur ardeur et leur enthousiasme étaient alors portés au comble.

« On sait que la division du général Serrurier, après la levée du siége de Mantoue, était venue prendre position à Marcaria et à Pozzolo, pour couvrir la communication avec Crémone et Plaisance. Bonaparte, après avoir acquis la certitude que Quasdanowich se trouvait neutralisé dans les montagnes qui avoisinent Salo, par suite de la première affaire de Lonato, et pensant ensuite que le maréchal Wurmser n'oserait point entreprendre de marcher sur le Pô, sans avoir une connaissance précise de la position de son lieutenant Quasdanowich, Bonaparte, disons-nous, avait envoyé au général Fiorella, qui se trouvait commander la division en l'absence de Serrurier, l'ordre de venir prendre part à l'action générale qui allait s'engager, en s'avançant par Guidizzolo, sur la route qui mène de Mantoue à Brescia. Ce mouvement tournait l'ennemi par sa gauche, pendant que le gros de l'armée, c'est-à-dire les divisions Masséna et Augereau et la réserve, devait attaquer de front. En exécution de cet ordre, Fiorella avait mis ses troupes en marche pendant la nuit, et à six heures du matin il était en vue de Guidizzolo.

« La division Augereau prit les armes, à la pointe du jour, et vint se former sur deux lignes en avant de Castiglione, ayant à sa droite la réserve du général Kilmaine, placée en échelon, et à sa gauche la division Masséna, dont une partie était déployée et l'autre en colonne.

« L'armée ennemie se forma en bataille sur deux lignes. La gauche au mamelon de Medolano et la droite au delà du petit village de Solferino. Ses troupes pouvaient former vingt-cinq mille hommes.

« Le général en chef avait senti l'importance d'occuper de suite l'attention du maréchal Wurmser sur son front, pour donner le temps au général Fiorella d'arriver à son poste de bataille, sans être inquiété ou arrêté dans sa marche. Mais, d'un autre côté, il voulait éviter de s'engager sérieusement avant que cette division Serrurier fût à portée d'entrer en ligne. Il ordonna en conséquence au général Augereau de faire avancer quelques troupes, comme d'avant-garde, pour faire une démonstration d'attaque partielle. Le général Masséna indiquait le même but par quelques mouvements préparatoires, et en jetant des tirailleurs en avant. Les Autrichiens paraissaient plus disposés à recevoir l'attaque qu'à la commencer. Toutefois, quand l'avant-garde d'Augereau se présenta devant eux, ils s'ébranlèrent et repoussèrent sans peine une agression plus simulée que réelle. En effet, les Français cédant bientôt le terrain, l'ennemi avança à son tour, et, tout en poursuivant les troupes d'Augereau, il manœuvra de manière à faire croire qu'en s'étendant sur la droite il allait déborder la gauche de la division Masséna sur Castel-Venzago, entre Castiglione et Lonato. Ce mouvement avait pour but spécial, de la part du maréchal Wurmser, de chercher à établir une communication avec Quasdanowich, qu'il supposait vers Lonato, ignorant la défaite du 3. Le général autrichien entrait par là précisément dans les vues de Bonaparte. Résolu à faire son principal effort sur la gauche de Wurmser, le général en chef envoya l'adjudant général Verdier, avec trois bataillons de grenadiers soutenus par un régiment de cavalerie légère, attaquer la redoute de Medolano. Mais, pour faciliter cette attaque et la rendre moins meurtrière, en raison du feu des pièces ennemies, le chef de bataillon Marmont, aide de camp de Bonaparte, officier d'artillerie déjà distingué, avait été chargé de diriger sur l'extrémité gauche des Autrichiens douze pièces de canon destinées à prendre les troupes ennemies en écharpe. Marmont mit ses pièces en batterie dans la plaine de Médole, en même temps que la cavalerie du général Beaumont se formait pour les soutenir. Cette disposition eut tout le résultat désiré ; elle fit beaucoup de mal à l'ennemi, en même temps que les boulets atteignaient la redoute qui couvrait son flanc. L'adjudant général Verdier s'avança sous la protection de ce feu redoutable, avec les trois bataillons de grenadiers, et emporta la redoute après un combat dans lequel les Autrichiens combattirent avec un courage presque égal à celui des assaillants. Pendant ce temps, le général Beaumont et l'aide de camp Marmont s'avançaient, avec la cavalerie, dans la direction du village de San Canziano, sur les derrières de la ligne ennemie. Cette manœuvre habile, aussi bien exécutée qu'elle était bien combinée, assura la jonction avec la division Serrurier. Celle-ci, conduite, comme nous l'avons dit, par le général Fiorella, déboucha presque à point nommé de Guidizzolo et se trouva placée de manière à prendre à revers la ligne ennemie.

« La marche rapide du général Fiorella, si bien secondée par les dispositions qu'on vient de lire, avait mis tout à fait en défaut la prévoyance du maréchal Wurmser, et ce dernier avait tellement pris le change, que l'avant-garde des troupes de Fiorella, composée de cavalerie légère, s'avança sans obstacle jusqu'au quartier général du maréchal et y pénétra sans trouver de résistance. Wurmser, entouré tout à coup, aurait été pris par les hussards du 7ᵉ régiment, si, fort heureusement pour lui, les dragons autrichiens du quartier général ne se fussent trouvés à portée de le secourir. Une charge exécutée fort à propos par ceux-ci donna au maréchal le temps de monter à cheval. Cette dernière circonstance peut donner lieu à un rapprochement singulier dans la fortune des deux généraux en chef des armées française et autrichienne. L'un et l'autre, dans le cercle de vingt-quatre heures, faillirent être pris pour avoir négligé des précautions qu'ils ne supposaient pas nécessaires. Tant il est vrai de dire que le hasard a souvent une grande part dans les choses humaines !

« L'infanterie de Fiorella, qui suivait de près l'avant-garde, parut bientôt, et cette subite apparition de forces que le maréchal ne soupçonnait pas aussi près renversa tout le plan de ce dernier et le força à changer toutes les dispositions qu'il avait déjà faites. Il envoya sur-le-champ sa cavalerie charger celle du général Beaumont, arrêta le mouvement de la première ligne sur les avant-gardes d'Augereau et de Masséna, et fit marcher la seconde ligne sur le général Fiorella.

« De son côté, le général Bonaparte, voyant que le moment était arrivé de faire avancer les divisions Augereau et Masséna, ordonna de suite ce mouvement. Ces troupes s'ébranlèrent avec vivacité. Augereau attaqua le centre ennemi ; Masséna chercha à pénétrer entre ce point et l'aile droite, tandis que le général Fiorella, continuant sa marche accélérée, poussait les troupes qui lui étaient opposées sur Cavriana.

« La quatrième demi-brigade de ligne attaqua les hauteurs et la tour de Solferino. Les Autrichiens qui se trouvaient sur ce point s'y défendaient avec résolution, lorsque l'adjudant général Leclerc, à la tête de la cinquième demi-brigade de ligne, qu'il amenait à l'instant de Brescia, fut envoyé par Bonaparte pour seconder les efforts de la quatrième. La tour et les hauteurs furent emportées. Ce dernier succès précipita le mouvement de retraite que Wurmser crut devoir ordonner, quand il se vit menacé d'être culbuté dans l'angle formé par le Mincio et le lac de Garda, vers Peschiera. Le maréchal vit dès lors que la bataille était perdue pour lui, et pressa la marche de ses troupes sur le Mincio, dont il fit couper les ponts, pour mettre cette barrière entre les vainqueurs et lui. Mais, poursuivi et vivement harcelé par la cavalerie du général Beaumont et par les troupes du général Fiorella, sa retraite ne se fit point sans perte. Quelques troupes françaises avancèrent jusque sur le Mincio ; mais, harassées des fatigues de la journée et de leur longue marche, accablées par la chaleur, elles furent contraintes à cesser de poursuivre ce dernier, pour prendre quelque repos. Wurmser gagna Valeggio, où il s'arrêta.

« Bonaparte fit prendre à l'armée les positions suivantes : la division Augereau se plaça près de Pazalengo, le général Kilmaine à la gauche d'Augereau, Masséna devant Castellano ; la division Serrurier, dans la plaine, en arrrière de Borghetto.

« La perte des Autrichiens, dans cette journée, où les Français furent vainqueurs par des manœuvres plutôt que par des combats, fut moins considérable que celle qu'ils avaient éprouvée dans les actions précédentes. Elle fut de trois mille hommes à peu près en tués, blessés et prisonniers ; vingt pièces de canon et vingt caissons de munitions restèrent au pouvoir de l'armée française. Celle-ci ne perdit que fort peu de monde. »

Cette glorieuse victoire allait décider du sort de l'Italie, préparer avec éclat la fin de la campagne de 1796, et la conduire à la paix de 1797.

Le 6 août, Augereau reçoit l'ordre de s'avancer sur Borghetto pour canonner Valeggio, pendant que Masséna allait attaquer l'ennemi dans un camp que celui-ci avait élevé devant Peschiera. Couronnées d'un éclatant succès, ces opérations achevèrent de mettre en déroute l'armée autrichienne.

L'armée française reprend le blocus de Mantoue, que Wurmser essaye encore de délivrer avec des troupes fraichement arrivées du Tyrol pour renforcer son armée retirée sur l'Adige. Il est battu à Seravalle, battu à Roveredo : les Français occupent même la ville de Trente. Mais Wurmser se jette dans Mantoue avec dix mille hommes ; Bonaparte songe à l'y enfermer. Wurmser obtient deux avantages successifs dans des sorties nombreuses ; ces avantages le rendent téméraire, et Bonaparte, reprenant bientôt sa supériorité, termine ses opérations contre ce général ennemi en le battant, le 15 septembre, à Saint-Georges, et en le renfermant dans la place de Mantoue. La politique, après la guerre, allait mettre en relief les ressources de son génie universel.

Les instructions que Bonaparte recevait du Directoire l'engageaient à favoriser, dans les centres occupés par l'armée française, l'explosion des idées d'indépendance et de liberté ; les peuples de la Lombardie étaient merveilleusement disposés à obéir à une impulsion de cette nature. Là, l'œuvre de propagande fut rapide. Sur les deux rives du Pô on aspirait ardemment à secouer le joug de l'Autriche. Il en était de même dans les duchés de Modène et de Reggio, dans les légations de Ferrare et de Bologne, que le pape venait de céder à la France par l'une des clauses d'un armistice, base du futur traité de Tolentino, armistice qu'il avait été obligé de conclure avec la République, à l'exemple des autres souverains italiens, parmi lesquels on voit figurer le roi de Naples.

Deux républiques naquirent de ce mouvement des populations. la république Transpadane, qui fut formée avec l'ancienne Lombardie; la république Cispadane, qui se composait de Modène, de Reggio, de Ferrare et de Bologne. L'Italie comptait donc alors quatre républiques, deux nouvelles et deux anciennes, car celles de Gênes et de Venise existaient encore. Le roi de Naples et le roi de Sardaigne étaient devenus, de gré ou de force, les alliés de la France ; le duc de Parme flattait Bonaparte ; le grand-duc de Toscane se tenait en dehors des luttes dont l'Italie était alors le théâtre ; enfin le pape avait déjà perdu quelques-uns des plus beaux fleurons de sa couronne temporelle et ne pouvait que gémir sur les malheurs de l'Église.

L'Autriche seule luttait toujours avec énergie. Après Beaulieu, Wurmser, après Wurmser, Alvinzy, feld-maréchal, d'origine hongroise, qui accourut au secours de Mantoue avec une troisième armée. Cette armée devait, à son tour, succomber sur le champ de bataille d'Arcole.

Cependant, affaiblie par les combats et par les maladies, l'armée française eut d'abord le désavantage ; les affaires de la Brenta et de Caldiero la mirent dans une situation difficile, et il y eut un moment où Bonaparte put craindre de perdre tout le fruit de ses victoires ; Alvinzi put se flatter de reconquérir l'Italie. Mais Bonaparte eut une de ces résolutions aussi savantes que hardies qui sont un éclair de génie ; et cette résolution sauva la gloire de nos armes et les destinées de la France.

Bonaparte avait fait d'infructueuses tentatives pour arrêter la marche d'Alvinzy ; il s'était replié sous les murs de Vérone, laissant libres les bords de l'Adige et les chemins de Mantoue. Alvinzy temporisa ; cependant, s'il ne tenta pas, comme il aurait pu le faire, de débloquer Wurmser enfermé dans cette place, il voulut essayer d'enlever Vérone de vive force. Bonaparte ne vit qu'un moyen de sauver l'armée française d'une retraite désastreuse : c'était de porter la guerre dans le camp ennemi, en l'allant chercher à Arcole. Cette manœuvre audacieuse avait pour but de venir tomber sur les derrières d'Alvinzy, de lui enlever ses parcs et ses munitions, et d'empêcher sa jonction avec le général Davidowich, jonction qui eût été fatale à l'armée française.

Le village d'Arcole est situé au milieu d'un marais d'une certaine étendue. Ce marais est coupé dans tous les sens par des canaux et des ruisseaux qui en rendent les abords dangereux et le parcours extrêmement difficile. Le principal de ces ruisseaux est l'Alpon, espèce de torrent qui coule des montagnes de Sette-Communi ; son cours, d'abord rapide, se ralentit aux approches du terrain marécageux qu'il parcourt en serpentant, avant de se jeter dans l'Adige, entre Arcole et Albaredo. Ce terrain se trouve plus bas que la rivière et le ruisseau ; aussi est-il impraticable, même en été, excepté dans certains espaces où se voient des hameaux et quelques fermes.

Cependant, pour faciliter les communications, les habitants de cette contrée aquatique ont élevé plusieurs digues ou chaussées ; les principales, ou plutôt les seules qui puissent être considérées comme chemins de communication publique, sont : celle qui mène de Ronco à droite sur Arcole, et de là à San Bonifacio, et une autre qui, partant également de Ronco, passe à gauche, et mène à Porcil et Caldiero, où elle joint la route de Vérone à Vicence. La digue qui conduit à Arcole est coupée par l'Alpon, que l'on passe sur un pont en bois assez étroit et élevé, aboutissant à quelques maisons que l'ennemi avait eu la précaution de créneler.

« Le 15, au matin, disent les rapports, les divisions Augereau et Masséna avaient passé l'Adige à Ronco.

« Sur ces entrefaites, Alvinzi accélérait ses préparatifs en vue de l'attaque nocturne projetée contre Vérone, où le général Kilmaine était arrivé avec les trois mille hommes tirés du corps de blocus de Mantoue. Le quartier général autrichien était à Gombion, couvert du côté de Porcil par le régiment de Spleny. Les coups de canon que le feld-maréchal entendit d'abord derrière lui n'excitèrent que faiblement son attention ; mais, lorsque le colonel Brigido lui eut fait le rapport de ce qui se passait sur Arcole, il connut tout le danger qu'il courait, et il envoya le régiment de Spleny au-devant des troupes qui s'avançaient sur Porcil.

« Alvinzy, en apprenant que l'armée française se trouvait vers Ronco, au lieu d'attaquer Vérone, comme c'était son premier dessein et de passer l'Adige à Zevio, changea de dispositions, fit marcher à la hâte des renforts sur Arcole, et exécuter à son armée un changement de front en arrière. Provera fut envoyé avec six bataillons sur Porcil; quatorze bataillons et seize escadrons se dirigèrent sur San Bonifacio et Arcole, et les parcs de l'armée rétrogradèrent sur Montebello.

« Cependant la division Augereau était aux prises avec l'ennemi. La tête de colonne qui s'était avancée sur le pont de la chaussée d'Arcole éprouva la plus grande résistance et ne put pas parvenir à déboucher. Les troupes qui tenaient le village se battirent avec une opiniâtreté digne d'éloges. Il était urgent pour les Français de forcer le pont avant l'arrivée des renforts qu'Alvinzy ne pouvait pas manquer de diriger sur le point d'attaque. Le succès dépendait de l'un de ces élans d'enthousiasme et d'intrépidité qui avaient déjà donné la victoire aux soldats de l'armée d'Italie. Les généraux le sentirent bien, et, sachant aussi qu'en pareille circonstance l'exemple était le seul ordre à donner, tous se précipitèrent à la tête de la colonne pour essayer de franchir le pont à travers la grêle de balles et de mitraille qui partait de l'extrémité opposée. Mais cette fois la fortune trahit leur noble courage, et leur dévouement fut inutile. L'intrépide Lannes, encore souffrant d'une blessure qu'il avait reçue naguère au pont de Governolo, fut atteint de deux coups de feu. Les généraux Verdier, Bon et Verne furent mis hors de combat. Les grenadiers, épouvantés, reculaient ; Augereau prit un drapeau, s'élança jusque sur la moitié du pont, appelant à lui tous les braves, et restant quelques minutes exposé au feu le plus destructeur. Efforts impuissants! les décharges étaient si vives et si bien nourries, que les pelotons qui se succédaient étaient écrasés lorsqu'ils arrivaient à portée.

« Bonaparte, paraissant tout à coup environné de son état-major à la tête de la colonne, encourageait les soldats : « N'êtes-vous donc plus des « guerriers de Lodi? leur disait-il; qu'est devenue cette intrépidité dont « vous avez donné tant de preuves? » Toutefois, avant de se porter aussi à la tête des assaillants, le général en chef s'étant aperçu qu'il était impossible de se déployer sur un espace aussi resserré que la digue d'Arcole, avait détaché le général Guyeux, avec sa brigade, vers Albaredo, avec l'ordre d'y passer l'Adige sur le bac qui s'y trouvait, et de tourner Arcole, s'il ne parvenait pas à l'emporter de front.

« La présence du général en chef et le souvenir de la gloire de Lodi avaient ranimé l'enthousiasme des soldats; et, voulant mettre à profit leur nouvelle ardeur et le temps si court et si précieux qui lui restait, Bonaparte ordonna une nouvelle tentative sur le pont malencontreux. Les grenadiers avaient demandé eux-mêmes à recommencer le combat. Bonaparte descend de cheval, se met à la tête de ces braves, tenant un nouveau drapeau à la main, à l'exemple d'Augereau, et s'élance sur le pont, suivi, pressé par tous ceux que l'étroit espace peut contenir. Le général Lannes, malgré ses deux blessures, apprenant que le général en chef est à la tête des combattants, monte à cheval, parce qu'il ne peut se soutenir à pied; et, blessé une troisième fois, il est presque aussitôt renversé. On peut concevoir le ravage que fit le feu de l'ennemi dans cette masse serrée où tous les coups portaient. Le général Vignolle fut également blessé, et Muron, aide de camp du général en chef, fut tué roide à ses côtés. Si Bonaparte ne fut pas lui-même atteint, il le dut au dévouement de l'adjudant général Belliard et de quelques officiers d'état-major qui se placèrent devant lui pour le couvrir contre les tirailleurs ennemis, et firent ensuite filer quelques grenadiers dans le même but. Enfin la division française fit un mouvement rétrograde. Bonaparte, entraîné par les grenadiers qui abandonnaient le pont, était remonté à cheval à sa sortie, lorsqu'une décharge à mitraille écrase tous ceux qui l'entouraient; le cheval, effrayé, se jette dans le marais avec son cavalier. Les Autrichiens poursuivaient les troupes en retraite sur la digue. Ils eurent bientôt dépassé le général en chef de plus de cinquante pas. S'ils avaient su qu'ils tenaient, pour ainsi dire, à leur disposition l'homme qui devait un jour remuer toute l'Europe et mettre l'empire d'Autriche à deux doigts de sa perte, sans doute ils eussent tenté de plus grands efforts pour s'en rendre maîtres; mais l'adjudant général Belliard avait vu le danger que courait Bonaparte. Encourageant les grenadiers qui fermaient la marche de la colonne, il leur fit faire volte-face, et les Autrichiens furent repoussés avec vigueur. Pendant ce temps, le général en chef s'était tiré du marais où il était tombé. Il vint joindre la colonne; et, renonçant désormais à forcer le pont, il résolut d'attendre le résultat de l'attaque du général Guyeux.

« Pendant que la droite de l'armée française échouait ainsi dans son entreprise, malgré tous les généreux efforts faits pour seconder les projets de son chef, la division Masséna, plus heureuse, avait attaqué la colonne de Provera, qui débouchait de Bionde, et l'avait culbutée au delà de ce village. Marchant ensuite sur Porcil, elle s'en empara après avoir chassé les troupes qui s'y trouvaient, et leur avoir fait quelques centaines de prisonniers.

« Le général Guyeux avait réussi à passer l'Adige près d'Albaredo, sous la protection de quelques pièces d'artillerie, avait repoussé les tirailleurs ennemis, et s'était avancé sur Arcole pour attaquer ce village par la gauche, pendant que la colonne d'Augereau l'attaquait par le pont. Mais, tandis que celui-ci effectuait sa retraite, le général Guyeux emporta le village. Ceux qui le défendaient se retirèrent momentanément sur le gros des troupes réunies vers San-Bonifacio. Les quatorze bataillons et les seize escadrons envoyés par Alvinzy s'étaient formés, ainsi que les troupes que le général Mitrowiski avait déjà sous son commandement, entre le village de San Bonifacio et San Stefano.

« Le jour commençait à baisser. Les Autrichiens s'étaient ébranlés pour reprendre Arcole avant la nuit. Le général français jugea avec raison qu'il serait dangereux de garder la position hasardeuse où il se trouvait. Il n'ignorait point la force de l'ennemi qu'il avait devant lui, et qu'engagée sur des digues étroites, ayant l'Adige à dos, l'armée française pouvait être culbutée dans les marais de l'Alpon sans espoir de salut. Bonaparte ordonna donc sa retraite sur la rive droite de l'Adige, et fit former les troupes à droite et à gauche du village de Ronco : ce mouvement s'opéra pendant la nuit. La 12ᵉ de ligne, laissé par Augereau à la garde du pont, et la 75ᵉ, par Masséna dans les bois à droite, restèrent dans ces positions, à l'effet d'observer la rive gauche et de conserver le passage de la rivière. Les Autrichiens se maintinrent dans la position que nous avons indiquée, derrière Arcole ; et Provera, ayant rallié ses bataillons derrière un canal, entre Porcil et Caldiero, des avant-gardes occupèrent Arcole et Porcil.

« On vient de voir que le projet de Bonaparte était déjoué en grande partie. Mais, si la résistance et les obstacles imprévus à Arcole avaient donné le temps au général autrichien de sauver ses parcs et ses communications, le général français avait aussi fait changer les opérations de son adversaire : Vérone était garantie, et sa jonction avec Davidowich était au moins retardée. C'était beaucoup d'avoir obtenu ces résultats : mais ce n'était point encore assez pour Bonaparte ; il fallait vaincre ou perdre ses conquêtes. Il résolut de livrer le lendemain une nouvelle bataille, et espéra des chances plus heureuses.

GUERRE D'ITALIE 1859. **VÉRONE** SES FORTIFICATIONS FORTS ET BATTERIES PAR A. VUILLEMIN.

« Convaincu comme il l'était des difficultés du terrain de la veille, on peut supposer que Bonaparte aurait dû faire descendre son pont de bateaux pour passer l'Adige vers Albaredo, puisque le général Guyeux avait réussi dans ce mouvement, et attaquer ensuite les Autrichiens sur Bonifacio. Il n'en fit rien, et persista dans son projet de marcher encore sur Porcil et Arcole. Un homme d'un coup d'œil aussi exercé que ce général dut avoir sans doute, pour en agir ainsi, des motifs qu'il est difficile de pénétrer quand on ne connaît pas toutes les circonstances où il se trouvait ; et nous imiterons la réserve des gens du métier, qui se sont abstenus de porter un jugement hasardé sur une matière aussi délicate dans un temps où la franchise de leurs opinions n'entraînait aucune conséquence fâcheuse pour eux.

« Le 16 novembre, à la pointe du jour, les divisions françaises passèrent sur la rive gauche de l'Adige, dans le même ordre que la veille. A peine étaient-elles débouchées, qu'elles rencontrèrent les avant-gardes ennemies déjà sorties de Porcil et d'Arcole, dans l'intention d'attaquer le pont de Ronco. Dans le même temps, Alvinzy faisait avancer une partie de la cavalerie sur Albaredo, pour défendre le passage dont la marche du général Guyeux avait fait sentir toute l'importance. La division Masséna attaqua la colonne de Provera, la rejeta sur Porcil avec perte de sept à huit cents prisonniers, six canons et trois drapeaux. La 75ᵉ demi-brigade, conduite par le général Robert, attaqua les Autrichiens sur la chaussée du centre, et les culbuta dans les marais. Augereau repoussa également l'avant-garde ennemie partie d'Arcole sur ce village. Mais, parvenus au pont, les Français virent se renouveler la sanglante scène de la veille. Arcole se trouvait alors défendu par le gros des troupes d'Alvinzy, et ce général était à leur tête. Augereau essaya vainement de franchir le terrible passage ; il éprouva une perte d'autant plus fâcheuse, que l'expérience aurait dû le convaincre de l'inutilité de sa tentative, et que les braves sacrifiés ainsi ne pouvaient facilement se remplacer. Sept généraux ou officiers supérieurs furent encore blessés dans cette occasion.

« Bonaparte avait cependant senti la nécessité de chercher ailleurs un passage moins difficile. Il pensa qu'il pourrait réussir à traverser l'Alpon vers son embouchure, et se porta lui-même de ce côté pour ordonner la construction d'un pont de fascines sur ce ruisseau. Il avait ordonné à la garnison de Legnago d'inquiéter l'ennemi; et l'adjudant général Vial devait remonter l'Adige avec une demi-brigade, pour chercher un passage à l'effet de tourner la gauche des Autrichiens. Cet officier, s'étant jeté à l'eau jusqu'au cou pour reconnaître lui-même un gué, n'en trouva point ; et Bonaparte, éprouvant également que la rapidité du courant de l'Alpon empêchait l'établissement du pont de fascines, ordonna qu'on en construisit un de chevalets. L'ennemi avait d'ailleurs garni la rive opposée de nombreux tirailleurs, qui faisaient un feu très-vif. Plusieurs officiers de l'état major général furent tués ou blessés en accélérant le travail. Le capitaine Elliot, aide de camp du général en chef, fut au nombre des premiers.

« Sur ces entrefaites le maréchal Alvinzy, dans l'intention de se débarrasser par un mouvement offensif des attaques réitérées d'Augereau, fit marcher son centre de Bonifacio pour le porter en partie sur la rive droite de l'Alpon et sur les digues qui longent le cours de ce ruisseau. Mais Bonaparte prévint ce mouvement, qui pouvait être fort dangereux, en faisant avancer quatre pièces d'artillerie dont le feu contint les Autrichiens.

« Il était presque nuit, et les choses se trouvaient encore dans le même état que la veille. Bonaparte crut devoir faire reprendre à ses troupes les positions de la nuit précédente sur la rive droite de l'Adige ; la 12ᵉ demi-brigade fut encore commise à la garde du pont de Ronco. Les Autrichiens, de leur côté, rentrèrent dans leur position derrière Arcole.

« La journée du lendemain devait éclairer le triomphe ou la défaite de l'armée française. Bonaparte, enfin persuadé que le succès de l'attaque dépendait de la construction du pont à l'embouchure de l'Alpon, y fit travailler toute la nuit; et le 17, à la pointe du jour, commença le troisième acte de cette terrible lutte. Un fâcheux accident faillit mettre un obstacle insurmontable au projet du général français.

« Au moment où ses divisions s'ébranlaient pour passer l'Adige, un des bateaux qui formaient le pont de Ronco s'enfonça dans l'eau. Les Autrichiens s'avançaient alors pour attaquer la 12ᵉ demi-brigade, restée de l'autre côté de la rivière. Mais l'artillerie française était disposée sur la rive droite, et son feu bien dirigé, prenant l'ennemi en écharpe, produisit le plus grand effet. Cette canonnade permit de raccommoder le pont. Les divisions passèrent, et les Autrichiens, comme le jour précédent, furent repoussés sur Arcole et Porcil.

« Masséna n'avait pris avec lui que la 18ᵉ demi-brigade de ligne, pour marcher à gauche sur Porcil. Le reste de la division resta en intermédiaire pour seconder l'effort principal qui allait se faire par la droite, à l'embouchure de l'Alpon. La 32ᵉ, dirigée par le général Gardanne, fut jetée dans le bois qui est à droite de la digue; la 18ᵉ légère se mit en bataille près du pont, pour appuyer la 12ᵉ de ligne, toujours chargée de la défense de ce même point; la 75ᵉ fut placée au centre devant le pont d'Arcole.

« Le général Augereau, dont la division devait passer l'Alpon sur le pont de chevalets construit pendant la nuit, reçut l'ordre d'attendre l'arrivée des deux bataillons de la garnison de Legnago, destinés, comme nous l'avons dit, à tourner et à prendre à revers la gauche des Autrichiens : il devait se lier avec cette troupe, et avoir pour soutiens les seize cents chevaux qui composaient la réserve de cavalerie.

« Le général Robert, à la tête de la 75ᵉ, avait vivement suivi l'avant-garde autrichienne jusqu'au terrible pont d'Arcole; mais des troupes fraîches et nombreuses, sortant de ce village pour soutenir la colonne poursuivie, ramenèrent la demi-brigade française au pas de course, et celle-ci vint chercher refuge et protection derrière la division Augereau. Il était à craindre que le retour subit et en désordre de la 75ᵉ ne semât l'alarme et la confusion parmi les troupes en marche, et par conséquent un peu flottantes; et déjà quelques pelotons, lâchant effectivement pied, se repliaient jusque sur le pont de Ronco. Les Autrichiens, témoins de ce qui se passait et n'éprouvant pas la résistance accoutumée, n'en marchaient qu'avec plus d'ardeur et d'assurance, comptant presque sur un succès complet, lorsqu'on vit l'heureux effet des sages dispositions du général en chef, qui semblait avoir prévu l'événement. Les ennemis s'avançaient vers l'Adige, lorsque la 18ᵉ marcha droit à eux, en les attaquant de front sur la digue, pendant que le général Gardanne, sortant du bois de droite, les prenait en flanc. Bientôt le général Masséna, revenant au pas de charge de Porcil, tombe sur la queue de la colonne autrichienne. Cette dernière attaque, et celle que fait la 32ᵉ, deviennent décisives. Pressés sur trois points à la fois, les Autrichiens sont culbutés en partie dans le marais à gauche, et y restent enfoncés dans la bourbe, pendant que la fusillade en fait périr un grand nombre. Plus de trois mille prisonniers restent au pouvoir des Français.

Cette action brillante de la division Masséna, si bien calculée par le général en chef, et qui assurait la gauche et le centre de l'armée, ainsi que le pont sur l'Adige, n'avait point ralenti le mouvement de la droite, formée par la division Augereau, qui avait enfin jeté son pont de chevalets sur l'Alpon, et passait ce ruisseau. Le combat ne tarda point à s'engager sur ce point, où le maréchal Alvinzy avait fait filer des secours. Le flanc droit des Autrichiens était couvert par un marais; Bonaparte, n'ayant point assez de forces disponibles pour le tourner, se servit d'un stratagème que lui suggérèrent son expérience et sa perspicacité. Il se rappela que, dans certaines circonstances, l'arrivée subite d'un corps, quelle que soit d'ailleurs sa force réelle, sur le flanc d'une troupe qui n'est point préparée à ce mouvement, étonne presque toujours, et commence par ébranler, au premier abord, le moral du soldat, déjà fort occupé de l'ennemi qu'il a devant lui. En conséquence le lieutenant Hercule, de la compagnie des guides à cheval du général en chef, reçut l'ordre de descendre l'Adige avec vingt-cinq chevaux, de tourner rapidement, et sans être aperçu, le marais qui servait d'appui à l'ennemi, et de tomber sur ce dernier avec impétuosité, en faisant sonner la charge par plusieurs trompettes à la fois. Le lieutenant des guides exécuta sa mission avec une célérité qui lui valut les éloges de son général. Sa présence imprévue au delà du marais causa un moment d'hésitation dans les mouvements de l'infanterie autrichienne. Le général Augereau en profita pour attaquer avec vigueur la ligne ennemie, qui fut enfoncée après une vive résistance. Toutefois les troupes se retiraient en ordre, lorsque les deux bataillons de Legnago débouchèrent tout à coup du village de San Gregorio et accélérèrent la retraite des Autrichiens qui craignirent avec raison d'être débordés et pris à revers. Augereau les fit poursuivre par ses troupes légères qui lui ramenèrent un grand nombre de prisonniers.

« Rassuré sur ce point, Bonaparte se reporta du côté d'Arcole. Par son ordre, le général Masséna dirigea une seconde fois sur Porcil une de ses brigades, soutenue de quelques escadrons, pour en chasser les Autrichiens et couvrir les communications des ponts, et se mit à la tête de ses deux autres brigades pour se porter au centre sur Arcole, afin de se lier avec les autres troupes de l'armée. Dès que le mouvement de retraite des Autrichiens fut bien prononcé, Masséna, débouché par Arcole, les poursuivit dans la direction de San Bonifacio et vint ensuite se lier par sa droite à la division Augereau. Le jour était avancé ; l'armée s'établit pour passer la nuit, la gauche en avant du village d'Arcole, la droite à celui de San Gregorio.

« L'armée autrichienne, contrainte dans cette dernière journée d'abandonner le champ de bataille, après avoir éprouvé des pertes considérables, était plus que fatiguée d'une lutte aussi longue et aussi opiniâtre. Alvinzy ne pouvait plus espérer de forcer les Français dans un terrain dont les accidents étaient si favorables à la défensive. D'un autre côté, il n'avait point reçu de nouvelles des attaques de Davidowich sur Vaubois. Ces considérations réunies déterminèrent le général autrichien à faire prendre à ses troupes la direction de Montebello, et ce mouvement commença à s'exécuter le 18 novembre au matin.

« La bataille d'Arcole est une des plus mémorables qu'on puisse lire dans l'histoire de nos guerres, et peut-être la plus longue, puisqu'elle dura trois jours consécutifs sur le même terrain. Les deux partis y combattirent avec une gloire presque égale ; mais Bonaparte y donna des preuves bien remarquables de la supériorité de son génie militaire ; les généraux, de leur haute vaillance et de leur dévouement, et les soldats français, de leur intrépidité et de cette confiance qui les empêcha de désespérer de la victoire avec de pareils chefs. »

Au moment même, le général Vaubois, attaqué par le général Davidowich, fut contraint de se retirer de Ferrara et de courir sur Rivoli, puis de Rivoli sur Campana. Mais ce succès isolé de l'ennemi n'eut aucun résultat. Davidowich, ayant appris la défaite d'Alvinzy à Arcole, se retira dans les montagnes le jour même où Bonaparte allait venger sur lui les échecs du général Vaubois.

Enfin, Alvinzy ayant fui vers Vienne, s'établit sur la Brenta et établit son quartier général à Bassano.

L'année 1796, ouverte par la victoire de Montenotte, illustrée par la journée de Castiglione, finissait avec le souvenir d'Arcole. Cependant la campagne n'était pas terminée. Des intrigues politiques précédèrent les opérations militaires de 1797. Au mépris de la foi des traités récemment conclus avec la France, les cours de Rome et de Naples revinrent à leurs fantaisies guerroyantes et se remirent à favoriser l'Autriche qui reprit la défensive, ténébreusement soutenue par la république de Venise.

Ces dispositions d'hostilité de Venise, de Rome et de Naples avaient empêché Bonaparte d'utiliser la victoire d'Arcole, en poursuivant les Autrichiens, et l'avaient forcé à ne pas s'éloigner de Mantoue.

Bonaparte était à Bologne, dirigeant une manifestation contre Rome, afin d'intimider le pape, dont il savait les relations secrètes avec la cour d'Autriche et les efforts souterrains pour porter un coup funeste à l'armée française. Là, il apprit, le 10 janvier 1797, que le général Alvinzy marchait, avec des troupes fraîches, sur Vérone. Il y revint en toute hâte et gagna, quelques jours après, la bataille de Rivoli, qui fut le dernier épisode de la campagne de 1796. Celle dite de 1797 ne devait s'ouvrir que lorsque le prince Charles aurait pris le commandement en chef de l'armée autrichienne.

C'est alors que, libre de ses mouvements, Bonaparte force le pape à signer le traité de Tolentino ; puis, quittant la plume de diplomate, qu'il ne devait reprendre qu'à Léoben, il poursuit sa marche victorieuse dans le Tyrol, dans l'Istrie, dans la Vénétie, dans le Frioul, dans la Dalmatie, plaçant le prince Charles et l'armée autrichienne dans une situation tout à la fois humiliante et dangereuse. On pouvait croire qu'il allait en achever la destruction, lorsque, le 31 mars, il écrivit, de Klagenfurth, la lettre suivante à son impérial adversaire :

« Monsieur le général en chef,

« Les braves militaires font la guerre et désirent la paix. Cette guerre ne dure-t-elle pas depuis six années? Avons-nous assez tué de monde, fait assez de mal à la triste humanité? Elle réclame de toutes parts. L'Europe, qui avait pris les armes contre la République française, les a posées; votre nation reste seule; et cependant le sang va couler plus que jamais! Cette sixième campagne s'annonce par des présages sinistres; quelle qu'en soit l'issue, nous aurons perdu de part et d'autre quelques milliers d'hommes de plus. Il faudra bien finir par s'entendre, puisque tout a un terme, même les passions haineuses.

« Le Directoire de la République française avait fait connaître à Sa Majesté l'empereur le désir de mettre fin à la guerre qui désole les deux peuples : l'intervention de la cour de Londres s'y est opposée. N'y a-t-il donc aucun espoir de nous entendre? et faut-il, pour les intérêts ou les passions d'une nation étrangère aux maux de la guerre, que nous continuions à nous entr'égorger? Vous, monsieur le général en chef, qui, par votre naissance, approchez du trône, et qui êtes au-dessus de toutes les passions qui agitent les ministres et les gouvernements, êtes-vous décidé à mériter le titre de bienfaiteur de l'humanité entière et de vrai sauveur de l'Allemagne? Ne croyez pas que j'entende par là, monsieur le général en chef, qu'il ne vous soit pas possible de la sauver par la force des armes; mais, dans la supposition que les chances de la guerre vous deviennent favorables, l'Allemagne n'en sera pas moins ravagée. Quant à moi, monsieur le général en chef, si l'ouverture que j'ai l'honneur de vous faire peut sauver la vie à un seul homme, je m'estimerai plus heureux de la couronne civique que je me trouverai avoir méritée que de la triste gloire qui peut revenir des succès militaires... »

Le prince Charles répondit en ces termes :

« Monsieur le général,

« Assurément, tout en faisant la guerre et en suivant la vocation de l'honneur et du devoir, je désire autant que vous la paix pour le bonheur des peuples et de l'humanité.

« Comme néanmoins, dans le poste qui m'est confié, il ne m'appartient pas de scruter ni de terminer la querelle des nations belligérantes, et que je ne suis muni, de la part de Sa Majesté l'empereur, d'aucun plein pouvoir pour traiter, vous trouverez naturel, monsieur le général, que je n'entre point avec vous, là-dessus, dans aucune négociation, et que j'attende des ordres supérieurs pour cet objet, de si haute importance, et qui n'est pas foncièrement de mon ressort.

« Quelles que soient, du reste, les chances futures de la guerre ou les espérances de la paix, je vous prie, monsieur le général, d'être bien persuadé de mon estime et d'une considération distinguée. »

Cette réponse de l'archiduc condamnait Bonaparte à vaincre encore. Le 1er avril, l'armée eut ordre de marcher sur Friesach.

Le prince Charles éprouva de nouveaux revers qui répandirent la consternation à la cour de Vienne. Effrayée de la rapidité des triomphes de l'armée française qui s'avançait au pas de course prête à marcher jusqu'au cœur de l'Autriche, elle se décida à envoyer à Indemburg, où était le quartier général de Bonaparte, Bellegarde et Merfeld, avec la mission de traiter d'un armistice : ils y arrivèrent le 7 avril. C'est huit jours après que furent arrêtés les préliminaires de paix de Leoben, bases du traité de Campo-Formio, qui devait être signé le 17 octobre. Entre ces deux dates du 15 avril et du 17 octobre, s'accomplit le douloureux épisode de la destruction de la république de Venise. La conduite des patriciens de la ville des doges ne justifie que trop la rigueur dont Bonaparte usa envers cette république, si riche de poétiques et glorieux souvenirs; et, en la sacrifiant à l'Autriche, que son acquisition dédommageait de la cession de la Belgique à la France et de la perte de la Lombardie, rendue à son indépendance, il ne fit qu'user envers elle de justes représailles. Cependant, malgré soi, on s'intéresse au sort de Venise et on regrette encore, on regrettera toujours que la cour de Vienne ait reçu ce magnifique présent des mains d'un Bonaparte et au nom de la France.

D'autres républiques devaient surgir sur le sol de la Péninsule : d'abord celle de Rome où, des troubles ayant éclaté, le général Duphot ayant été assassiné, le peuple se révolta contre l'autorité temporelle du pape, qui fut abolie; ensuite de celle de Naples, dont le souverain ayant déclaré la guerre à la France fut contraint d'abandonner sa capitale, qui devint celle de la république parthénopéenne; le roi de Sardaigne avait également quitté Turin, où un gouvernement provisoire avait été établi.

Ceci se passait en 1798 et en 1799.

La situation, cependant, allait prendre une gravité nouvelle. Dans les derniers mois de 1799, les Russes se montrent en Italie à côté des Autrichiens; la France reperd ses conquêtes dans la péninsule. Mais Bonaparte n'y était plus. Il y reviendra bientôt, avec le titre et le pouvoir de premier consul, et on reverra dans les campagnes de 1800 et de 1801 les prodiges des campagnes de 1796 et de 1797.

Suchet, Soult, Masséna, tels furent les généraux qui, sous la direction de Bonaparte retenu à Paris, eurent d'abord la gloire de soutenir le premier choc de la campagne. La défense de Gênes, vaincue par la famine plus que par l'Autriche, est l'une des plus belles pages de l'histoire militaire de la France.

Bonaparte repassa les Alpes à la tête d'une nouvelle armée qui franchit le mont Saint-Bernard au mois de mai. Le 2 juin, cette armée occupait Milan de nouveau délivrée de l'oppression autrichienne.

Bonaparte fit son entrée dans cette ville au milieu d'une population immense, qui paraissait animée du plus vif enthousiasme, à en juger par l'énergie de ses acclamations : il ne s'y arrêta que le temps nécessaire pour réorganiser le gouvernement cisalpin. Il en repartit le 7 juin, et, après avoir fait de nouvelles dispositions pour l'organisation de l'armée, après avoir confié le commandement du blocus de la citadelle au général Vignolles, il porta son quartier général à Pavie.

D'après les historiens militaires, le passage se trouvant désormais bien établi entre Belgiojoso et San Cipriano, le premier consul traversa le Pô avec le général Berthier, ordonna au général Lannes de se relier par sa gauche avec le corps du général Murat, et se porta lui-même à Broni à la tête de l'avant-garde. Ce fut là qu'il connut la position où se trouvait l'armée autrichienne. Jusqu'alors il avait ignoré la reddition de Gênes ; mais des dépêches interceptées sur un courrier du général Mélas, et les rapports des prisonniers faits par le général Watrin à Broni, lui apprirent cet événement avec certitude. Il sut que le général Ott, parti de Gênes quelques jours après la signature du traité qui le rendait maître de cette ville, s'était porté rapidement sur Tortone, et que le régiment de Klebeck, défait à Plaisance, faisait partie de son avant-garde ; que, prévenu par les Français sur le Pô, le général autrichien avait réuni son corps d'armée et avait pris une bonne position au bourg de Casteggio et à Montebello sur deux lignes qui coupaient à un mille de distance la route de Tortone ; mais, par la célérité que les Français avaient mise à passer le Pô, les deux corps du général Ott et du général en chef Mélas se trouvaient séparés et ne pouvaient plus agir de concert ; Mélas avait même perdu tous ses dépôts, et cet avantage était pour les Français une compensation de leur faiblesse numérique. Un nouveau danger menaçait d'ailleurs le général Mélas. Le général Suchet, réuni à la garnison de Gênes et posté à Acqui, était sur le point de tomber sur les flancs de ce corps d'armée autrichien, ainsi que les nouvelles divisions françaises qui débouchaient des vallées des Alpes.

Mélas se trouvait donc dans la situation la plus embarrassante et la plus critique. Cependant il avait trois partis à prendre pour essayer de se tirer du mauvais pas où son obstination à ne pas croire à la marche rapide du premier consul l'avait engagé : le premier consistait à se concentrer dans le Piémont et en Ligurie, à tenir fortement le camp retranché qu'avait occupé Moreau entre Alexandrie et Valence, et à temporiser, en laissant l'armée française s'étendre et s'affaiblir, jusqu'à ce qu'une seconde armée, rassemblée et formée sous Mantoue, eût placé le premier consul dans une position non moins critique que celle où se trouvaient alors les Autrichiens ; le second parti était de traverser le Pô, de marcher sur les communications déjà trop étendues et trop excentriques de l'armée française, de culbuter les corps détachés à l'est de Milan; de réunir ses propres détachements et de reprendre une vigoureuse offensive; enfin il fallait se serrer en une seule masse, descendre la rive droite du Pô et tenter l'effort le plus vigoureux pour rouvrir ses communications avec Mantoue.

Mais, quel que fût le plan suivi par son adversaire, le premier consul ne pouvait pas différer de livrer bataille avant que la masse des troupes autrichiennes pût être réunie et que Mélas pût se servir avec avantage de son immense cavalerie. Les reconnaissances ordonnées après le passage du Pô ayant éclairé Bonaparte sur la position et les forces du général autrichien, il se hâta de profiter de l'occasion qui lui était offerte d'attaquer ce corps ennemi séparément. Les corps des généraux Lannes, Murat et Victor se trouvant déjà sur la rive droite, Bonaparte put espérer que ces forces balanceraient suffisamment l'avantage qu'avait le général ennemi de lui opposer l'élite de l'infanterie autrichienne, ces mêmes troupes que la campagne dans l'Apennin venait encore d'aguerrir puissamment. Sans attendre donc que le reste de l'armée eût achevé de traverser le Pô, le consul donna l'ordre d'attaquer pour le lendemain 9 juin, date illustrée par la victoire de Montebello, qui devait être le prélude d'une autre victoire bien plus célèbre.

« En effet, disent les documents militaires, le général Mélas n'eut pas plus tôt appris la défaite du général Ott, à Montebello, que, sans hésiter sur le parti qu'il avait à prendre avec un ennemi qui savait porter des coups aussi vigoureux, il se décida à tenter la chance d'un engagement général.

« Quelques historiens ont blâmé le général en chef autrichien d'avoir pris cette résolution, qui, le détachant de sa base d'opérations et ne lui laissant pas de moyens de retraite en cas d'échec, compromettait, suivant eux, le salut de son armée et celui de l'Italie. Mais, raisonnant d'après l'événement, ces historiens n'ont pas assez fait attention aux ressources qui restaient à Mélas. En effet, il pouvait réunir encore quarante à cinquante mille combattants; sa cavalerie était bien plus nombreuse et mieux montée que celle des Français; enfin il avait beaucoup plus d'artillerie. Si le corps d'armée du général Ott avait disputé si longtemps la victoire à Casteggio et à Montebello, n'était-il pas permis au général Mélas d'espérer que la vieille infanterie autrichienne, fière encore des succès remportés dans la campagne précédente, et plus récemment encore éprouvée et aguerrie par les combats et les fatigues du siége de Gênes et de l'expédition du Var, le mettrait à même de sortir victorieux de la lutte générale qu'il allait engager? Vaincu, le général Mélas était obligé, à la vérité, d'évacuer l'Italie ; mais, victorieux, il poussait devant lui les débris de l'armée de réserve, lui enlevait ses communications avec la France et forçait le premier consul à capituler lui-même, pour échapper à une destruction peut-être inévitable.

« Le général Desaix, récemment débarqué à Toulon, vint joindre le premier consul à Stradella, et prit le commandement de deux divisions de l'armée, en qualité de lieutenant général. Le 12 juin, Bonaparte porta son quartier général de Stradella à Voghera, sur la route de Tortone, en avant de Montebello. Les divisions qui se trouvaient en ligne, et marchant à l'ennemi, pouvaient monter à trente mille hommes au plus. Dans la nuit du 12 au 13, elles s'établirent sur la Scrivia de la manière suivante :

« Les deux divisions commandées par les généraux Watrin et Mainoni, sous la direction du lieutenant général Lannes, et formant la droite de l'armée, étaient à Castel-Nuovo di Scrivia et coupaient les communications avec Pavie;

« Le centre, commandé par Desaix, et composé des divisions Boudet et Monnier, se trouvait sur la grande route en avant de Ponte-Curone. Ce corps d'armée devait être renforcé par la division du général Lapoype, restée au delà du Pô, et à laquelle on envoya l'ordre de marcher pour se mettre en ligne;

« La cavalerie, commandée par Murat, avait pris position à gauche du corps de Desaix, entre Ponte-Curone et Tortone. Une avant-garde, forte de deux régiments de grosse cavalerie et d'un régiment de dragons sous les ordres du général de brigade Kellermann, était en avant de Tortone;

« Enfin l'aile gauche, formée par les deux divisions Chambarlhac et Gardanne sous le commandement supérieur du lieutenant général Victor, se trouvait également en avant de Tortone, et soutenait l'avant-garde commandée par le général de brigade Kellermann.

« Le reste des troupes de l'armée de réserve, c'est-à-dire la moitié de cette même armée, ne pouvait pas concourir à une action générale, si elle avait lieu. En effet, le général Chabran, retenu quelque temps dans la vallée d'Aoste pour réduire le fort de Bard, et le général Thureau, qui s'était avancé par la vallée de Suse sur Turin, où il tenait en échec la garnison autrichienne jetée par Mélas dans la citadelle de cette ville, se trouvaient l'un et l'autre éloignés du théâtre des opérations principales. Le corps du général Moncey occupait la haute Lombardie, entre l'Adda, le Tésin et le Pô; le général Vignolles bloquait le château de Milan, et contenait la nombreuse population de cette capitale avec des forces bien inférieures à celles de la garnison autrichienne; le lieutenant général Duhesme, ayant sous ses ordres la division Loison et quelques détachements de cavalerie légère, formant en tout un peu plus de six mille hommes, gardait la position de Crémone, bloquait la place de Pizzighettone et le château de Plaisance, et protégeait les derrières de l'armée contre les entreprises que pouvaient tenter les troupes autrichiennes qui se trouvaient encore dans le duché de Parme, la Toscane, le Mantouan et la marche d'Ancône. Cette précaution, prise par Bonaparte, de couvrir ainsi les derrières de l'armée, était indispensable. Le général Wukassowich, qui commandait à Mantoue, faisait, dans le pays qui avoisine cette place, des excursions continuelles; il réussit même à s'emparer de Crémone, dans un moment où Duhesme, occupé d'un autre côté, avait laissé cette ville sans défense; mais, bientôt attaqué par ce général, le gouverneur de Mantoue ne put se maintenir dans Crémone, et se replia sur Bozzolo, où il repassa l'Oglio.

« Le général Mélas, informé par le général Ott que l'armée française se développait sur la Scrivia, ordonna à ce dernier de se rapprocher de lui, en passant la Bormida, et laissant une forte arrière-garde entre Spinetta et Marengo. Conformément à cet ordre, Ott passa le 11 la Bormida et se retira à Alexandrie laissant son arrière-garde à Marengo aux ordres du général O'Reilly. Le corps du général Elsnitz, ainsi que les troupes réunies à Turin, était aussi arrivé le 11 juin près d'Alexandrie, de sorte que toutes les forces sur lesquelles le général Mélas pouvait immédiatement compter se trouvaient concentrées près de cette place. Les Français passèrent la Scrivia dans la matinée du 13, et, dans l'après-midi, le premier consul, avec les corps des lieutenants généraux Victor, Lannes et Murat, entra dans la plaine de San Giuliano; étonné de ne pas voir l'ennemi en bataille dans cette même plaine, il se persuada que le général Mélas opérait une marche de flanc; et, dans cette croyance, il se hâta de détacher la division Boudet, du corps du général Desaix, sur la gauche, à Rivalta, pour observer la route d'Acqui et la communication de Gênes, pendant qu'il se portait, de sa personne, à Castel-Nuovo di Scrivia. De là il fit explorer, par la cavalerie légère du général Murat, et lui-même parcourut avec ses guides la plaine entre la Scrivia et la Bormida. Cette double reconnaissance le convainquit que le seul village de Marengo était occupé par une arrière-garde qu'on supposait pouvoir être de trois ou quatre mille hommes. Le général Gardanne reçut l'ordre d'attaquer ce village, vers quatre heures du soir, avec une partie de sa division. Gardanne divisa sa troupe en deux colonnes : à la tête de la première, il attaqua de front par la route de San Giuliano, tandis que le colonel Dampierre (fils du brave général de ce nom, tué à la bataille d'Anzin devant Valenciennes, en 1793) pénétrait dans Marengo par le chemin de Spinetta. Ce village fut emporté après une médiocre résistance, et les Autrichiens furent suivis vivement jusqu'à leurs retranchements sur la Bormida. Le général Gardanne devait, d'après l'ordre du consul, s'y jeter pêle-mêle avec l'ennemi, et brûler, s'il était possible, les ponts jetés sur la rivière. Mais l'obscurité qui commençait à régner, les détachements restés en réserve dans la tête de pont, et le feu de trente pièces de canon placées dans les ouvrages arrêtèrent la marche des Français, et favorisèrent la rentrée des Autrichiens, malgré tout le désordre de leur retraite. La division Gardanne prit position à la Cassine de Pietra-Buona, en avant de Marengo, et à égale distance de ce village et de la Bormida.

« Ce qui venait de se passer, c'est-à-dire le peu d'efforts que le général ennemi avait faits pour conserver le village de Marengo, confirma Bonaparte dans l'idée que Mélas voulait choisir, pour livrer ou recevoir bataille, un autre terrain que celui qu'avaient abandonné si facilement les troupes du général Ott, presque sous le feu des retranchements qui lui permettaient d'en disputer la possession. On doit s'étonner de ce que, admettant même la supposition d'un mouvement de flanc, le premier consul n'ait point songé, dans cet état de choses, à concentrer les forces qu'il avait sous sa main, au lieu de maintenir les divisions dans leurs positions respectives, à de grandes distances les unes des autres, et à s'assurer d'abord des mouvements qui se préparaient sur l'autre rive de la Bormida et au delà du Tanaro. Cette imprévoyance, bien extraordinaire de la part d'un général si habile, n'a pas pu être justifiée dans la relation que le général Berthier a donnée de la bataille de Marengo. La division Chambarlhac s'avança seule sur Marengo pour soutenir la division Gardanne et coopérer, le lendemain 14, à l'attaque des retranchements et occuper par suite la rive droite de la Bormida. Bonaparte retournait à son quartier général de Voghera, où il devait recevoir les différents rapports qu'il attendait, lorsque, à son passage à Torre-di-Garofalo, des avis transmis de Rivalta et des postes d'observation sur le Pô lui firent pressentir que Mélas avait pris la résolution de livrer bataille pour s'ouvrir un passage à travers l'armée française ; il put connaître alors le motif qu'avait eu le général autrichien en ne cherchant point à disputer plus vivement le village de Marengo : celui, sans doute, de donner le change sur sa détermination. Le premier consul s'arrêta donc à la ferme de Garofalo, et y passa la nuit à faire des dispositions que les circonstances rendaient déjà trop tardives. En effet, le corps le plus nombreux de l'armée française, celui que commandait Desaix, se trouvait détaché et hors de mesure ; ce général avait déjà dirigé, de Rivalta sur Acqui, la division Boudet, pour essayer de se lier avec les troupes de Masséna et de Suchet, encore fortes de neuf ou dix mille hommes, et les soutenir au besoin, dans la supposition où elles seraient attaquées par suite du mouvement de flanc présumé de l'armée autrichienne. La division Monnier avait été portée à Castel-Nuovo, sur la droite de l'armée. Ces manœuvres dans des directions divergentes démontrent, d'une manière positive, que la brusque agression des Autrichiens était l'événement auquel Bonaparte était le moins préparé. Il se hâta donc de rappeler le général Desaix et ses deux divisions ; mais, quelque célérité que ces troupes pussent mettre dans leur marche, elles ne pouvaient arriver sur le champ de bataille que dans l'après-midi.

« Le corps du général Lannes se porta en avant de San Giuliano, à droite de la grande route de Tortone, formant seconde ligne, à six cents toises à peu près du village de Marengo (il faut se rappeler que le corps du général Victor, c'est-à-dire les divisions Gardanne et Chambarlhac, étaient en première ligne), et la garde des consuls fut placée en réserve, en arrière des troupes du général Lannes, à une distance de cinq cents toises. La brigade de cavalerie aux ordres du général Kellermann, qui, la première, avait débouché dans la plaine, et quelques escadrons de hussards et de chasseurs, formaient la gauche et remplissaient les intervalles de l'infanterie du corps de Victor. Une seconde brigade de cavalerie, commandée par le général Champeaux, formait la droite et garnissait les intervalles de l'infanterie du général Lannes. Il était essentiel de couvrir le débouché important de Salé, village situé à l'extrême droite de la position générale, et d'observer l'ennemi sur ce point ; le général Murat y envoya, d'après l'ordre du premier consul, le 12ᵉ de hussards et le 21ᵉ de chasseurs, sous les ordres du général de brigade Jean Rivaud.

« Toutes les troupes dont nous venons d'indiquer le placement ne présentaient qu'un effectif de dix-neuf mille hommes d'infanterie et d'à peu près deux mille cinq cents chevaux. L'ordre de bataille adopté par Bonaparte était celui qui convenait le mieux à la circonstance et au terrain sur lequel on se trouvait : jusqu'à l'arrivée des réserves qu'on attendait, les divisions étaient disposées obliquement par échelons, la gauche en avant.

« Cependant le général Mélas avait achevé, dans la journée du 13 juin, et pendant le premier combat de Marengo, de réunir les troupes des généraux Haddik, Kaim et Ott. Il passa le Tanaro le même jour, et l'armée bivouaqua en avant d'Alexandrie. Elle était forte d'environ trente et un mille hommes, dont sept mille cinq cents de cavalerie ; son artillerie était nombreuse, bien servie et bien attelée.

« L'armée française, divisée en trois corps, aux ordres des lieutenants généraux Victor, Lannes et Desaix, s'élevait à vingt-huit mille combattants, savoir : corps du lieutenant général Victor, divisions Gardanne et Chambarlhac, huit mille neuf cents hommes d'infanterie; corps du lieutenant général Lannes, division Watrin, cinq mille quatre-vingt-trois hommes ; corps du lieutenant général Desaix, divisions Monnier et Boudet, huit mille neuf cent trente hommes ; garde consulaire, huit cents hommes : en tout vingt-trois mille sept cent quatre-vingt-onze hommes d'infanterie ; artillerie, six cent quatre-vingt-dix hommes. La cavalerie du lieutenant général Murat s'élevait à trois mille six cent quatre-vingt-huit chevaux, dont six cents étaient détachés : garde consulaire, trois cent soixante chevaux. Le reste formait trois brigades, savoir : Kellermann, neuf cent soixante-dix ; Champeaux, neuf cent quatre-vingt-dix-huit, et Rivaud sept cent soixante chevaux.

« Le 13, le général Mélas avait pris pour le lendemain les dispositions suivantes : seize bataillons et six escadrons (six mille huit cent soixante-deux hommes d'infanterie et sept cent quarante chevaux), aux ordres du feld-maréchal-lieutenant Ott, devaient marcher sur Salé, par Castel-Ceriolo, pour attaquer, sans avoir égard au nombre, les troupes républicaines qui s'y trouveraient. La colonne principale, composée de vingt-neuf bataillons et trente-neuf escadrons (quatorze mille deux cent quatre hommes d'infanterie sous les ordres des généraux Haddik et Kaim, et six mille trente-quatre chevaux commandés par Elsnitz), dirigée par le général en chef en personne, devait marcher par Marengo sur San Giuliano, opérer ensuite une conversion à gauche, et prendre en flanc et à dos les troupes françaises qui combattraient près de Salé. Le flanc droit de cette colonne devait être couvert par quatre bataillons et sept escadrons, marchant à même hauteur et commandés par le comte O'Reilly.

« Dans cette disposition, on supposait que le mouvement général commencerait au point du jour ; mais on a prétendu que la perte de Marengo et du terrain situé entre ce village et la tête de pont de la Bormida fit retarder la marche d'une heure, et ce ne fut guère qu'à cinq heures qu'elle commença. Tandis que les colonnes se portaient en avant, le général en chef apprit que le matin un corps nombreux de cavalerie française avait forcé l'escadron posté à Acqui de se retirer sur Alexandrie. On supposa donc que l'avant-garde de Suchet pouvait déjà avoir dépassé Acqui dans la direction d'Alexandrie, ce qui détermina Mélas à diriger sur Cantalupo deux mille trois cent quarante et un hommes de la cavalerie d'Elsnitz, arme sur laquelle il fondait ses plus grandes espérances de succès.

Quoi qu'il en soit, les dispositions de la veille durent être entièrement modifiées, et l'armée autrichienne commença à passer la Bormida le 14, à cinq heures du matin. Le passage s'effectua sur deux ponts, et, en débouchant, l'armée se forma en trois colonnes; celle de droite, commandée par O'Reilly, passa la première et remonta la Bormida, se dirigeant sur Frugarolo ; celle du centre, où se trouvait Mélas, ayant sous lui les généraux Haddik et Kaim et la cavalerie d'Elsnitz, passa ensuite et marcha droit sur Marengo. Ott passa le dernier et se dirigea sur Castel-Ceriolo.

« La vaste plaine où la querelle allait se vider ne présente qu'un petit nombre de points d'appui : d'abord, à mille toises de la Bormida et à trois quarts de lieues l'un de l'autre, les villages de Marengo et de Castel-Ceriolo, tous deux couverts par le ruisseau de Fontanone, parallèle à la rivière ; puis, à deux lieues plus loin, San-Giuliano, à l'est de Marengo, sur la route de Tortone; puis encore, à deux lieues au delà, la Scrivia, que l'on passe à Torre-di-Garofalo, en avant de Tortone, et à Salé, près de son confluent. Cette plaine n'a pas moins de quatre lieues de long sur cinq de large. Des terrains marécageux s'étendent dans le voisinage de la Bormida et du Tanaro ; ils donnent naissance à différents cours d'eau, dont le plus considérable est le Fontanone. Ce ruisseau, encaissé, large et fangeux, prend sa source dans des marais au nord de Frugarolo, se rapproche de la Bormida en serpentant avec lenteur, puis s'en éloigne tout à coup et fait un angle rentrant sur Marengo; de là, il passe à l'ouest de Castel-Ceriolo, et va se perdre dans le Tanaro.

« A neuf heures du matin, les têtes des deux premières colonnes autrichiennes, précédées d'une nombreuse artillerie, dont le feu couvrait le déploiement successif de leurs bataillons, attaquèrent la division Gardanne, postée, comme nous l'avons dit, à la ferme et sur le ravin de Pietra-Buona, en avant du village de Marengo. Le général Mélas voulait d'abord s'emparer de ce village pour s'en faire un point d'appui. Quelle que fût la valeur des troupes de Gardanne, l'attaque formée contre elles était trop vive et trop bien soutenue pour que le général français pût conserver longtemps la position où il se trouvait. L'artillerie ennemie écrasa bientôt celle de la division française, et Gardanne allait être enveloppé, lorsque le général Victor fit avancer de Marengo une partie de la division Chambarlhac, pour le soutenir et faciliter son mouvement rétrograde. Les troupes de Gardanne vinrent s'appuyer un peu obliquement à la droite de celles de Chambarlhac, de manière à couvrir Marengo.

« Le terrain s'élargissant devant elles, les colonnes autrichiennes se déployèrent sur deux lignes parallèlement à celle du général Victor. La première de ces lignes était commandée par le général Haddik; Mélas se trouvait à la tête de la seconde ; une réserve (le corps de grenadiers aux ordres du général Ott) fut formée un peu en arrière, sur la droite du village de Castel-Ceriolo.

« Le général Victor avait établi sa ligne le long du ruisseau de Fontanone, dont les bords escarpés forment un profond ravin qui le séparait de l'ennemi et qui formait comme un demi-cercle autour de Marengo ; la division Chambarlhac entre la Sortigliana et Marengo ; Gardanne en avant et dans ce village ; Watrin à droite vers la Barbotta ; la cavalerie de Kellermann derrière l'aile gauche ; celle de Champeaux derrière l'aile droite. Aux premiers coups de canon, le premier consul avait fait partir de Torre-di-Garofalo, son quartier général, la division Monnier ainsi que la garde consulaire. Il avait également envoyé l'ordre à Desaix d'amener sans retard, sur le champ de bataille, la division détachée à Rivalta. La brigade de cavalerie du général Jean Rivaud resta provisoirement près de Salé. Trois cents chevaux étaient en marche sur Castellazzo, pour observer le pays entre l'Orba et la Bormida.

« Bonaparte envoya l'ordre de défendre Marengo le plus longtemps qu'il serait possible. L'action s'engagea sur tout le front par une forte canonnade et par des pelotons de tirailleurs des deux côtés du ravin.

« Après un violent feu d'artillerie, Mélas fit attaquer Marengo par sa première ligne, qui se porta en avant avec infiniment de résolution, mais sans pouvoir vaincre l'obstacle que lui présentait la profondeur du ravin de Fontanone. Dans ce moment, le général Haddik, qui la commande, tombe blessé mortellement, et ses troupes s'enfuient en désordre. La seconde ligne, conduite par Kaim et envoyée pour remplacer la première, n'eut pas plus de succès que celle-ci ; et trois escadrons des dragons de l'empereur, qui avaient passé le ruisseau beaucoup plus à droite, et homme par homme, furent culbutés de telle sorte par la brigade Kellermann, qu'il ne fut plus possible de compter sur cette cavalerie. Un peu plus tard, une nouvelle attaque, soutenue par cinq bataillons de grenadiers, permit à un faible détachement d'atteindre la rive opposée ; sous la protection de cette troupe et d'une nombreuse artillerie on jeta à la hâte un pont volant ; trois mille grenadiers, aux ordres du général Lattermann, passèrent alors sur l'autre rive et s'emparèrent de Marengo, qu'une partie de la division Chambarlhac leur reprit ensuite, mais sans pouvoir les empêcher de se maintenir entre ce village et le ravin. C'est alors que l'ennemi manœuvra pour déborder la brigade de droite de la division Gardanne, commandée par le général Olivier Rivaud, qui s'était si bien distingué trois jours auparavant auprès de Casteggio. Ce général, en voyant le mouvement des Autrichiens, se porta en avant et plaça un bataillon de la quarante-troisième demi-brigade hors du village, en rase campagne, exposé à tout le feu de l'artillerie ennemie, parce qu'il se trouvait ainsi au véritable point d'attaque ; le reste de la brigade soutenait ce bataillon, qui fut très-maltraité : trois mille grenadiers que Mélas tenait en réserve s'avancèrent au pas de charge et furent repoussés par Rivaud, qui les contraignit à repasser le ravin ; blessé d'un coup de biscaïen, ce général ne quitta point le champ de bataille et conserva le terrain qu'il occupait. Le corps entier du général Victor soutenait seul depuis deux heures les attaques réitérées de la première ligne autrichienne, ralliée par le général Frédéric de Bellegarde, qui avait remplacé le général Haddik. La division Chambarlhac conservait sa position ; mais les troupes du général Gardanne étaient rejetées dans Marengo. La seconde ligne de l'ennemi s'était avancée pour soutenir la première, et se trouvait également engagée. Le combat était devenu terrible : on se fusillait, on se canonnait à mitraille sur toute la ligne du village de Marengo avec un égal acharnement et à quelques toises de distance. Il était alors environ onze heures. Le général O'Reilly était parvenu à repousser les Français de la ferme la Sortigliana et à les rejeter sur Casina-Bianca, ce qui lui permit de canonner en flanc, dans toute sa longueur, la ligne qu'occupait à gauche la division Chambarlhac, ce qui porta le désordre dans quelques bataillons de cette division.

« Cependant le général Berthier, étant venu reconnaître, au milieu du feu des tirailleurs, au commencement de l'action, la force de l'ennemi et la direction de ses colonnes, avait fait avancer sur la droite la division Watrin du corps du général Lannes pour soutenir celles du général Victor ; mais celui-ci, forcé d'abandonner Marengo pris et repris plusieurs fois, venait de prendre en arrière de ce village, et toujours parallèlement au front de l'ennemi, une nouvelle ligne de bataille, à la droite de laquelle se formèrent les troupes du général Lannes. Sur ces entrefaites, la division du général Kaim, après avoir dépassé Marengo, s'était déployée à gauche le long du chemin qui conduit à Castel-Ceriolo, dans le dessein de déborder et de prendre en flanc la droite de la ligne française : le général Lannes achevait alors son mouvement. L'action s'engagea bientôt entre ces deux corps opposés : les troupes de Kaim étaient celles qui venaient d'emporter Marengo, et, ce succès augmentant encore leur ardeur, elles chargèrent d'abord avec tant d'impétuosité, que leurs adversaires furent un moment ébranlés ; mais le général Lannes, bien secondé par le général Watrin, parvint à repousser cet effort ; les 6ᵉ légère, 22ᵉ et 40ᵉ de ligne, chargeant à leur tour, rejetèrent les Autrichiens au delà du ruisseau de la Barbotta : la brigade de cavalerie du général Champeaux avait soutenu ce mouvement. En chargeant à la tête des 1ᵉʳ et 8ᵉ de dragons, Champeaux reçut une blessure grave dont il mourut quelques jours après. Toutefois le général Lannes ne put poursuivre son succès, parce que le mouvement qu'il venait de faire l'avait séparé de sa gauche, et que les divisions du général Victor se seraient trouvées compromises, si la division Watrin eût continué à pousser l'ennemi qu'elles avaient devant elles.

« Ce corps du général Victor était toujours aux prises avec l'ennemi : vers midi, son centre fut enfoncé, et, quoique la gauche fût soutenue vigoureusement par les charges réitérées que faisait le général Kellermann à la tête de sa brigade, elle plia également. Alors le général Victor, après avoir fait tout ce qu'il était humainement possible de faire pour résister au feu d'une artillerie formidable et au choc des masses qui l'attaquaient successivement, se vit contraint à une retraite précipitée. Poursuivies vivement et presque enveloppées, les deux divisions Chambarlhac et Gardanne durent traverser une plaine de deux lieues pour venir s'appuyer, vers San Giuliano, aux troupes que Bonaparte avait en réserve.

« Cette retraite des divisions du général Victor mettant à découvert le flanc gauche du général Lannes, celui-ci se trouvait dans la même situation que le premier et dans l'obligation de se retirer également. Quoiqu'il n'eût point d'artillerie avec lui, ce corps se replia avec ordre et par échelons sous le feu le plus meurtrier, repoussant constamment les charges de l'ennemi sans se laisser entamer.

« Les Autrichiens débouchèrent avec toute leur cavalerie, chargèrent et cherchèrent à tourner la division française, et leur infanterie s'avança en ordre de bataille et sur deux lignes, précédée de quatre-vingts bouches à feu qui criblaient les rangs de mitraille et d'obus.

« Les soldats français n'en opérèrent pas moins leur retraite avec le plus admirable sang-froid : s'arrêtant de temps en temps pour fournir leur feu, et faisant ensuite demi-tour, ils reprenaient leur marche au pas ordinaire et rechargeaient leurs armes. Ils sont merveilleusement secondés par les brigades Kellermann et Champeaux, qui tiennent les ennemis à distance et ne leur permettent pas de faire un seul prisonnier.

« C'est à cet instant du combat que le premier consul arriva sur le champ de bataille avec les troupes venant de Torre-di-Garofalo, composées de la garde consulaire et de la division Monnier du corps de Desaix. De nouvelles dispositions prises par le premier consul allaient mettre un grand obstacle au succès complet dont se flattait déjà le général Mélas avec d'autant plus de raison que les troupes du général Ott n'avaient point encore été engagées, et qu'elles lui paraissaient suffisantes pour culbuter l'aile droite de l'armée française, refusée jusqu'alors par son adversaire.

« Cette aile droite n'était formée, comme on l'a vu, en attendant l'arrivée de la division Boudet, du corps du général Desaix, sur laquelle Bonaparte comptait puissamment, que de la garde consulaire, consistant en deux escadrons et deux bataillons de vieux grenadiers. Bonaparte, voulant donner aux divisions déjà repoussées le temps de se rallier à la division du général Boudet, qu'il attendait impatiemment, fit avancer, à trois cents toises de l'extrême droite, au milieu de la plaine, entre li Poggi et Villa-Nuova, les deux bataillons de grenadiers de la garde. Cette troupe, forte de neuf cents hommes, formée en carré, n'ayant avec elle que sa faible artillerie, repoussa les charges multipliées de la cavalerie du général Ott, sans en être ébranlée, et parut, selon la belle expression du général Berthier, *une redoute de granit*, contre laquelle tous les efforts devaient être impuissants.

« La constante intrépidité de ces neuf cents braves arrêta le mouvement de l'aile gauche des Autrichiens. Le général Ott aurait pu négliger ce carré isolé et continuer sa marche à travers la plaine ; mais il s'opiniâtra à faire charger successivement une grande partie de ses escadrons, dont plusieurs furent rompus et éprouvèrent une perte considérable.

« Pendant ce temps, la division Monnier, rappelée la nuit précédente, comme nous l'avons dit, de Castel Nuovo di Scrivia, où Bonaparte avait d'abord jugé que sa présence pouvait être nécessaire, était arrivée sur la ligne. Le général Dupont, chef de l'état-major général, s'empressa de diriger cette division vers la droite du corps du général Lannes, qui, toujours poursuivi par le général Kaim, se trouvait déjà débordé. Le général Monnier, en faisant ce mouvement, se trouva un instant enveloppé par la cavalerie du général Ott ; mais, appuyé par le carré des grenadiers de la garde, il put atteindre le village de Castel-Ceriolo, où il jeta une de ses brigades, forte de deux mille quatre cents hommes, aux ordres du général Carra-Saint-Cyr. Ce village fut évacué presque sans résistance par le détachement qui y avait été laissé. Mais, aussitôt que Ott fut instruit de l'événement, il détacha le général Vogelsang avec cinq bataillons de la seconde ligne, qui réoccupèrent ce village presque aussi vite qu'il avait été enlevé. Le général Carra-Saint-Cyr se retira avec sa brigade sur la division dont elle faisait partie. Comme alors les affaires avaient pris une tournure défavorable près de Marengo, la division Monnier se jeta dans les vignes pour se mettre à l'abri des attaques de la cavalerie. Le général Ott et les généraux sous ses ordres, témoins de la retraite des trois divisions françaises des lieutenants généraux Victor et Lannes à travers la plaine de Marengo couverte de leurs débris, avaient poussé devant eux la division Monnier et les deux bataillons de la garde consulaire que quatre escadrons venant de Marengo avaient attaqués à dos et avaient rompus; ils ne pouvaient plus douter du gain de la bataille; l'occupation de Castel-Ceriolo devait, dans leur opinion, être le dernier gage des succès de la journée. En effet, ce village, s'il eût pu être conservé par le général Carra-Saint-Cyr, devenait l'appui et le pivot d'une nouvelle ligne de bataille, comme Marengo l'avait été pour la première.

« Pendant ce temps, le général O'Reilly avait continué sa marche sur Frugarolo, où il prit position. De son côté, le général Ott s'était porté par Villa-Nuova sur la Ghilina. Pour entretenir la communication entre ces deux généraux, Mélas s'était servi de l'avant-garde de la colonne principale (trois bataillons et quatre escadrons); la colonne se porta en avant dans l'ordre suivant : huit bataillons et six escadrons conduits par le général baron de Zach, chef de l'état-major général; à mille pas en arrière, neuf bataillons et douze escadrons sous les ordres de Kaim, et, comme réserve, six bataillons de grenadiers de Veidenfeld encore intacts. Toute l'infanterie marchait sur la grande route, la cavalerie à sa gauche; à droite, trois bataillons dans la direction de Spinetta, marchant sur Casina-Grossa.

« Mélas, à la tête des troupes de sa droite, occupé exclusivement du soin d'atteindre et de déborder la gauche de l'armée française pour la rejeter sur le centre et lui couper la route de Tortone, avait manqué le moment opportun de faire agir la masse de cavalerie qui formait son aile gauche. A ce moment, des officiers envoyés au-devant de la division Boudet, que le général Desaix ramenait à marches forcées de Rivalta, vinrent dire au premier consul que la tête de cette colonne paraissait à la hauteur du village de San Giuliano. Bonaparte, qui, jusqu'alors, avait mis tous ses soins à soutenir l'appui de sa droite et à ralentir le mouvement de retraite par échelons, arrêta tout à fait ce mouvement quand il sut que Desaix allait arriver sur la ligne avec la division Boudet.

« La fatigue ne permettant plus au feld-maréchal Mélas de rester à cheval, il retourna à Alexandrie, dans la persuasion que la bataille était gagnée. Les généraux Haddik et Lattermann, ainsi que plusieurs officiers supérieurs dangereusement blessés, abandonnèrent aussi le champ de bataille. La direction supérieure perdant ainsi en unité et en énergie, on vit le désordre s'introduire dans les rangs inférieurs. Les Autrichiens, n'éprouvant plus de résistance, crurent n'avoir plus à redouter que la victoire leur échappât. Les soldats quittaient leurs rangs et marchaient nonchalamment et sans prétention.

« Ici va commencer le second acte de la journée, ou, pour mieux dire, la seconde bataille de Marengo.

« Après avoir formé sa nouvelle ligne de bataille en avant de San Giuliano, Bonaparte en parcourut le front : l'espoir et la confiance brillaient dans ses regards. « Français, s'écria-t-il, c'est avoir fait trop de pas en arrière, le moment est venu de marcher en avant. Souvenez-vous que mon habitude est de coucher sur le champ de bataille. » Les cris de *Vive Bonaparte! Vive le premier consul!* accueillirent cette courte, mais entraînante harangue. Il était cinq heures du soir lorsque l'arrivée de la division Boudet mit un terme à la retraite de l'armée française, dont les différents corps étaient alors placés dans l'ordre suivant :

« La division Monnier et les grenadiers de la garde consulaire étaient placés diagonalement en arrière et sur la gauche de Villa-Nuova;

« Le corps du général Lannes, diagonalement en arrière et sur la gauche des grenadiers de la garde;

« La division Boudet, à la tête de laquelle se trouvait le général Desaix, et qui n'avait point encore combattu, était en avant de San Giuliano, placée de même en arrière et à gauche du corps du général Lannes;

« Enfin les deux divisions Gardanne et Chambarlhac (corps du général Victor), qui avaient été les plus maltraitées, étaient en arrière de la division Boudet, à la gauche de la grande route de Tortone, près de San Giuliano.

« Toute la cavalerie, commandée par le lieutenant général Murat, était en seconde ligne, formée en colonne et prête à déboucher par les intervalles des corps. La brigade du général Champeaux appuyait à la route de Tortone; celle du général Kellermann se trouvait au centre, entre le corps de Lannes et la division Boudet.

« Cependant les Autrichiens s'avançaient en bon ordre et avec cette confiance que donne un premier succès. La colonne dirigée par le général de Zach arrivait par la grande route sur la division Boudet, qui masquait San Giuliano : cette colonne avait déjà dépassé Casina-Grossa et n'était plus qu'à demi-portée de la ligne française, quand celle-ci s'ébranla tout à la fois. Le général Desaix, à la tête de sa colonne d'attaque détachée de la ligne, la mena au pas de charge à la rencontre de la colonne autrichienne; une batterie de douze pièces de canon, que le général Marmont dirigeait en personne et qui précédait la division Boudet, ne fut démasquée qu'à demi-portée de fusil des rangs autrichiens. Un feu à mitraille, aussi vif qu'il était inattendu, arrêta la tête de la colonne ennemie. La neuvième demi-brigade légère commence alors l'attaque et est bientôt suivie des autres corps de la division. La fusillade s'engage ; une légère élévation de terrain, couvert de vignes, dérobait au général Desaix une partie de la ligne ennemie : il s'y porte pour la découvrir, reçoit une balle au milieu de la poitrine et tombe dans les bras du chef de brigade Lebrun, l'un des aides de camp de Bonaparte, qui se trouvait en ce moment auprès de lui. La postérité conservera le souvenir de ce héros magnanime; son nom sera répété dans les siècles à venir, comme ceux des plus illustres guerriers des temps anciens et modernes, et le souvenir de ses vertus ne s'effacera jamais de la mémoire des peuples civilisés. La mort du général Desaix, loin de porter le découragement dans l'âme de ses soldats, ne servit qu'à les exciter davantage. Guidés par le brave général Boudet, ils se précipitèrent en furieux sur les grenadiers autrichiens.

« Le combat continuait sans que la formidable colonne pût être rompue par le choc des troupes qui voulaient venger le trépas de leur illustre général ; déjà même celles-ci commençaient à plier, lorque la brigade Kellermann exécuta la charge la plus brillante et la plus heureuse. Le général Kellermann, auquel il convient d'accorder une très-grande part dans le succès de cette seconde bataille, voit de l'hésitation dans la troupe française, traverse un terrain embarrassé de vignes, déploie ses régiments parallèlement au front de l'ennemi, porte quelques escadrons en avant pour contenir un corps de cavalerie qui flanquait l'infanterie ennemie, et, par un mouvement de conversion à gauche, il se jette sur le flanc de la colonne de grenadiers, y pénètre par les intervalles et la met dans le plus grand désordre. La cavalerie autrichienne, qui jusqu'alors n'avait pris aucune part au combat, s'enfuit au premier choc.

« L'infanterie, ainsi abandonnée, fut entièrement culbutée après une faible résistance, avec perte de mille six cent soixante-cinq prisonniers, au nombre desquels le général de Zach, qui, voulant avoir l'honneur de porter le coup décisif, s'était trop avancé, et, ayant dépassé de beaucoup le reste de la ligne autrichienne, ne pouvait plus en être soutenu. D'ailleurs, à ce moment, les autres divisions françaises, qui s'étaient également avancées sur l'ennemi, commençaient l'engagement, et le combat n'était pas moins vif au centre et à la droite que sur la gauche de la ligne des Français. Attaqués en tête par la division Boudet, en flanc par la cavalerie de Kellermann, les pelotons de grenadiers s'étaient serrés en masse ; mais ils furent enveloppés et forcés de mettre bas les armes.

« Les troupes du général Lannes, celles du général Monnier, la garde consulaire et les autres brigades de cavalerie du général Murat ne poussèrent pas avec moins de vigueur les troupes qu'elles avaient devant elles. Les Autrichiens, malgré leur opiniâtre résistance sur les points où ils purent se rallier, malgré les charges de leur nombreuse cavalerie, furent forcés d'abandonner le terrain qu'ils avaient envahi depuis le matin. Dès lors les troupes françaises reprirent une nouvelle assurance, et leur glorieuse cavalerie, renforcée de plusieurs escadrons, se porta rapidement en avant. Les divisions françaises franchirent en trois quarts d'heure la plaine qu'elles avaient défendue, pendant quatre heures.

« Lorsque la cavalerie rencontra la seconde ligne autrichienne, on vit une triste répétition des scènes déjà citées plus haut : deux mille dragons s'enfuirent en désordre aussitôt qu'ils aperçurent l'ennemi; une partie de ces fuyards se retirèrent à la gauche de la colonne du feld-maréchal lieutenant Ott; l'autre partie s'enfuit sur la grande route, renversa sa propre infanterie qui était en train de se former en ligne. Aussi les Français purent facilement rompre cette masse en désordre qui, après quelques minutes, s'enfuit à la débandade vers Marengo, et aurait été entièrement détruite, si Kellermann ne s'était pas arrêté lui-même pour rallier ses troupes et attendre l'infanterie. La cavalerie du général Elsnitz, qui couvrait la retraite de la gauche, parvint cependant à arrêter une partie de l'infanterie au village de Marengo, dans lequel il jeta plusieurs bataillons, et la fit former, au delà du ravin, dans la même position qu'elle avait occupée au commencement de l'action du matin. Quant aux fuyards, ils encombrèrent les ponts de la Bormida. Toutes les armes étaient pêle-mêle, infanterie, cavalerie et artillerie. M. de Mélas, qui avait laissé son armée victorieuse, eut la douleur de la voir revenir vaincue et dans le plus grand désordre.

« La division Boudet et les corps des généraux Victor et Lannes attaquant le village de Marengo, ainsi que la ligne ennemie, les Autrichiens se défendirent avec la plus grande résolution ; mais ils durent céder à l'ardeur et à l'impétuosité des assaillants : Marengo fut emporté. L'arrière-garde ennemie soutint vigoureusement les différentes charges de la brigade Kellermann et de la cavalerie de la garde, et se maintint dans la position de Pietra-Buona, assez longtemps pour que les troupes autrichiennes pussent gagner les ponts de la Bormida. Le général Ott, qui s'était avancé jusqu'à la Ghilina sans rencontrer d'ennemis, se retirait sur Castel-Ceriolo ; mais, harcelé par la cavalerie que le premier consul avait envoyée sur cette partie du champ de bataille, sa marche fut retardée de telle sorte, que ce général trouva Castel-Ceriolo déjà occupé par de l'infanterie de la division Monnier. Celle-ci, évitant toutefois une attaque de vive force, laissa à Ott le chemin libre jusqu'à la tête de pont. Le combat continua devant Pietra-Buona et les retranchements de la tête de pont, jusqu'à la nuit : il se termina vers dix heures, lorsque la division Gardanne eut repris ce même poste où elle avait été attaquée dans la matinée. »

Après quelques semaines de combat, l'Italie était reconquise, et, dans les premiers jours de juillet, le vainqueur de Marengo arrivait à Paris en triomphateur. D'autres combats achevèrent, après son départ de l'armée, d'abattre l'orgueil de l'Autriche, et, le 26 janvier 1801, il dictait à la cour de Vienne le traité de Lunéville qui déposséde les dynasties autrichiennes de Modène et de Florence, mais qui laisse la Vénétie à la maison de Hapsbourg.

Mais, quatre ans plus tard, intervient, après de nouvelles victoires de la France et de nouveaux revers de l'Autriche, le traité de Presbourg qui enlève la Vénétie à cette dernière puissance. L'ancienne ville des doges est alors réunie à l'empire napoléonien. Dans le traité, Napoléon Ier a déjà le titre de roi d'Italie, qu'il porte encore dans le traité de Fontainebleau de 1807 et dans le traité de Vienne de 1809.

Dans l'intervalle de 1801 à 1805, du traité de Lunéville au traité de Presbourg, le général Bonaparte, devenu déjà premier consul à temps, puis à vie, avait été élevé à la double dignité d'empereur des Français et de roi d'Italie.

Occupé en Allemagne, Napoléon Ier confia, en 1805, au prince Eugène de Beauharnais, qu'il fit vice-roi d'Italie, le soin d'y défendre l'honneur et la gloire de nos armes. Ce dernier publia immédiatement la proclamation suivante, où l'on retrouve expliquées les causes de la nouvelle guerre :

« Peuples du royaume d'Italie !

« Le cabinet de Vienne a résolu la guerre contre vous et le peuple français. Il ose dire aujourd'hui que la guerre a été provoquée par la France et par l'Italie ; ce n'est pas à vous qu'il lui sera facile de persuader cette étrange calomnie.

« Peuples d'Italie ! vous savez si, depuis cinq mois, l'Autriche a cessé de rassembler sous vos yeux de nouvelles forces, d'approvisionner ses places, de menacer vos frontières. Vous savez si l'empereur des Français, roi d'Italie, averti de tous les préparatifs hostiles dont vous étiez si justement alarmés, ne s'est pas en quelque sorte obstiné à ne pas croire le cabinet de Vienne injuste et déloyal. Vous savez si, alors même que vous étiez menacés de voir votre territoire envahi, l'empereur n'a pas refusé d'accueillir vos alarmes et d'ordonner des dispositions militaires capables de les dissiper ; vous savez enfin combien de fois il vous est arrivé de vous étonner, de vous inquiéter, de vous plaindre de sa longanimité. Il ne voulait pas croire à la guerre et demandait des explications ; il ne rappelait pas son ambassadeur ; il considérait le séjour de l'ambassadeur de Vienne à Paris comme une preuve que la maison d'Autriche voulait aussi la paix.

« Et voilà que, profitant de cette noble confiance, les armées de la maison d'Autriche envahissent le territoire d'un prince de l'empire, d'un prince coupable d'une faute inexpiable, d'être demeuré fidèle aux traités, d'être demeuré l'allié de l'empereur des Français et du roi d'Italie. Napoléon est allé lui-même se placer à la tête des armées. Encore quelques instants, et le crime commis sur la Bavière sera vengé ; encore quelques efforts, et la paix, si souvent accordée, si souvent offerte, sera pour longtemps affermie. Peuples d'Italie ! je veillerai, autant qu'il sera en moi, au respect de vos propriétés, au maintien de vos lois et de vos constitutions.

« Sans doute il est pour les peuples le plus vaillamment défendus des maux inséparables de la guerre ; reposez-vous sur mon zèle à remplir mes devoirs, reposez-vous sur mon cœur, sur tous les sentiments que je vous ai voués. Peuples d'Italie ! j'écarterai de vous tous les maux qu'il me sera possible d'en écarter.

« J'attends de vous du zèle, du dévouement et du courage. Vous savez quelle confiance illimitée vous devez à cette portion de l'armée française rassemblée en Italie ; vous savez quelle confiance est due au fils chéri de la victoire, à qui l'empereur a confié l'honneur de vous défendre.

« Peuples d'Italie ! votre roi compte sur vous, reposez-vous sur lui. Il a pour lui le Dieu des armées, toujours terrible aux parjures ; il a pour lui sa gloire, son génie, la justice de sa cause, la valeur, la fidélité et l'amour de ses peuples.

« Nos ennemis seront vaincus ! »

Le traité de Presbourg, signé dans les derniers jours de l'année, termina la campagne de 1805, campagne dont le prince Eugène de Beauharnais dirigea les opérations avec succès dans la portion du territoire de la Péninsule qui formait alors le royaume d'Italie.

C'est seulement l'année suivante, en 1806, que les Bourbons perdirent leur couronne de Naples par le sort des armes, laissant le trône des Deux-Siciles à Joseph Bonaparte, qui aura pour successeur Joachim Murat, lorsqu'il ira prendre possession du royaume d'Espagne.

Ici cependant la lutte fut encore de longue durée : les débris de l'ancienne armée napolitaine royale, secondés par l'Angleterre, portèrent cette lutte sur différents points du royaume des Deux-Siciles. Elle ne fut terminée que par la prise des places de Reggio et de Scylla, villes de la Calabre que les Français ne parvinrent à conquérir qu'à la fin de la campagne de 1807, dans les premiers jours de 1808. C'étaient les dernières possessions du roi Ferdinand de Bourbon en terre ferme. Après leur reddition, il perdit de fait comme de droit la couronne des Deux-Siciles que Joseph Bonaparte allait remettre à Joachim Murat.

En 1809, cependant, l'Autriche recommence les hostilités dans le nord de l'Italie. Le prince Eugène gagne la bataille de la Piave et force l'archiduc Jean de battre en retraite sur la Carinthie. Au même moment une tentative des Anglais contre le royaume de Naples, où Joachim Murat régnait déjà, échouait complétement, grâce à la vigilance et à l'habileté de ce héros des champs de bataille. C'est à la suite de ces divers succès des armes françaises, qui triomphaient alors en Allemagne comme en Italie, qu'on signait à Vienne le traité de 1809, confirmant, en ce qui concernait l'Italie, celui qui avait été conclu à Fontainebleau en 1807.

C'est un fait digne de remarque, en ce moment, que la singulière ténacité de l'Autriche. Aucune puissance ne sait comme elle plier sous le poids des revers et subir des traités que lui impose un adversaire victorieux avec la résolution de déchirer ces traités et de courir de nouveau les chances de la guerre. Elle ne cède que pour reprendre, et, tant qu'elle ne sera pas complétement désarmée, il n'y aura jamais à compter sur ses engagements. Dans sa pensée, elle espère qu'il en sera un jour du traité de Villafranca, comme de celui de Campo-Formio, comme de ceux de Lunéville, de Presbourg, de Fontainebleau et de Vienne, avant 1813.

Les États de l'Église, incorporés tout d'abord en partie à la République française, puis à l'Empire français, furent en totalité annexés au royaume d'Italie. La ville de Rome elle-même appartint quelque temps à la France, la ville de Rome où on a vu que le pouvoir temporel du pape avait été aboli, après l'assassinat du général Duphot. Après avoir encore subi diverses vicissitudes, à la suite de restaurations temporaires, accomplies par les armées napolitaines, ce pouvoir disparut pour quelques années.

Le nord et le centre de la Péninsule constituaient, de Venise et de Turin, jusqu'aux Calabres, ce royaume d'Italie que le prince Eugène de Beauharnais gouvernait au nom de Napoléon Ier, et qui eût un jour formé l'apanage du second fils de l'empereur des Français, si la Providence lui eût conservé la couronne et lui eût donné ce second fils.

L'Italie du midi formait le royaume de Naples, devenu l'héritage de la famille de Joachim Murat, qui l'avait mérité par sa bravoure et qui devait croire qu'il en transmettrait paisiblement la possession à son fils, le prince Murat.

Le territoire de Lucques constituait, avec celui de Piombino, une petite principauté qui devait appartenir à perpétuité à la descendance d'Élisa Bonaparte, mariée au prince Pasquale Bacciocchi.

Dieu avait d'autres vues : après les éclatants triomphes, Napoléon Ier devait connaître les éclatants revers.

Au surplus, Napoléon Ier se souvenait trop d'Alexandre, de César et de Charlemagne. Il conquérait trop et ne délivrait pas assez.

Si, au lieu d'incorporer la Péninsule à l'empire français, il y eût favorisé la liberté, s'il en eût protégé l'indépendance, la question d'Italie aurait été résolue pour toujours à cette époque.

Il ne fallait pas créer le royaume d'Italie; il ne fallait pas déposséder la maison de Savoie. Il fallait chasser l'Autriche de la Péninsule ; il fallait agrandir le Piémont jusqu'au Mincio et à l'Adige, en laissant subsister, comme contre-poids à cette puissance accrue de la Lombardie, du Modenais et du Parmesan, les deux républiques de Venise et de Gênes, et rétablir la république de Florence.

Les faits nouveaux auraient été d'accord avec les anciennes traditions et les souvenirs anciens.

Coupée en diverses républiques, de forces à peu près égales et placées entre les deux royaumes de Turin et de Naples, l'Italie aurait été reconnaissante envers la France et, fédéralisée sous son protectorat, elle serait devenue une alliée sans pouvoir jamais être une rivale pour sa puissante voisine, gardée d'ailleurs sur ses frontières des Alpes et des Apennins par la possession du comté de Nice et du duché de Savoie.

Napoléon Ier ne le comprit pas ainsi, et, pour avoir voulu tout garder, il allait tout reperdre.

Cette idée de république étonnera peut-être dans ce livre, étonnera surtout sous ma plume.

C'est que je sais me placer au point de vue de chaque pays et de chaque époque.

On a pu remarquer déjà que j'étais fédéraliste en Italie.

Je ne le serais pas en France.

La France est une vaste contrée où se meut une grande nation : il n'y a qu'un pouvoir unitaire et centralisateur qui puisse maintenir et défendre sa puissance. Elle est l'œuvre des siècles qui l'ont faite ce qu'elle est, et on doit respecter l'œuvre des siècles.

La France est dans les conditions spéciales d'un grand État qui sacrifie à sa grandeur et à sa gloire quelque chose de sa liberté.

C'est ce qui fait qu'en France je ne songerais ni à la république ni au fédéralisme, car ce sont là deux formes d'existence incompatibles avec les traditions de son passé et avec le tempérament de ses populations, comme avec les nécessités de centralisation que lui crée l'immense développement de sa puissance.

Mais il n'en est pas de même de l'Italie.

En 1796 et en 1805, comme aujourd'hui encore, l'Italie formait un ensemble d'États et non un seul État, condamné à l'unité de gouvernement, à raison de son étendue.

Le fédéralisme, en Italie, est la tradition du passé; il est dans le tempérament des populations; il constitue le fond des habitudes.

L'Italie peut perdre de sa force avec le fédéralisme; mais elle doit y gagner plus de liberté, parce que le gouvernement de petits États, moins exposés aux luttes extérieures de l'ambition, à raison même de leur faiblesse, qui, ne leur permettant pas d'aspirer aux conquêtes, n'excite ni ombrage ni jalousie, peut se passer plus aisément de cette puissance d'action qui n'appartient qu'à de grands empires où le pouvoir est centralisé aux mains d'un seul.

La République également n'était pas, au temps de Napoléon Iᵉʳ, une forme d'organisation politique nouvelle pour l'Italie.

C'eût été continuer, c'eût été ressusciter un passé d'hier, que d'y restaurer les républiques de Venise et de Florence; c'eût été respecter le présent que d'y maintenir la république de Gênes.

Aujourd'hui encore on regrette, avec son imagination, la destruction de ces modernes républiques de Venise, de Gênes et de Florence, qui ont laissé de si glorieux et de si poétiques souvenirs dans l'histoire, et Napoléon Iᵉʳ eût, à coup sûr, fondé dans la Péninsule un ordre de choses plus durable, si, au lieu d'y constituer le royaume d'Italie, il y eût reconstitué ces républiques jadis si florissantes.

Ce fut un grand malheur et une grande faute que de ne pas faire une Italie conforme aux traditions et aux tendances qui avaient toujours été les siennes. Elle avait peut-être été naguère trop subdivisée; il fallait se borner à incorporer les divisions trop infimes aux divisions plus importantes, et ne pas essayer de changer sa nature en la faisant unitaire, elle qui a toujours combattu pour rester ou redevenir fédérale.

Si Napoléon Iᵉʳ avait su vouloir le possible, le vrai, l'utile, pour l'Italie, il eût laissé le pape dans Rome, la ville universelle qui appartient à tous et qui n'appartient à personne, ville qui est un monument, un musée, une histoire, bien plus qu'une cité vivante, et il eût ajouté les autres domaines de l'Église au territoire de la république de Florence ressuscitée. Si cela eût été exécuté de 1800 à 1805, ce serait depuis longtemps un fait accompli, et depuis longtemps il n'y aurait plus de question romaine.

La réaction de 1814 n'aurait eu aucun prétexte de déchiqueter l'Italie, au gré de ses passions et de ses intérêts, si, au lieu de se trouver en face d'un royaume d'Italie abandonné au premier occupant, elle eût été en face d'une Italie indépendante, qui n'aurait pas été à prendre.

Si la Péninsule se fût appartenue, elle n'eût pas été le théâtre d'une invasion des alliés et d'une retraite des Français. Il n'y aurait eu aucun motif pour y porter le fléau de la guerre, aucun motif pour en faire un nouveau partage.

On n'a pas touché à la Suède; on y a laissé Bernadotte; sa famille y règne encore.

Il en eût été de même de la Péninsule; on n'y aurait pas touché davantage, si elle eût été constituée en nation libre; on y aurait laissé subsister une république de Florence et une république de Venise, si on les y eût trouvées, et on n'aurait pas rendu au pape les Légations et les Marches, si, au lieu d'appartenir à un souverain étranger, vaincu et détrôné, elles eussent appartenu à un État italien.

Le pape se serait contenté d'être le maître dans Rome.

L'Autriche, de son côté, aurait cherché ailleurs un dédommagement à la perte de la Lombardo-Vénétie, si, au lieu d'y rencontrer les Français en fuite, elle y eût trouvé des gouvernements nationaux, depuis longtemps constitués, si elle eût trouvé la république de Venise debout et la Lombardie unie au Piémont, sous le sceptre d'un prince de la maison de Savoie.

Il n'y aurait eu ni question des duchés, ni question autrichienne.

Malheureusement Napoléon Ier crut, comme tant d'autres y ont cru avant lui, comme la maison de Savoie y croit encore aujourd'hui, au royaume d'Italie. Cette erreur le perdit, comme elle perdra un jour cette même maison de Savoie, si la réflexion ne vient l'arrêter à temps dans la voie des conquêtes.

Je comprends un royaume de Piémont fortement constitué dans le nord de l'Italie.

Mais je ne comprendrais pas une Italie fédéralisée et confédérée, sans un État du centre, indépendant et puissant, dont Florence serait la capitale.

Cet État devrait-il être royaume ou république?

Il ne peut plus y avoir de république de Gênes.

Mais pourquoi ne reverrait-on pas la république de Florence et la république de Venise?

Pourquoi faut-il, à toute force, que l'on heurte toutes les tendances et toutes les traditions de l'Italie, en réunissant sous un seul sceptre les États du Nord et les États du Centre, ou qu'on impose à ceux de ces États qui ne seraient pas annexés au Piémont des princes dont ils ne veulent plus à aucun titre?

Napoléon Ier, qui pouvait tout ce qu'il voulait, a été un jour le maître absolu des destinées de la Péninsule, et il a dépendu de lui de la constituer de telle sorte, qu'il n'y serait resté aucune cause de désaccord et d'agitation, et que la réaction de 1814 n'aurait eu ni le pouvoir ni la volonté d'y rien changer.

Mais Napoléon Ier voulait faire partout de l'homogénéité : il ne voulait pas de république en France ; il n'en voulait pas davantage en Italie.

C'est là le tort des hommes à système universel, qui ne comprennent pas que la diversité est une loi de la nature.

Quoi qu'il en soit, le royaume d'Italie, reconstitué à nouveau par celui qui fut pendant quelques années l'arbitre du monde, ne devait pas être de longue durée.

Déjà, en 1813, l'armée française d'Italie était condamnée à la défensive; en 1814, elle était obligée d'évacuer la Péninsule. Longtemps conquérantes et dominatrices, nos armées ne devaient plus s'y montrer, qu'en amies et en libératrices, pendant cette glorieuse campagne de 1859 dont on va lire les brillants récits et qui était pour ainsi dire prédestinée à résumer, à elle seule, les deux merveilleuses campagnes de Napoléon Ier, de 1796 à 1797 et de 1800 à 1801.

Toutes trois ont eu presque les mêmes lieux pour théâtre, et on est tout étonné, en les comparant, de retrouver, avec la citation des mêmes noms, la reproduction des mêmes incidents.

OPÉRATIONS MILITAIRES EN ITALIE.

TABLE DES MATIÈRES

I. L'Italie des Empereurs.	1
II. L'Italie des Rois.	10
III. Charlemagne en Italie.	15
IV. A travers les siècles.	18
V. Domination de l'Autriche.	22
VI. La royauté du Pape.	107
VII. Réveil de l'Italie.	117
VIII. L'Italie au Congrès.	151
IX. Philosophie de l'histoire.	166
X. Agitation de la diplomatie.	170
XI. Le rôle des neutres.	185
XII. Napoléon 1er en Italie.	209

CLASSEMENT DES GRAVURES ET CARTES

Portrait de l'Empereur NAPOLÉON III. . . . . en regard du titre.
Plan de Mantoue. 229
Plan de Vérone. 250
Carte du nord de l'Italie. . . . . à la fin du volume.

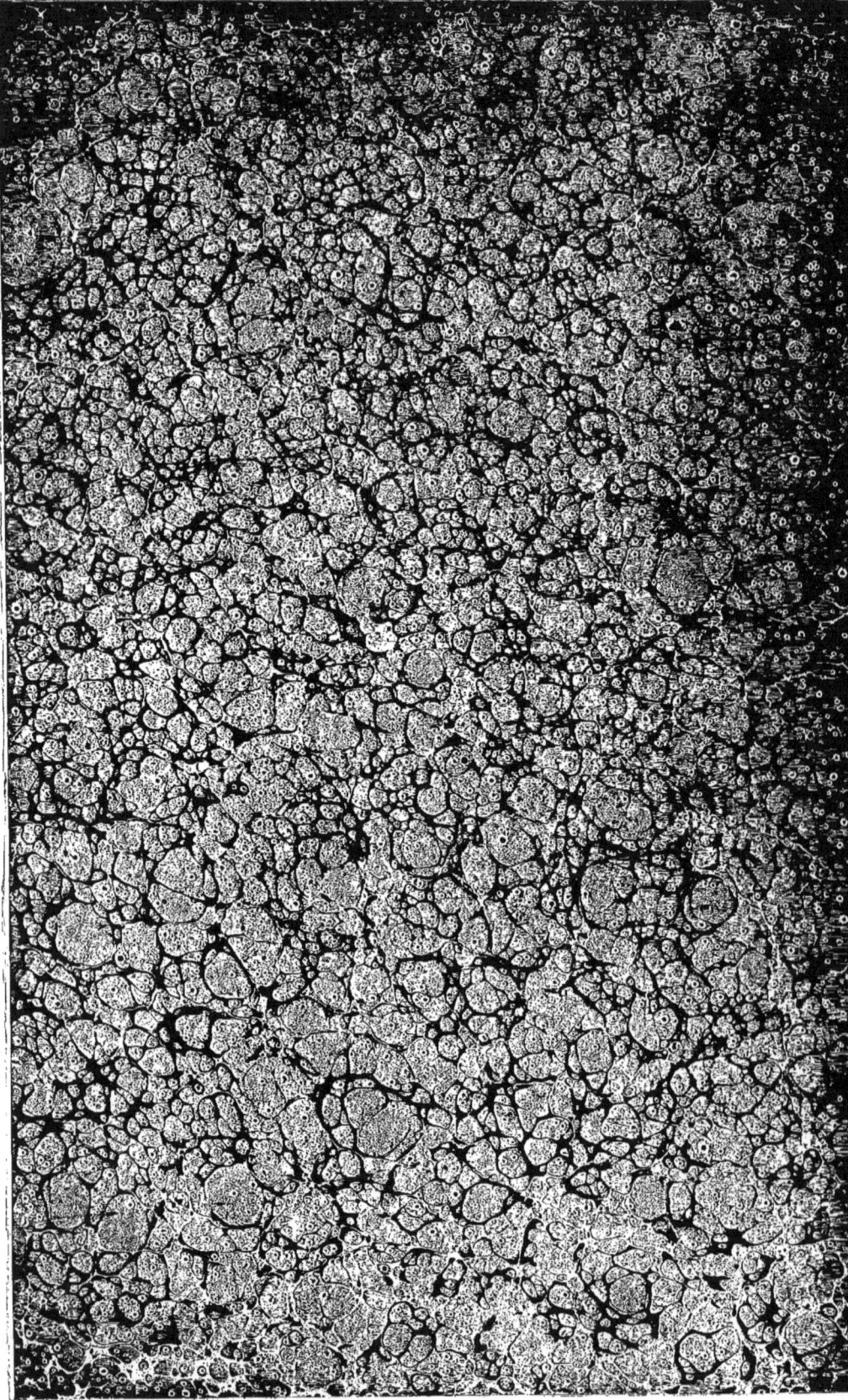

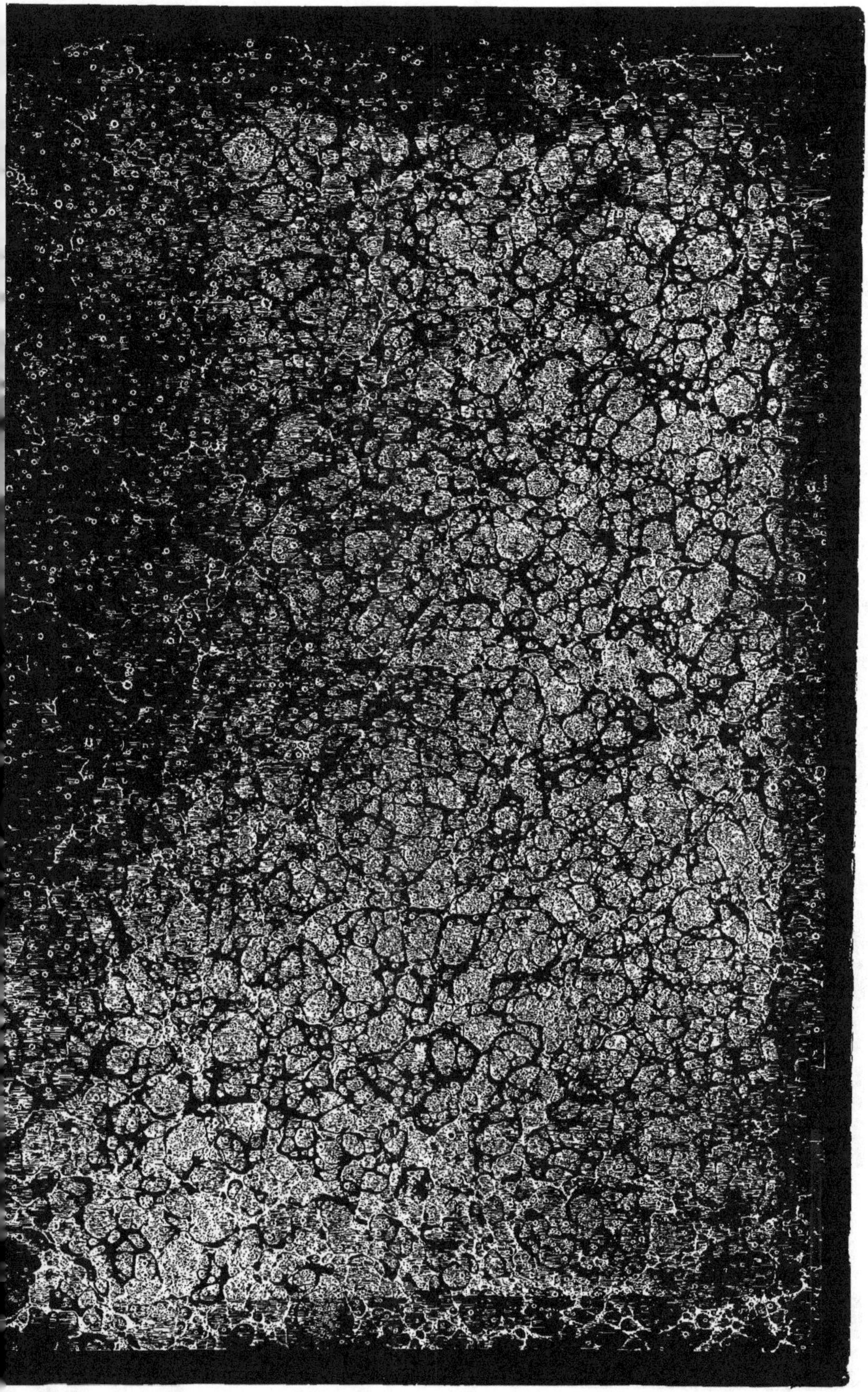

www.ingramcontent.com/pod-product-compliance
Lightning Source LLC
Chambersburg PA
CBHW071340150426
43191CB00007B/799